동이 한국사

한국 고대사의 모든 비밀

동이 한국사

이기훈 지음

책미래

동이 한국사

1판 3쇄 발행 | 2021년 7월 10일

지은이 | 이기훈
주　간 | 정재승
교　정 | 홍영숙
디자인 | 배경태
펴낸이 | 배규호
펴낸곳 | 책미래

출판등록 | 제2010-000289호
주　소 | 서울시 마포구 공덕동 463 현대하이엘 1728호
전　화 | 02-3471-8080
팩　스 | 02-6353-2383
이메일 | liveblue@hanmail.net

ISBN 979-11-85134-19-2 03900

국립중앙도서관 출판시도서목록(CIP)

동이 한국사 / 지은이: 이기훈. -- 서울 : 책미래, 2014
　　p. ;　cm

ISBN 979-11-85134-19-2 03900 : ₩18000

한국사[韓國史]

911-KDC5
951.9-DDC21　　　　　　　CIP2014029340

| 동이 한국사 1편 |

II. 동이의 특징

| 동이 한국사 2편 |

II. 고구려의 성립과 발전

III. 백제의 성립과 발전

동이 한국사

1편

동이(東夷)**: 해 뜨는 곳에 사는 큰 사람**(大人)

| 서문 |

'동이(東夷)'라는 말의 원 뜻은 '해 뜨는 곳(東)의 큰 사람(大人)'이다. 하지만 동이와 수천 년 동안 전쟁을 하던 중국 내륙 사람들은 동이를 '적' 또는 '야만인(오랑캐)'이라는 뜻으로 사용한다. 그 결과 동아시아에서는 지금까지도 동이에 대해 왜곡된 인식을 갖게 되었다. 그런데 최근 고고학적 발굴이 활발히 이루어지면서 중국 최초의 문명이 이들 '동이'에 의해 주도되었던 사실이 점차 밝혀지고 있다.

한국은 고대 중국 동부 문명인 동이 문명의 영향을 강하게 받은 나라이다. 그러나 지금까지도 왜 한국이 동이 문명권에 속하는지, 왜 중국인들은 고대로부터 수천 년간 우리를 동이라 불렀는지, 중국 동부의 고대 동이와 우리와는 어떤 관계에 있는지에 대해 제대로 밝히지 못하고 있다.

1만 년 전 신석기시대 이후로 중국은 서쪽의 화하계와 동쪽의 동이계 사람들의 각축장이었다. 그들은 서로 인종과 풍습, 문화가 달랐기 때문에 섞이지 못하고 수천 년 간 다투었다. 그러다 BC 11세기에 서쪽의 화하계 나라인 주(周)나라가 중국 중부를 장악하면서, 이로 인해 동쪽의 동이계 사람들은 중국에서 점차 동쪽으로 옮겨가거나, 피지배층으로 전락했다.

중원 지역 대부분을 장악했던 동이 민족이 이렇게 주(周)나라 연방국들(화하족)에 밀려 만주와 한반도로 이동한 사실은 중국 고대 역사서 《사기(史記)》이외의 여러 역사 기록과, 최근 활발히 전개되고 있는 고고학적 연구를 통해 증명이 되고 있다.

북경대의 원강(袁剛) 교수는 이렇게 중원에서 밀려난 '동이'의 후손
들을 다음과 같이 정리하고 있다.

"현대 언어학자들의 연구 결과를 보면, 동이(東夷) 각 부족은 모두
알타이어계, 퉁구스어계 사람들로, 종족상 서로 가까운 사람들이었다.
그중, 거란, 실위, 해(奚), 습(霫)은 동호계통에 속하는데, 그들은 과거
오환, 선비, 유연, 이후의 몽고와 같은 종족이었다. 고구려는 삼한의
백제, 신라, 임나(가야), 그리고 말갈과 함께 예맥계통에 속하며, 이후
의 여진, 만주족 사람들과 같은 민족이다."

상기 연구대로 고구려, 백제, 신라 사람들은 말갈, 여진, 선비, 거란,
몽고 사람들과 가까운 사이였으며, 모두 고대 '동이'문화와 밀접한 관
련을 가진 민족들이었다.

이들은 스스로를 중국의 시조인 오제(五帝)의 후손이라 주장하기도
했고(선비, 고구려, 신라), 기원 이후 중원을 다시 차지하고 지배하기도
했으며(여진, 선비, 거란, 몽고), 세력이 기울면 중원을 다시 빼앗기고 변
방으로 밀려나기도 했다(여진, 선비, 몽고).

이러한 동이 역사의 부침과 관련해 중국 상나라(은나라) 연구계의
거두인 서중서(徐中舒, 1898~1991) 선생은 다음과 같은 의미 있는 이
야기를 한다.

"본인은 고대 환발해만(요동반도와 산동반도로 둘러싸인 바다 주변, 고
대 동이 지역) 지역에 살던 거주민이 중국 문화의 창시자가 아닌가 생

각하고 있으며, 상나라 민족은 그곳에서 기원했다고 여기고 있다. 요
나라, 금나라, 원나라, 청나라 4대 왕조가 상나라와 매우 흡사한 전철
을 밟는다."

서중서 선생은 고대 상나라(은나라)가 중국 문명의 뿌리인 중국 동
북 지역에서 기원하여 중원을 차지했다가 다시 중국 동북 지역으로
돌아간 양상이, 마치 후대 중원을 정복한 동이족 국가인 요나라, 금나
라, 원나라, 청나라의 경우와 서로 유사하다는 사실을 밝히고 있는 것
이다.

필자 역시 동아시아 문명의 주축이었던 동이 문명이 중국 대륙에만
꽃피운 문명이 아니라 그 기원이 북방 아시아 대륙이었고, 그 중심지
가 요하를 중심으로 한 중국 동북 지역이었다는 사실을 고고학적 자
료를 통해 알게 되었다. 그래서 동이 문명이 어떻게 형성되었고 중국
과 한반도에 영향을 미치게 되는지 추적했다. 그 결과 동이 문명의 실
체에 대해 이해할 수 있었고, 고대 한반도에 세워졌던 국가들의 정체
성에 대해서도 새로운 시각을 갖게 되었다.

특히 고대 동이 문명을 담고 있는 갑골문을 분석하면 동이 문명(상
나라, 구이 문명)과 현대 한국 문명 사이의 많은 유사성을 확인할 수 있
는데, 이러한 유사성은 두 지역 사이에 고대로부터 모종의 교류가 있
었음을 뜻하는 중요한 단서가 된다.

고대 중원 문명의 창시자인 '갑골문의 나라' 상나라(은나라) 사람들
의 이주는 동이 문명사에서 커다란 파장을 일으킨다. 그들은 중원에

서 멸망한 뒤(BC 1046년) 자신들의 기원지자 동이 문명의 뿌리인 요하 유역으로 돌아와 원주 동이 사람들과 갈등하기도 하고 협력하기도 하며 발전해 나간다.

이들 상나라 유민은 고조선의 후예국인 부여(예, 왜)와 일정한 거리를 두고 병립했지만, 결국 BC 3세기 중원의 대혼란 시기에 요동과 한반도로 깊이 이주해 평양 근처의 한반도 원주민(예족)과 섞이게 된다. 이후 중국 한나라의 침략으로 중국 정권에 넘어간 이들 한반도 서북 지역 사람들은 주변 예족 국가들에게 '외톨이', '이방인' 취급을 받으며, 그로 인해 주변국과 서로 갈등하게 된다.

이른바 '기자조선'이라 불리는 이들 맥계 유민의 국가는 고구려와 신라, 백제의 발전과 밀접한 관련이 있으며, 예족(부여족, 왜족)과 더불어 현재 한국인의 근간을 이루게 된다.

상나라를 포함한 고대 동이족이 한국 고대사에 어떻게 영향을 미쳤는지를 살피는 일은 우리 역사의 끊어진 고리를 연결하는 중요한 매개가 될 것이다. 필자는 3,000여 년 전 상나라(은나라) 유민의 이주와 그 여파를 파헤치고, 그 결과가 어떻게 전개되었으며 현대를 사는 우리에게 어떤 영향을 미치고 있는지를 이 책을 통해 역사적, 유물적 증거와 함께 밝히고자 한다.

고대 동아시아 문화와 정치의 주도 민족이던 동이족과 현대 한국인과의 관계를 파악하려는 이러한 노력은, 현대를 사는 우리에게 이웃 국가들의 역사에 대한 보다 넓은 시야와 포용력을 기르게 할 것이며, 우리 스스로에 대해서도 보다 열린 시각을 갖게 할 것이다. 이는 이 글을 쓰는 필자의 목적이기도 하다.

　이 글이 책으로 출간될 수 있었던 것은 우리 역사에 대한 깊은 애정과 선구자적 식견이 탁월하신 우리역사연구재단 정재승 이사님과 책미래 출판사 배규호 대표님의 배려 덕분이다. 두 분께 특별히 감사의 말씀을 전한다.

2014년 9월

이기훈

I. **동이**의 줄기

1
초기 동북아 역사 대간(大幹)

동북아에서 발견된 세계 최초의 토기

동북아시아의 넓은 지역, 즉 일본 열도와 러시아 극동 지역, 중국 동해안 연안, 한반도(제주도) 등에서는 세계에서 가장 오래된 1만 년 이전의 토기가 발굴되고 있는데, 이러한 사실은 이미 학계에 보고되어 국제적으로 공인을 받았다.

메소포타미아나 이집트에서 토기가 등장한 시기가 BC 5000년경이므로 동북아시아 지역의 토기 문명은 다른 지역에 비해 '믿기 어려울' 정도로 빠르다. 황해와 동해를 아우르는 동북아시아의 넓은 지역에서 공통적으로 1만 년 이전 토기가 발굴되는 사실은 이 지역 사람들 사이에 당시부터 발달된 문명을 바탕으로 많은 교류가 있었음을 뜻한다.

한국의 제주도에서 1만 년 이전 토기로 추정되는 토기가 발굴됐는데, 이 토기는 러시아 아무르 강(흑룡강) 유역의 1만 년 이전 토기와 모습이 유사한 것으로 확인되고 있다. 그런데 이 토기를 쓰던 제주도 사람들은 8,000년 전에 사라지고 대신 발해만 유역(대릉하, 요하 유역) 동이 문명 특징의 융기무늬토기, 빗살무늬토기를 사용하는 사람들로 대체된다.

이 북방식 토기(융기무늬토기, 빗살무늬토기)는 한반도 곳곳에서도 확인되고 있어서 이 시기를 시작으로 한반도에 발해만 유역의 북방식 동이 문명이 퍼진 것을 유추할 수 있다.

중국 최초의 신석기 유적지 하북성 서수현(河北省 徐水縣). 방사성탄소측정(C14)결과 BC 8500~BC 7700으로 확인된 약 50여 편의 토기가 발굴되었다.

지금으로부터 약 8,000년 전은 동아시아에서 특별한 시기로 볼 수 있다. 왜냐하면 이 시기를 전후로 중국과 한국 등에는 농경과 토기, 간석기를 대표로 하는 신석기 혁명이 본격적으로 시작되기 때문이다.

중국에서는 이 시기를 전후로 중국 동북 지역(요하 유역), 황하 유역, 양자강 유역에서 신석기 문명이 시작된다. 지금까지 중국에서 발견된 신석기 유물 중 가장 앞선 시기의 유물은 현재 북경 근처에서 발견되었는데(남장두 유적), 그곳에서는 약 1만 년 이전의 토기 조각이 발굴되었다. 이는 중국 신석기 문명이 황하 문명의 시원지인 황하 중류(중원)보다 북부 발해만 유역에서 먼저 시작되었음을 알려주고 있다.

8,000년 전 문명 교류 – 한국에서 핀란드까지

우리나라 신석기시대 대표적인 유물을 꼽자면 '빗살무늬토기'를 들 수 있다. 수천 년 전 제작된 빗살무늬토기를 잘 살펴보면 토기 겉면에

(좌) 약 8,500년~7,000년 전 지금의 북경 지역에서 사용되던 빗살무늬토기. 이 토기를 포함해 다양한 생활도구가 같이 발견되는데, 유물들은 모두 북방문화의 영향을 받은 것들이었다 (상택 문화).(북경수도박물관)

(우) 중국 동북 지역에서 제작된 신석기시대 빗살무늬토기(요령성박물관)

정성 들여 사선을 빼곡히 그어 넣은 것을 볼 수 있다. 그 기하학적 문양이나 세심함을 볼 때 단지 토기의 경도를 높이기 위한 제작 과정의 일부는 아니었으리라 짐작된다.

그렇다면 마치 머리빗의 빗살로 그어 놓은 듯한 이 '빗살무늬'는 무엇을 상징할까? 필자는 이 무늬가 고대인들의 정신세계에서 가장 비중이 컸던 하늘의 신인 '태양'의 '빛'을 상징한다고 본다.

과거 동이 사람들은 '하늘의 신'인 태양을 무척 숭배했었다. 그러한 관습은 신석기시대를 지나 청동기시대에도 이어져, 사람들은 태양을 상징하는 동그란 청동거울을 만들어 빛을 반사해 '태양의 대리인'임을 과시했다.

고대 청동거울은 '외모를 살피기 위한 사치품'이 아니라 당시에 '태양빛을 반사하는' 사람, 즉 하늘의 신(태양)을 반사하는 제사장(왕)의 제사용 도구였다. 청동거울 뒷면에는 빗살무늬토기와 유사한 많은 빗

한반도에서 발견된 빗살무늬토기. 한반도 북부(좌상), 중부(우), 남부
(좌하) 빗살무늬토기(국립중앙박물관)

고대 제사장(왕)이 제사를 지낼 때 사용하던 청동거울 뒷면. 태양빛을 상징하는 무늬가 기하
학적으로 그려져 있다. (좌) 상나라(은나라, BC 16세기~BC 11세기)에서 제작된 청동거울,
중국 은허박물관. (우) 고조선(평안남도)에서 제작된 청동거울(국립중앙박물관)

금이 있는데, 학자들은 그 빗금이 태양의 빛을 상징한다고 한다.

이렇게 태양빛을 상징하는 '빗살무늬'토기는 8,000년 경부터 중국 동북 지역(만주)과 한반도에서 광범위하게 사용되고 있었는데, 그 사용 범위는 서쪽으로 중앙아시아, 북유럽에 이를 정도로 넓다.

중국 학자들의 분석으로는 약 7,000~8,000년 전부터 중국의 동북 삼성(만주로 부르기도 하며, 중국 동북의 흑룡강성, 길림성, 요령성을 말한다)과 내몽고 동남부, 흑룡강 하류 지역 및 한반도의 동북부와 서북부 등지에서 바닥이 평평한 빗살무늬토기가 널리 사용되고 있었다고 한다.

이보다 약간 늦게 제작된 바닥이 뾰족한 빗살무늬토기는 7,000년 전에 한반도 중부에서 발생해 시베리아 지역까지 퍼진 뒤 약 3,000년 전까지 약 4,000년 동안 한반도 주변에서 사용된다.

고대 세계에 빗살무늬토기 문화는 한반도에서 북유럽까지 전 유라시아 대륙에 광범위하게 퍼져 있었다. 이렇게 고대 세계 문화의 교류는 현대인이 상상하기 어려울 정도로 먼 곳까지 이루어졌었다.

이러한 고대 세계의 문화 교류 사실을 반영하듯 현재 아시아 최동단의 한국과 대륙 서쪽 끝 북유럽의 핀란드 사이에는 원주민의 외모, 국민성, 언어 등 여러 유사점이 발견되고 있다. 핀란드는 다른 유럽의 언어와는 매우 다른 언어를 사용하고 있으며, 핀란드인 학자들 중 다수는 자신들의 조상들이 아주 오래전에 시베리아 지역에서 이주해 왔다고 밝히고 있다.

이처럼 한반도에서 중앙아시아, 북유럽에 이르는 유라시아 대륙 북쪽의 광활한 평원은 고대로부터 유사한 문명을 공유한 사람들의 활동 장소였다.

이와 관련해 고고학자 강인욱 선생은 다음과 같이 말하고 있다.

"빗살무늬토기는 비단 한반도에서만 발견되는 것이 아니다. 유라시아 전 지역을 포함해서 멀리는 동유럽까지 분포하며 동쪽으로는 아메리카 대륙의 인디언들에게서도 발견된다. 그렇다면 북반구의 반을 아우르는 이렇게 넓은 지역에 서로 섞어 놓으면 모를 정도로 비슷한 토기가 분포한 이유는 무엇이었을까? 몽골의 초원지대 같은 경우는 수십만 년 전의 유물이 그냥 땅 위에 널려 있기도 하다. 한 일주일만 조사하다 보면 트럭의 짐칸은 석기들로 가득 차기 마련이다." '강인욱의 북방 역사 기행', 〈국제신문〉

중국 대륙과 한반도

2004년 한국 남부 창녕에서는 세계에서 가장 이른 시기의 배인 8,000여 년 전 통나무배가 발견되었다. 8,000년 전이면 고조선이 세워진 BC 2333년보다 3,600여 년 전인데, 그 당시에 벌써 배를 이용한 이동이 있었음이 유물을 통해 밝혀진 것이다.

이 배를 만들었던 사람들은 가축을 기르고 농사를 지으며 바다에서 물고기를 잡을 만큼 발달된 문명을 향유하고 있었다. 이들 문명화된 신석기시대 사람들은 맹수의 위협이 적고 식량을 얻기 쉬운 해변을 따라 생활했는데, 이는 한국에서 발굴되는 신석기시대 유물들이 대개 해변을 따라 형성되어 있는 것으로 확인된다.

해변을 중심으로 살아가던 동북아시아 사람들은 점차 '동

8,000년 전 제작된 것으로 추정되는 배(경남 창녕. 국립중앙박물관, 복제품)

이 문명권'이라는 하나의 문화권을 형성하게 되는데, 후대에 강을 타고 중국 내륙 깊이까지 진출한 동이 사람들 역시 항해술이 매우 발달한 민족이었음이 현재 확인되고 있다.

중국 문명의 선구자 동이

중국 대륙에서 동이(東夷) 문명은 처음에 황하 하류 지역이자 황해와 접해 있는 중국 동부 해안 지역(산동반도 중심)에서 약 8,000년 전부터 시작한다.

중국 대륙의 동이 사람들은 해변과 가까운 그곳에서 중국 내륙 문명과 구분되는 문명을 창조하는데, 유명한 문화로 북신 문화(BC 5300~BC 4500), 대문구 문화(BC 4300~BC 2600), 용산 문화(2800~2000) 등이 있다.

이들 문화는 주로 중국 황하 하류 주변, 즉 산동반도를 중심으로 한

대륙 동부의 동이 문화권에서 발전한다. 특히 주목할 점은 동이 문명의 후기에 속하는 약 4,800년 전 용산 문화(BC 2800~2000) 시기에 그 영향 범위가 해안 지역을 넘어 중원 내륙까지 퍼진 사실이다.

이 문명이 중국 내륙에 퍼지기 전 중국 내륙(황하 중류, 상류)에는 앙소 문명(BC 5000~BC

3000)이 퍼져 있었는데, 용산 문명 시기에 이 문명을 정복하고 동이계 문명이 중국 내륙 깊이 들어선 것이다.

약 4,800년 전 중국의 새로운 주인이 된 이 용산 문명 사람들은 중원의 앙소 문명 사람들을 대체한 문명으로서 중국 역사에서 매우 중요한 위치를 차지하고 있다.

용산 문명 시기 중국은 생산도구의 대대적인 발전을 이루어 농업생산에 혁신이 일어나고, 동이 문명 특유의 점복, 무술(巫術)을 발전시키는 등 여러 면에서 현재 중국 문명의 원형을 창조하게 된다. 따라서 중국은 이 시기부터 본격적인 문명이 시작되었다고 할 수 있다.

용산 문명의 주인공 치우

필자는 약 4,800년 전 이 위대한 용산 문명을 창조한 사람들이 중국 고대 역사서《사기(史記)》[1]에 나오는 동이족 황제 '치우'와 관련이 있을 것으로 추정하고 있다.

중국 학자들은 1970년대 산동성 서부에서 '치우총(치우묘)'을 발견했다고 발표했는데, 그 치우 무덤으로 추정되는 곳에서는 토기 조각, 돌삽, 뼈바늘, 가락바퀴(방추차) 등 용산 문명에 속하는 유물이 다량 발견되기도 했다.

치우는 북방에서 남하해 중원을 정복한 동이 일파인 구려(九黎)족의 수령이었는데, 중국 최초의 기전체 역사서《사기》에는 중국인들이 시조로 여기는 황제(黃帝) 헌원과 전쟁을 크게 벌여 패했다고 기록하

---

1) 중국 전한(前漢, BC 202년~BC 9년) 시기 태사령이었던 사마천(司馬遷)이 지은 기전체 통사. BC 91년 완성.

고 있다. 그런데 중국에서는 이 전쟁(탁록대전)을 약 BC 2600년 전에 발발한 것으로 계산하고 있으며, 이 연대는 용산 문명이 시작되고 치우가 다스리던 시기와 대략 일치하고 있다.

치우가 다스리던 부족인 구려(九黎)족은 당시 북경 근처로 흐르던 황하를 타고 중원으로 남하한 외국인(동이족)으로서, 그 사람들은 금속을 다루는 데 능숙했었다. 치우가 중원을 점령할 당시 중원 사람들은 치우가 머리는 구리, 이마는 쇠로 되어 있다고 했는데, 이는 치우가 거느린 구려족이 당시 중원 내륙의 신석기시대 사람들과 달리 청동기를 소유한 발달된 문명을 가진 사람들이었음을 뜻한다.

중국은 이 치우의 용산 문명을 시작으로 청동기시대에 진입하는데, 이는 북방 치우 부족(구려족)의 유입이 직접적인 계기가 된 것으로 해석할 수 있다. 이를 증명하듯 현재 중국 학계에서는 중국의 청동기 문화가 먼저 발해만 북부(북경에서 요하에 이르는 지역)에서 시작되어 중원에 영향을 준 것으로 인정하고 있다.

중국에서는 중국 남방 소수민족인 묘족이 구려의 시조인 치우를 숭배하고 있고 풍습이 구려와 비슷하다 해 구려족이 남방에서 기원했다고 주장하고 있다. 그러나 구려족이 속한 동이 사람들은 남방계 유전인자를 가진 묘족과 다른 북방계에 사람들이었고,《논어(論語)》에 '구이팔만(九夷八蠻: 아홉 동이족과 여덟 만족)',《국어(國語)》[2]에 '구이백만(九夷百蠻: 아홉 동이족과 백 개의 만족)'이라는 표현에서 보듯 중국 동부

---

2) 고대 중국의 국가별 역사를 다룬 책으로, 주 왕실과 노나라, 제나라, 진(晉)나라, 정나라, 초나라, 오나라, 월나라 등 제후국의 역사를 기록하고 있다. BC 990년부터 BC 453까지의 역사가 담겨 있으며, 저자는 좌구명(左丘明)이라 알려져 있으나 확실치 않다.

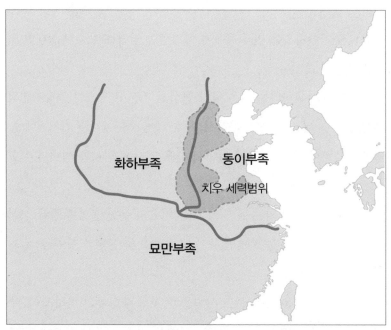

중국 국무부에서 2009년 출간한《중국역사상식》에 그려진 동이와 화하의 영토. 한국 사학계에서 설정하고 있는 동이 영역보다 훨씬 광범위한 영역이 동이의 영토로 그려져 있다. 서부와 남부의 산지를 제외한 대부분 평야 지역이 동이의 활동지였음을 알 수 있다. 가운데 짙은 색은 동이 구려족 수령인 치우의 세력 범위. 구려족의 용산 문명은 고대 황하 유역인 북경 일대에서 중원으로 남하해 점령한 뒤 동쪽 해안 지역(산동성 일대)까지 세력을 넓힌다. 화하와 동이 영역 남쪽에는 묘만(苗蠻)족이 있었다.

의 이(夷)가 남방 민족을 지칭하는 만(蠻)과 구분되는 사람들이었음을 알 수 있다.

동이 문화인 용산 문화가 퍼진 곳 역시 묘족이 살고 있는 중국 남방과 관계없는 황하를 중심으로 중국 북쪽 섬서, 산서, 중원의 하남, 산동 등지인 것도 동이 집단으로 판명된 구려(구이)가 북방계임을 뜻한다. 특히 중국 동이 지역과 한반도, 만주 지역과는 신석기시대 이후로 공통된 문화적 현상을 보이는 것 역시 구려가 남방이 아닌 북방에서 기원했음을 말하고 있다.

한편 중국학자들은 현재 치우가 차지했던 영역을 고증해 실재한 역사로 인정하고 있다.

청동기를 사용한다는 것은 국가 형성의 기본적 요소인 중앙집권적 체제를 갖춘 것을 뜻한다. 따라서 이 시기에 중국이 청동기시대에 돌입했다는 점은 중국 역사에 있어서 매우 커다른 의미를 지닌다고 할 수 있다.

이렇게 중국 문명의 틀을 지어 놓은 치우의 용산 문명은 중국 신석기시대의 대표적인 두 문명인 동이 문명과 화하 문명을 합한 중국 최초의 통일 문명이었다.

북방에서 내려온 용산 문명 사람들은 황하 중상류의 화하 문명 뿌리인 앙소 문명(BC 5000~BC 3000) 지역을 먼저 정복했고, 이후 황하 하류의 동이 문명 지역인 대문구 문명(BC 4040~BC 2240) 지역까지 아우르며 중원에 북방 선진 문명인 구려(九黎) 문명을 퍼뜨리게 된다.

〈동아시아 주요 신석기, 청동기 문명 정리〉

왕옥철(王玉哲) ,《중화원고사(中華遠古史)》(상해 인민출판사, 1995)

① 맨 위(지도의 1번) 부분은 빗살무늬토기를 특징으로 하는 북방 신석기 문명이다. 대표적 유적으로 홍륭와 문화(BC 6200~BC 5400) 지역이 있다. 중국 최초의 발달된 취락들이 발견된 홍륭와 문화 유적지는 주로 내몽고 동부, 요령서부 서요하, 대릉하 유역에 분포돼 있다. 이 지역에서는 최초로 다양한 옥 장신구와 용(곰)토템 문화의 기원이 되는 옥들이 발견되었다.

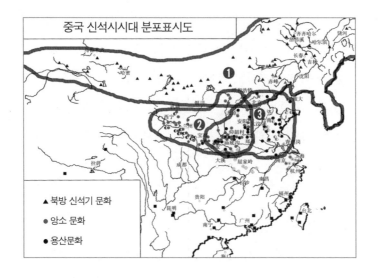

② 두 번째(지도의 2번) 부분은 중국 내륙 문명으로 화하 문명 지역이다. 이 지역의 대표적 신석기 유적지로는 앙소 문명(BC 5000~BC 3000)이 있으며, 이 지역 사람들은 이후 북방에서 남하한 용산 문명 사람들에 의해 중원 지역을 빼앗기게 된다.

③ 세 번째(지도의 3번) 부분은 중국 동이 문명 지역이다. 대표적 유적지는 중국에서 청동기 문명을 시작한 용산 문명(BC 2800~BC 2000)으로, 용산 문명 사람들은 중국 동북에서 시작된 발달된 청동기를 앞세워 중원의 토착 문명이라 할 수 있는 앙소 문명 지역을 차지한 이후 차츰 동쪽 산동반도와 중국 동해안 일대의 원주 동이 지역까지 진출해 문명의 통일을 이룬다.

중국에서 처음 청동기 문명을 이룩한 동이 문명(용산 문명)의 구려 (九黎) 부락 연맹은 후대 춘추전국 시기에 공자에 의해 '군자의 나라'

로 칭송되던 중국 동부 구이(九夷) 사람들의 조상으로, 고대 중국 문명의 틀을 세워 놓은 찬란한 문화민족이었다.

그들은 형법을 제정하고 무기를 만들었으며 종교를 창조했다. 논농사[水稻]를 지었으며, 가축을 기르고 집을 짓고, 배를 만들고 금속을 제련했으며, 천문을 관찰하고, 신을 숭배하는 등 중국 고대세계 문명을 선도했다.

중국의 혼란과 고인돌

북방에서 남하한 구려(九黎) 사람들은 중원을 점령하고 찬란한 동이 문명(용산 문명)을 창조한 뒤 시간이 흐르면서 점차 동서로 분단이 된다. 황하 중류 지방에 하(夏 BC 2070년경~BC 1600) 왕조가 들어서게 되면서 중국 대륙은 동서 간 서로 다른 정치 체제가 들어서게 되는 것이다.

이렇게 BC 20세기경 황하 중상류에 중국 최초 왕조로 알려진 하 왕조가 들어서고, 중국 동해안 지역인 황하 하류에는 용산 문명(구려 문명)을 이어받은 구이(九夷, 악석 문화, BC 1900~BC 1500)가 존속되면서 동서 간 대치하는 형국이 전개된다.

참고로 '구이(九夷)'라는 국호는 후대에 중국인들이 임의로 해석한 '아홉 동이(오랑캐)'라는 뜻이 아니라 '한 국가의 국호'임은 기원전에 기록된 다음 기록

하나라 세력 범위[중국 백도(百度)백과사전]

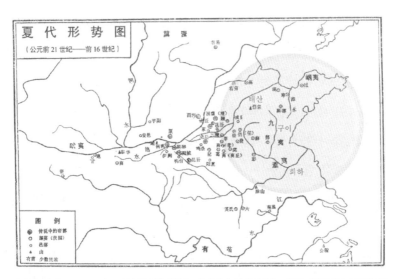

하나라 형세도: 2000년 11월 중국 학자들은 하나라의 연대를 BC 2070년부터 BC 1600년으로 발표했다. 위의 지도는 중군 군사역사위원들이 확정한 하나라 당시 지도로, 중원 하나라 동쪽 태산에서 회하 사이 넓은 지역을 구려문명(용산 문명)을 이어받은 구이(九夷)의 영토로 그리고 있다. (《중국역대전쟁연표》, 해방군출판사, 북경, 1986년 초판)

을 통해 알 수 있다.

"(하나라) 소강 2년에 방이(方夷)가 찾아왔다.", "(하나라) 제분 3년에 구이(九夷)가 말을 몰고 찾아왔다.", "(상나라) 대무 61년에 동쪽의 구이(九夷)가 찾아왔다.", "(상나라) 중정 6년에 남이(藍夷)를 정벌했다."《죽서기년(竹書紀年)》[3]

────

3) 서진(西晉) 시기(281년)에 도굴된 묘에서 발견된 편년체 사서로 전국시대(BC 476 ~ BC 221) 위(魏)나라 사관이 기록했다고 전해진다. 하나라 시기부터 위나라 양왕 시기까지의 역사적 사건이 기록되어 있는 중요한 사료로서, 최근 발견된 한나라 초기 고분(마왕퇴 고분)에서 출토된 고서의 내용이 이 책의 내용과 유사하고, 갑골문-청동 명문에도 유사한 내용이 기록되어 있어 사료적 가치가 높이 평가되고 있다.

하나라 제분왕 3년과 상나라 중정왕 6년에 '구이(九夷)'가 찾아왔다면, 구이는 '아홉(九)'으로 나뉜 동이족 국가들이 될 수 없다. 아홉 나라가 한 해에 일시에 하나라를 방문할 수 없고, 하나라와 갈등 관계에 있던 동이 국가들이 하나라에 모두 방문할 이유도 없기 때문이다.

한편, 하나라가 세워지던 BC 20세기경에는 중국뿐 아니라 한반도에도 정치적 변동이 일어나는 것을 짐작할 수 있는데, 이는 한국 '청동기시대의 지표'라 할 수 있는 고인돌(지석묘)의 축조 연대를 통해 짐작할 수 있다.

한반도 고인돌의 기원과 관련해 여러 학설이 있지만, 고인돌을 연구한 한 외국 학자인 플레밍(Fleming)은 중국 초기 황하 문화기에 주민이 북쪽으로 이동하면서 만주와 한반도에 거석 문화를 형성시켰으며, 점차 일본과 대만에까지 이어졌다고 주장했다.

한국의 이형구 교수 역시 BC 20세기경에 발해 연안에서 발생한 고인돌(지석묘)을 포함한 청동기 문화가 한반도로 전래되었다고 보고 있다. 최근 한국에서 확인된 절대 연대가 가장 오래된 고인돌이 BC 20세기 전후라는 점은 그러한 주장을 뒷받침하고 있다. 그러므로 단정할 수는 없지만 중국의 혼란과 발해만 북부에 있던 고조선의 성립 사이에는 일정한 관계가 있지 않을까 생각된다.

고대세계에서 무덤 양식의 변경은 민족의 이동과 관련된 중요한 지표로 활용되는데, 돌 판을 세우고 그 위에 큰 돌로 덮은 고인돌 양식은 산동 용산 문화 시기의 석곽묘와 대략 같은 형태라고 한다. 따라서 용산 문화 후기에 발해 연안으로 위축된 구이 사람들이 한반도와 중국 동북 지역으로 유입되면서 고조선 성립에 영향을 주었을 가능성이

(좌상) 요령성 남부 해성시의 고인돌(요령성박물관), (우상) 강화도 고인돌, (하) 전남 화순 고인돌

있다.

고조선의 지표로 볼 수 있는 고인돌 문화의 범위가 만리장성 동쪽으로 요령성(발해만 북부)과 길림성 남부, 그리고 한반도 전체와 내몽고 동부, 흑룡강성 등까지 포함되는 사실은 이들 지역에 고대 동이 문명과 연계된 문화적 공통점이 있음을 시사하고 있다.

복희와 하문명의 형성

황하 중류에 세워진 하(夏)나라는 중국 문명의 시조로 불리는 동이족 출신 복희(伏羲)로부터 시작이 된다. 복희는 성이 풍(風)으로, 중국에 도덕을 정하고 점복철학이 담긴 팔괘를 창조했으며, 악기를 발명하고 관리를 두어 중원의 문명을 처음 시작한 중요한 사람으로 알려져 있다.

근대 중국 학자들이 편찬한 고대 역사 논문집인《고사변(古史辯)》
(1926년 발간)에는 하나라의 시조격인 복희가 상나라(은나라) 시조와
함께 동이족이라고 기록하고 있는데, 이는 현대 중국학자들 사이에서
도 인정되는 사실이다.

"동이는 은나라 사람과 동족이며, 그 신화 역시 근원이 같다. 태호
(복희를 말함), 제준(帝俊), 제곡(帝嚳), 제순(帝舜), 소호(少昊) 그리고 설
(契: 은나라를 세운 탕임금의 선조) 등이 같은 동이 사람이라고 하는 것
은 근래의 사람들이 이미 명확히 증명하는 바다."

태호(복희), 제준, 제곡, 제순, 소호, 설 등은 모두 중국 고대의 유명
한 황제들인데, 이들은 뜻밖에도 고대 한국인들이 자신들의 조상이라
주장하고 있다.《삼국사기(三國史記)》에 신라인과 가야인은 그 조상을
소호 금천씨(少昊 金天氏)[4]라고 했고, 고구려인은 그 조상을 제곡 고
신씨(帝嚳 高辛氏)[5], 또는 전욱 고양씨(顓頊 高陽氏)[6]라고 했다고 기록
되어 있다.

1919년 3·1운동 당시 독립선언서를 작성했던 육당 최남선(1890~
1957, 역사학자, 문학가) 선생은 이들 고대 황제 중 으뜸인 복희와 관련

---

4) 중국 시조인 황제(黃帝)의 장자로, 중국에서는 그를 BC 2395부터 BC 2322년까지
   재위한 것으로 파악하고 있다.
5) 소호(少昊)의 손자, 황제(黃帝)의 증손으로, 중국에서는 BC 2245부터 BC 2176년까
   지 재위한 것으로 밝히고 있다.
6) 황제의 손자로, 오제(五帝) 중 한 명이다.

해 다음과 같은 글을 기록하고 있다.

"원제(황제 중 으뜸)인 복희란…… 동이(東夷)의 어휘에 관계가 잇
서…… 복희와 풍(風: 복희의 성)은 '밝'허고 동원임으로써(어원이 같으
므로) 복희를 통해서의 제호(황제라는 호칭)의 본원이 또한 사천자(事
天者: 하늘을 섬기는 자), 곧 무군(무속 군주)일 것을 엿볼 수 잇다."

- 〈동아일보〉 1928.8.20. 최남선 -

위 기사에는 중국 문명의 시조인 '복희'가 동이어(東夷語) '밝(밝음)'
과 관계가 있음을 지적하고 있다. 그렇다면 중국 문명의 창시자로 일
컬어지는 '복희'는 정확히 어떤 뜻을 담은 이름일까?

복희는 고대 중국의 다른 유명한 황제들과 달리 유사한 이름이 여
러 개 존재한다.

복희(伏羲), 복희(宓羲), 포희(庖犧), 포희(包犧), 희황(犧皇), 황희(皇
羲), 태호(太昊), 태호(太皞) 등은 모두 복희의 이름인데, 이렇게 통일되
지 않은 이름으로 불린 이유는 그가 동이계 사람이었다는 사실과 관
련이 있다.

그의 '한자명'을 분석해 보면 '복희'가 한자와는 관련이 없고, '밝은
해(박희)'를 뜻하는 말임을 알 수 있다.

먼저, 복희(伏羲), 복희(宓羲), 포희(庖犧), 포희(包犧)는 '누워있는 희'
또는 '부엌의 제물' 등, 이름으로 쓰기에는 엉뚱한 의미를 가지고 있
는데, 이는 이들 이름이 한자와는 무관한 외래어를 한자로 '음역'한
이름이기 때문이다.

희황(牺皇), 황희(皇羲)는 '음역' 부분과 '의역' 부분이 합쳐진 이름으로, '해'를 뜻하는 동이어(희)와 '왕'을 뜻하는 한자어(황)의 합성어이다. 음역 부분인 희(牺), 희(羲)가 서로 다른 한자로 기록되고 뜻도 '희생, 숨' 등, 이름에 어울리지 않는 것은 이 이름이 한자식 이름이 아님을 뜻한다.

그리고 공자가 복희를 높여 부른 호칭인 '태호(太昊)', 또는 '태호(太皞)'라는 호칭은 동이어인 '밝은 해(박희)'의 의미를 한자로 완전히 '의역'해 만든 이름으로, 해석하면 '크고(太) 흰 하늘의 태양(昊)'이라는 의미를 담고 있다.

따라서 복희와 관련된 이러한 호칭들은 공히 '밝다'와 '태양'의 의미를 내포한 호칭이라 할 수 있다. 한(漢)나라 시기 그려진 복희의 벽화를 보면 복희의 손이 태양이나 해시계를 받들고 있는데, 이 역시 복희의 이름 속에 '밝은 해'라는 의미가 담겨 있음을 증거하고 있다.

동이 사람 복희가 중원으로 이주해 처음으로 정착한 곳은 황하와 양자강 사이 회수(淮水) 근처의 회양(淮陽)이라는 곳이다.

회양을 비롯한 회수(회강) 유역은 고대로부터 동이족의 터전이던 곳인데, 회양현에서는 동이족 수령인 복희에 대해 다음과 같은 소개를 하고 있다.

"전하는 바에 따르면 동이 부족의 수령이었던 태오 복희씨가 완구(宛丘, 중국 하남성 회양의 옛 이름)에 도읍을 정했고, 염제 신농씨가 이를 이어 도읍으로 정하면서 '진(陳)'이라 불렸는데, 진이라는 이름은 이로부터 시작된다."(중국 회양현 정부 공식 홈페이지, 2008년)

우리나라 태극기 문양과 관련이 있으며 중국 문명에서 매우 중요한 인물인 복희의 생몰연대를 중국에서 치우의 중원 공략 시기인 BC 2800년경으로 추정하고 있는 것으로 보아, 그는 중원으로 진출한 구려(구리)의 세력 확장과 더불어 황하 남쪽(하남성 회양)에 진출해 그곳

원주민을 다스린 사람으로 볼 수 있다.

이 복희(BC 2800 ‒ BC 2737)가 다스리던 땅은 이후 중국인들이 시조로 받드는 염제(炎帝)가 이어받은 뒤, 남방계 기층민족과 더불어 하(夏) 왕조를 건국하게 된다(BC 2070). 그런데 이들 하 왕조 사람들은 왕조건립 이후에도 지속적으로 동방의 동이족으로부터 시달리다가 결국 북방 몽골계(동이계) 상(商)족에게 중원(황하 중류)의 자리를 내주고 만다(BC 1600).

이 상족이 세운 상나라(은나라)는 중국 문명을 획기적으로 발전시킨 나라로 '국제적으로 공인된 중국 최초의 왕조'이다. 상나라는 비록 동이계 국가이지만, 동쪽의 구이(九夷) 세력과 지속적으로 세력다툼을 한다. 이와 관련해《후한서(後漢書)》[7]에는 다음과 같이 기록하고 있다.

---

7) 중국 남조(南朝) 송(宋)나라 범엽(范曄, 398~445)이 이전 사서들을 참고해 편찬했다. AD 25~AD 220년 사이의 역사적 사실이 기록돼 있다.

"(하나라 마지막 왕) 걸이 폭정을 휘두르자 각 지역의 이(夷, 동이) 사람들은 또 다시 국토를 침범했고, 상 왕조의 성탕이 천명을 받아 혁명을 일으켜 하 왕조를 평정하게 된다. …… 상나라 무을(BC 1147~BC 1113) 왕 당시 국력이 약해지자 동이 사람들은 점차 강성하여져서 회하, 태산 일대에 이주해 살기 시작했으며, 점점 중원 내지에서 생활하게 된다."

중원에서 동이 문명을 꽃피운 상나라

하 왕조를 물리치고 중원에 들어선 상나라는 마지막 수도가 은(殷)이었기 때문에 은나라로도 불린다.

이 상나라(은나라)의 마지막 수도 은(殷)의 실체는 20세기에 중국 하남성 안양시에서 다량의 유적과 함께 세상에 그 모습을 드러내었다. 은의 유적이 발굴된 곳을 중국에서는 '은허'라 부르는데, 그곳에서 발굴된 유적들은 상나라(은나라)가 동북방 동이족 왕조였음을 증명하고 있다.

상나라 사람들이 남방계 사람들이 아닌 북방 동이계 사람들이었다는 사실은 이미 학계에서 공인되었고, 고고학적으로도 상나라(은나라) 수도였던 은허 유적지에서 발견되는 사람 유골을 분석해 볼 때 확인할 수 있다.

중국 고고학 분야의 아버지로 불리는 이제(李濟, 1896~1979)선생은 그의 책《안양(安陽)》[8]에서 상나라 마지막 수도 은허(殷墟)에서 출토

---

8) Anyang, Seattle, University of Washington Press, 1977
   중역본: 苏秀菊 등 번역, 北京, 中国社会科学出版社, 1990

된 다량의 순장(주인이 사망할 때 주변에서 그를 섬기던 사람들을 산 채로 함께 묻는 풍습) 유골을 분석했는데, 그 내용을 소개하면 다음과 같다.

〈상나라(은나라) 순장에 바쳐진 사람들 분석〉

부류	특징	인골 수
제1부류	두개골이 고전적인 '몽고유형 인종'이며, 부라야트(몽골 인접국) 사람들과 유사함.	30구 (지배족)
제2부류	두개골이 '태평양 유형의 흑인종'으로, 파푸아인들과 유사함.	34구 (피지배족)
제3부류	두개골이 '코카서스인종(유럽인종)'으로, 영국인과 유사함.	2구 (피지배족)
제4부류	두개골이 '에스키모인종'임. 즉, 체구가 큰 몽고인종에 속하는 북극계 유형.	50구 (지배족)
제5부류	두개골 유형을 측정할 수 없는 유형.	38구

이제 선생은 위에서 남방계에 속하는 제2부류, 유럽계에 속하는 제3부류 사람들을 모두 상나라 사람의 '적(피지배민족)'으로 보았으며, 상나라 부족을 대표할 수 없다고 역사적 근거를 들어 분석했다. 즉, 상나라는 북방 몽골과 만주 지역에서 남하한 사람들이 지배하던 나라였던 것이다.

이렇게 북방 몽골계 사람들이 중심이 되어 세운 상나라는 중국 역사에서 매우 중요한 위치를 차지하는데, 이유는 이 시기에 문화적, 철학적으로 대대적 발전을 이루며 한자의 모태인 '갑골문'이 상나라 왕조에서 제작되었기 때문이다.

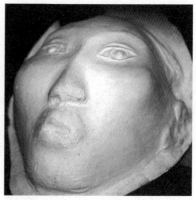

상나라(은나라) 사람 얼굴(BC 16세기~BC 11세기, 은허박물관)

상나라 마지막 수도 '은(殷)'으로 추정되는 하남성 안양시에서는 대량의 점복용 동물 뼈가 발견되었다. 그 뼈에는 한자의 기원인 갑골문이 다수 기록돼 있었다. 최근 학자들은 갑골문이 원래 중국 동부 동이지역에서 시작되어 중원을 점령한 상족에 의해 대대적으로 개발된 것으로 보고 있다.

한자의 모태인 갑골문을 본격적으로 개발한 상나라는 문자뿐 아니라 당시의 선진적 문물인 청동 문물을 중원에서 더욱 발전시켰다.

한편, 상나라가 세워지던 BC 16세기 무렵 중국 동부 지역은 치우의 구려(구리)국 문명인 용산 문명을 그대로 이어 받은 구이(九夷) 등의 동이가 여전히 강한 세력을 유지하고 있었다. 따라서 BC 16세기 이후부터 서쪽의 화하계 주(周)나라가 중원을 다시 회복하는 시기인 BC 1046년까지 600년 동안 중국의 문명은 두 개의 커다란 동이 집단인 내륙의 상족과, 그들과 대립관계를 보이던 중국 동부 해안지역의 동이(구이)에 의해 주도된다.

이 황하 중류 지역의 중원을 제압한 상족은 흰색을 숭상한 사람들이었다. 그들의 시조인 황제(黃帝, 헌원) 역시 '백민', 즉 '흰 민족'으로 불렸던 사람이다.

중원을 차지한 '흰 나라' 상 왕조는 동쪽으로 산동과 회하 유역에 있던 동이(구이)와 끊임 없이 전쟁을 벌이며, 그로 인해 국력을 소비해 결국 서쪽의 주 나라에 의해 멸망하게 된다(BC 1046).

상나라는 동쪽의 동이(구이)와 대규모 전쟁을 통해 국력이 약해지게 된다.

중원에서 동이를 몰아낸 화하족

상나라가 멸망한 이후 상나라의 왕자 무경(武庚, ? ~ BC 1039?)은 중국 산동성 일대의 동이인들인 서, 엄, 박고 사람들과 함께 상나라를 멸망시킨 주나라에 반란을 일으킨다.

주나라는 사실 상나라 서쪽 변방의 속국으로 문화적으로 뒤쳐져 있던 나라였다. 그런 주나라가 상나라를 지배하자 이를 거부하며 반란을 일으킨 것이다.

그러나 이들 상나라 연맹은 주나라에 다시 패하게 되고, 결국 상과 엄, 박고 등에 살던 동이 사람들은 타 지역으로 대거 도망가게 된다.

주(周, BC 1046~BC 256)나라가 중원의 상나라 연맹국들과 동부 지

〈은대의 형세(한족, 비한족)〉

상나라(은나라)시기(BC 16세기~BC 11세기) 형세도. 상나라는 주변족과 갈등이 많아 수도를 자주 옮겼다.《중국의 역사와 사회(中國の歷史と社會)》(도쿄: 대장성인쇄국, 1998)

역 동이(구이) 국가들을 공격할 당시 상황을 기록한《사기》의 내용을 보면 상나라 사람들 대부분이 자신들의 땅을 버리고 주변으로 흩어졌음을 짐작할 수 있다.

"기자(상나라 유민 지도자)가 주나라에 입조하려고 폐허가 된 옛 상나라 도읍지를 지날 때였다. 옛 궁실이 파괴되어 벼와 기장만 무성한 것을 보고 마음이 상해 크게 소리 내어 울고 싶었지만, 운다는 것은 부녀자와 같다고 여겨 그럴 수도 없었다."

"성왕(成王 BC 1055~BC 1021)은 상나라의 남은 사람들을 다른 곳으로 옮기고(遷殷遺民)⋯⋯ 주공을 대장으로 동쪽으로 회이(회하 유역의 동이)를 정벌하고 엄을 멸망시켰다.(東伐淮夷, 殘奄)"

상나라가 비록 이렇게 주나라에 의해 크게 망했지만 동이 세력은 완전히 무너진 것은 아니었다. 상나라와 같이 새를 토템으로 하던 소호의 후예인 회하 중상류의 동이 사람들(서이, 徐夷)은 주나라와의 전쟁에서 승리해 춘추전국시대 말(BC 3세기)까지 동이 문명을 유지하며 주나라와 대립했다. 그 밖에 산동에서 양자강에 이르는 중국 동부 해안 지역에는 '래이', '회이' 등의 동이 세력이 BC 3세기까지도 화하족과 대립하며 유지된다.

그러나 해안 지역의 동이와 달리 중원 내륙 지역의 상나라 사람들은 자신들의 거주지를 떠나 정복자 주나라의 통치를 피해 도망을 갔다. 그런데 이들이 이주해 간 지역은 주로 자신들과 문화적 혈연적 관계가 깊은 중국 동북 지역, 즉 조선(고조선) 땅이었다.

이러한 사실은 중국과 한국의 여러 역사서에 상나라의 왕손이자 상나라의 마지막 왕 주왕(紂王)의 숙부인 기자(箕子)가 유민을 이끌고 조선으로 이주했다는 역사 기록과, 상나라 멸망 시기인 BC 11세기 경 제작된 상나라 계열의 유물이 고조선이 있던 요서지방에서 대거 발굴되는 것으로 알 수 있다.[9]

---

9) 고조선의 초기 위치에 관한 중국 측 기록은 다음과 같다.
  • 명청 교체기 고염무에 의해 기록된 《일지록(日知錄)》: "조선성은 영평부(난하 서안 – 북경 지역) 경내로, 기자가 봉해진 지역이다." "주 초기 기자조선은 하북성 당산 난하(북경 북동쪽으로 흐르는 강) 주변의 조수(朝水)와 선수(鮮水) 사이에 있었을

"(상나라를 물리친) 무왕(? ~ BC 1043?)은 기자를 조선에 봉했으나 (기자를) 신하로 대하지는 않았다."《사기》〈송미자세가(宋微子世家)〉

상기 기록 중에 나오는 '조선'은 중원에 가까운 지역인 북경 근처에서부터 동쪽으로 요하 근처에 걸쳐 있던 것으로 보이는 고조선(한반도 이주 전 고조선) 지역을 뜻한다.

중국의 서중서(徐中舒) 선생은 상나라 왕자 무경을 도왔다가 패해 쫓겨 간 동이족의 일파인 박고족(박족)을 BC 3세기 이전부터 요동에 있었던 부여족의 선조로 추정하고 있기도 한다.

상나라 유민, 조상들의 땅 조선으로

중국 학자들은 중원을 점령한 상나라 사람들이 동이에 속하는 사람들로서 고대 난하 부근에 살던 고죽국 사람들과 같은 민족이라고 밝히고 있다.

이들은 원래 북경 근처로 흐르던 황하 하류 지역에 거주했는데, 이후 상나라는 남쪽으로 중원을 점령했고(BC 1600년) 고죽국은 동쪽으로 대릉하 유역으로 이주하게 된다. 고죽국이 이주한 대릉하 유역은 이후 고구려의 기원지가 된다.

남쪽으로 내려가 중국 최초의 왕조 하나라를 정복한 상나라 사람들은 550년간 중원을 다스리다가 서쪽 내륙의 주나라 사람들에게 패하

것이다."
  • 《수서(隋書)》: "고죽의 땅은 주나라 시기 기자에게 봉해진 지역이다." "고죽국 고성은 노룡현 남쪽 12리에 있다."
  • 《구당서(舊唐書)》: "요동의 땅은 주나라가 기자에게 준 나라이다."

게 된다(BC 1046). 그러자 상나라 사람들은 다시 대거 중국 동북 지역(고조선)으로 이주하는데, 결국 자신들의 조상이 살던 땅으로 되돌아간 것이다.

이러한 사실과 관련해 중국 산동성 출신의 저명한 역사가이자 고전문학 연구가인 부사년(傅斯年, 1896~1950) 선생은 그의 책《동북사강(東北史綱)》에서 다음과 같이 말하고 있다.

상나라 당시 황하는 지금보다 북쪽인 북경 근처로 흘렀으며 상나라는 황하 하류에서 남하해 중원을 정복한다.

"상(商)의 발흥은 중국 동북 지역(옛 고조선 지역)에서 시작되었고, 상나라 멸망 이후 역시 동북으로 돌아갔다. 상나라는 중국의 믿을 수 있는 역사의 첫 장이자 또한 동북사의 첫 장을 이루고 있다."

중국의 갑골문 전문가이자 역사학자인 서중서 선생[10] 역시 이러한 사실과 관련해 다음과 같이 말하고 있다.

"본인은 고대 환발해만(요동반도와 산동반도로 둘러싸인 바다 주변, 고

---

10) 서중서(徐中舒, 1898~1991): 중국의 역사학자, 고문자학자로서, 1926년 청화(淸華) 대학교 대학원을 졸업했다. 당대의 유명한 학자인 왕국유, 양계초 등으로부터 가르침을 받았다.

대 동이 지역) 지역에 살던 거주민이 중국 문화의 창시자가 아닌가 생각하고 있으며, 따라서 상나라 민족은 그곳에서 기원했다고 여기고 있다. 역사서에 상나라가 수도를 세운 곳은 전기에 여덟 곳, 후기에 다섯 곳이다. 그 이주한 지역을 볼 때 동쪽에서 서쪽으로 점차 세력을 옮긴 것으로 보인다. 주나라 사람들이 서쪽에서 점차 동쪽으로 세력을 옮긴 것과는 정반대의 상황이다. 주나라는 서쪽에서 흥기했으나 그 문화는 본래 상 민족의 아래에 있었으며, 중국에 들어온 이후 상나라 사람들의 옛 문화를 잇고, 약간의 개혁을 했다.(이후 요나라, 금나라, 원나라, 청나라 4대 왕조가 상나라와 매우 흡사한 전철을 밟는다.)"

《은인복상급상지남천(殷人服象及象之南遷)》

또한 동양고고학연구소 소장인 이형구 교수 역시 다음과 같이 이야기한다.

"은(상) 나라가 주 무왕에 의해 멸망된 뒤, 은(상)의 일부 세력인 은 유민이 주 세력에 밀려 발해연안 북부 대릉하(大凌河) 유역으로 이동하게 된다. 그곳이 바로 은 민족의 선주지(先住地)였던 곳으로, 기자(箕子)에 의해 선왕의 땅으로 다시 돌아오는, 즉 '종선왕거(從先王居)' 하게 된다."《요서지방의 고조선》

이처럼 이들 상나라 사람들은 처음에 중국 동북 지역, 즉 발해만 북부 고조선 땅에서 중원으로 남하했다가(BC 16세기), 다시 중원에서 패망한 뒤(BC 11세기) 자신들의 조상들이 살았던 지역으로 이주하게 된 것이다.

한편 중국 학계에서는 일반적으로 상나라가 '현재의 황하 하류(산동성 북부)'에서 기원한 것으로 여기고 있으며, 만리장성 동쪽 고조선 지역에서 기원한 것으로 보지 않고 있다. 그러나 '상나라 당시 황하 하류'는 만리장성이 있는 현재의 북경 근처였으며, 상나라 문화가 기본적으로 중국 동북 지역 요하 유역의 문화인 홍산 문화[11]를 잇고 있는 '북방계'임을 감안할 때 중국의 입장은 언젠가 수정될 여지가 있다.[12]

여하튼 상나라 유민이 중원을 지배하다 돌아온 '조상들의 땅'은 당시(BC 11세기) 중원 문명과 구분되는 북방 문화가 널리 퍼져 있었다. 이 독자적 문화를 전문가들은 '하가점하층문화'라고 부르는데, 여러 학자가 이 문명이 바로 고조선 문명이라고 주장하고 있다. 그 문명의 범위는 북경 근처에서 요하에 이르는 지역에 걸쳐 있었다.

한 가지 눈여겨볼 점은 이 문명(하가점하층문화)이 상나라 유민이 유입되기 1,200여 년 전인 BC 23세기부터 시작되었던 사실이다. BC 23세기라면 BC 24세기에 세워졌던 고조선(BC 2333~BC 108)의 건국 시기와 대체적으로 일치하는 시기이다.

---

11) 홍산 문화(紅山文化)는 약 5,000~6,000년 전 요하 서부 유역에서 발전한 신석기 문명으로, 약 2,000년 간 지속된 북방 신석기 문화이다. 당시 중원에는 중원문명의 모태로 볼 수 있는 앙소 문화(仰韶文化)가 퍼져 있었다. 홍산 문화의 거주민은 농업을 주업으로 한 발달된 사회구조를 가지고 있었다.

12) 은상 문화(殷商文化)가 홍산 문화를 직접적으로 계승했다고 주장하는 대표적인 중국 학자로 정진향(鄭振香, 북경대 고고학과 졸. 은허 유적 발굴자, 중국사회과학원고고학연구원), 곽대순(郭大順, 북경대 고고학과 졸. 저명한 홍산 문화 시기 유적 발굴 연구자), 등숙평(鄧淑萍, 대만 지역 홍산 문화 전문가) 등이 있다.

또한《사기》에 상나라 유민이 이주한 땅이 고조선이라고 기록된 점을 볼 때 상나라와 고조선은 국경을 맞대고 있었고, 당시 상나라 세력을 감안할 때 두 나라의 국경은 북경 근처라고 볼 수 있다.

상기 사실들을 종합하면 상나라가 이주해 오기 전 고조선의 초기 중심 지역은 이 문화(하가점하층문화)가 널리 퍼져 있던 북경에서 요하 유역까지라고 추정할 수 있다.

하지만 이렇게 오래전부터 중국 동북 지역에 번성하던 고조선 문명(하가점하층문화)은 상나라 유민의 이주로 끝이 나게 된다(BC 11세기).

조상들의 땅 고조선으로 돌아온 상족은 그 땅의 토착 세력을 대신해 만리장성과 요하 사이에 있는 강인 대릉하(大凌河) 유역을 중심으로 새로운 정치적 세력을 이루게 된다. 이러한 사실은 상나라 멸망과 더불어 이 지역에 상나라계 청동기가 퍼진 것으로 확인할 수 있다.

상나라와 부여, 고구려

상나라의 풍습을 많이 간직했던 국가가 고대 요동 북부 만주 지역에 있었다. 바로 한국 고대국가의 시조격인 부여라는 나라이다. 부여 사람들은 한(漢)나라 당시(BC 202~AD 220) 중국에서는 사용하지 않던 상나라 달력(은력)을 상나라 멸망 이후 1,000년 이상 사용하고 있었다. 또한 그들은 상나라와 같이 백색(흰색)을 숭상했으며, 두 무릎을 꿇고 예의를 표하는 등 상나라와 유사한 문화를 많이 간직했던 사람들이었다.

주지하다시피 부여는 한국의 고대 국가인 고구려와 백제의 뿌리가 되는 국가인데, 이러한 한국 문명의 시조라 할 수 있는 부여 문화와 상나라 문화의 유사점은 한국 역사에서 매우 중요한 의미를 갖는다.

부여와 언어, 풍습 등이 유사했던 고구려에 관해서 현재 중국 학계에서는 중원과의 밀접한 관계를 인정하고 있다.

"고구려 민족은 고양 임금의 후예다. 그 뿌리가 염제이든, 상나라 사람이든, 예맥이나 부여든 모두 북방 지역에 있는 염황

상나라가 멸망할 당시(BC 11세기) 요서 지역은 기존에 없던 상나라계 청동기가 존재하게 된다. 이는 상나라의 멸망과 더불어 상나라 유민이 이 지역으로 이주했음을 뜻한다.

(염제와 황제)의 자손이다. 고구려 문화가 발전 과정 중에서 일부 지역적인 특징이 발생했지만, 그 뿌리는 염황 문화 계통에 속한다."《중국 공예미술사도록》

중국인들은 자신들이 염황(炎黃)의 자손이라고 말한다. 염황은 염제(炎帝)와 황제(黃帝)를 줄인 말로, 이 둘은 현재 중국인들이 자신들의 시조로 받드는 고대 임금들이다.

아이러니한 점은 중국인들이 시조로 받드는 이 두 사람(염제, 황제)이 모두 곰을 토템으로 했던 동이족 수령인 소전(少典)의 후손이라는 점이다. 이들이 동이족 출신이었다는 이야기는 중국의 고대 기록을 통해 알 수 있으며 다양한 연구로도 증명이 되고 있다.

"황하 하류의 동쪽 땅은 부계 씨족 부락 시기에 농업이 가장 발달된 지역이었다. 이 시기 다섯 임금(오제)의 으뜸인 황제(黃帝)는 '동쪽 땅' 즉 동이 사람들의 거주지 문화를 대표하는 사람으로서, 황제(黃帝)족이 동이에서 기원했음을 말한다."〈황제족 동이 기원설〉(중국 제남대학교 교수 장위민(張爲民), 2001)

황제(본명은 헌원)는 고대(BC 28세기) 중원을 정복한 동이족 국가 구려(九黎)의 임금인 치우(蚩尤)를 물리친 사람이라고《사기》에 기록되어 있다. 중국인들은 그로 인해 오랫동안 황제를 외적(동이족)을 물리친 민족의 영웅으로 인식해 왔다.

유사 이래로 동이족을 원수로 여기며 화하족 후예라고 자처했던 중국인들이 동이족 수령 치우를 물리친 같은 동이족 출신 '황제'를 중원 화하족 출신으로 잘못 알고 지내온 것이다.

그러면 왜 동쪽에 있던 동이족 황제(黃帝)가 중국 내륙민(화하족)의 시조가 된 걸까?

황제의 손자인 '고양'이라는 유명한 사람이 있다. 중국에서는 그를 고구려의 시조 고주몽의 선조로 주장하고 있기도 하다.

그는 처음에 산동성에 위치한 상구(商丘)라는 곳으로 이주해 도읍을 정하게 된다. 이후 그의 몇 대 후손인 설(契)이 하나라 시조인 우(禹) 임금의 치수(홍수를 다스림)를 도와 공을 세운다. 이로 인해 설이 이끄는 상족의 위상이 하나라에서 높아지게 되었고, 마침내 상나라 사람들은 차츰 실력을 길러 하나라를 정복하게 된다. 이로 인해 중국인들은 하나라의 기초를 닦은 염제와 하나라를 계승한 '황제(의 후손)'

를 화하족 공동의 시조로 여기게 된 것이다.

중국인들이 시조로 받드는 황제(헌원)의 나라 상나라는 세월이 흘러 서쪽에서 동쪽 중원으로 진출한 화하족 나라인 주(周)나라에 의해 멸망한다(BC 1046). 그런데 주나라는 상나라의 제도를 그대로 물려받기는 하지만 철저히 동이와 원수로 지내며 화하족 중심의 역사를 기술하기 시작한다. 이로 인해 상나라를 제외한 중국 동부의 동이 역사는 소멸되거나 화하족 역사로 편입 또는 왜곡된다.

따라서 당시 중국 동부 지역에 살던 동이족(서이)이나 중국 동북으로 이주한 '동이족(상족)' 사람들이 어떻게 중국 내륙에서 적응했고, 문화를 키웠으며 점차 만주와 한반도, 일본에 어떤 영향을 미쳤는가에 대한 기록을 현재에는 찾아보기 어렵다.

이러한 한계 속에서 필자는 동이의 역사를 캐기 위해 한국과 중국에 전해져 오는 역사서와 유물, 풍습, 문화 자료를 기본 자료로 삼아 고대 상나라 문화(동이 문화)가 어떻게 만주와 한반도, 일본열도에 미치게 되었는지를 풀어 보겠다.

2
동이 문명의 이동

요서에 등장한 상 유민, 중국에 남은 동이(구이)

BC 11세기 주나라 무왕이 점령한 지역은 중원의 상나라 지역에 국한된다. 당시 상나라 중심지를 제외한 중국의 동부 태산 지역과 회하 유역의 광활하고 비옥한 땅에서는 동이 사람들이 여전히 강한 세력을 유지하며 살아가고 있었다.

동이 사람들이 중국에서 완전히 세력을 잃었을 때는 진시황(BC 259~BC 210)이 등장하는 시기, 즉 주나라 무왕으로부터 800년 가까이 지났을 때이다. 그 전까지 주나라 제후국들(전국7웅)은 동쪽의 동이(구이)를 완전히 정복하지 못했다.

그런데 상나라 유민들이 자신들의 국가가 망했을 때 동쪽 산동성의 동이(구이) 나라로 망명하지 않고 고조선으로 간 이유가 무엇일까?

앞서 언급했듯이 동이(구이)와 상나라는 중원의 라이벌로서 수백 년 간 다투어 왔다. 상나라가 멸망한 이유 역시 동쪽 산동성 지역의 동이(구이)를 정벌하기 위해 막대한 군사력을 동원한 것이 직접적인 원인이 되기도 했다.

따라서 상나라 유민들은 자신들의 국가가 멸망하자 자신들에게 적대국인 동이(구이)의 땅보다 차라리 자신들의 조상 땅인 조선(고조선)으로 이주하게 된 것이다.

동아시아 문명의 요람 요서

BC 11세기 상족이 이주해온 요하 서쪽 지역인 요서 일대는 역사상 주목을 받지 못하다가 최근에 학계의 비상한 관심을 받고 있다. 이유는 현재 발굴되는 고고학적 유물들을 분석할 때 그곳이 중국과 한국을 포함한 동아시아 문명의 기원지로 밝혀지고 있기 때문이다.

〈신석기시대 옥장신구 전파〉

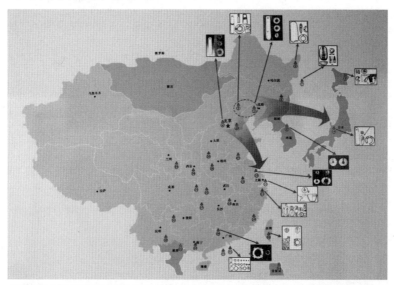

신석기시대 옥장신구(옥결)는 동이 문명 기원지인 요서 지역에서 8,000년 전 발생해 7,000년 경 만주, 한반도, 일본, 중국 동해안 등 '동이 문명권'에 먼저 퍼지고, 점차 중국 내륙으로 퍼지다 마지막으로 중국 서남부에는 약 2,000년 전에 전파된다.(요령성박물관)

이 지역에서 약 8,000년 전 형성된 사해(査海) 문화 지역에서는 중국에서 가장 이른 시기의 용 모양을 한 옥 제품과 돌무지가 발견되었고, 세계에서 가장 이른 시기의 다양한 옥기와, 중국에서 가장 이른 국가발전 단계를 보이는 촌락이 발견되는 등, 여러 면에서 신석기시대부터 동아시아 문명을 이끌었던 지역이었음이 증명되고 있다.

청동기의 경우도 이 지역의 유명한 선사 문명인 홍산(紅山) 문화 후기(BC 3500~BC 3000)에 이미 시작되었고, 이 시기에 이 지역은 이미 분업화가 이루어진 국가 형태를 띠게 된다. 또한 본격적인 청동기시대에 진입한 BC 23세기경 하가점하층 문화(고조선 문화로 추정)도 황하 문명의 청동기 진입 시기를 앞서고 있다.

따라서 이 지역은 신석기시대 이후 청동기시대에 이르기까지 동아시아 문명을 주도한 지역으로 볼 수 있다. 동이족 수령인 치우가 BC 28세기경 북방에서 남하해 중원에 청동 문화를 중원에 보급할 수 있었던 것도 이미 그보다 오래전에 이 지역(고조선 영역)에서 청동기가 개발되고 사용되었기 때문에 가능한 일이었다고 할 수 있다.

상 유민은 이러한 고대 동아시아 문명의 요람이라 할 수 있는 요서 지방에서 서쪽 중국 내륙(중원)으로 진출했으며, BC 11세기경에 주 왕조에 밀려 다시 자신들의 기원지인 요서 지방으로 돌아오게 된 것이다.

두 문명의 공존

필자는 고조선 문명의 기원지가 바로 이 고대세계 문명의 요람인 요서를 중심으로 한 동아시아 북동부 지역이라고 본다. 상나라 유민이 유입되기 전 요서 지방에서는 고조선이 세워졌던 BC 24세기부터 BC 14세기 사이에 두 가지 구분이 되는 문명이 존재했었다.

하나는 중원 문화와 구분되는 북방계 토착 문화인 하가점하층 문화이고, 다른 하나는 이 문화와 거의 동시에 지속되었으며 토착 토기와 발이 세 개 달린 중국계 토기가 혼재된 요하 북부의 청동기 문화인 고대산 문화(BC 24세기~BC 14세기)이다.

이 두 문명은 마치 단군신화에서 천상족 환웅과 지상족 웅녀(곰)가 결혼해 단군을 탄생시켰다고 기록한 것을 연상시킨다. 즉, 북방 환웅족(하가점하층 문화)이 중국계 이주 민족인 곰족(고대산 문화)과 동맹했던 것을 암시하듯 이 두 문명은 중국 동북 지방에서 병립하며 1,000년을 이어가게 된다.

고조선과 상나라의 대결

고조선이 이 두 문명(하가점하층 문화, 고대산 문화)의 연합으로 BC 24세기 이후 1,000년을 유지한 뒤, BC 14세기경에 접어들어 고조선 지역(내몽고~요하)에는 갑자기 새로운 문명이 들어서게 된다.

고조선이 있던 요서 남부에 이전과는 다른 문명이 들어서는데 이 문명을 '위영자 문명'이라 부른다. 외부에서 유입된 것으로 추정되는 이 문명(위영자 문명)은 과연 어디에서 온 문명일까?

그 배경을 추적하면 다음과 같다.

중원 내륙에 위치해 있던 상나라(BC 1600 ~ BC 1046)는 두 개의 큰 적대 세력이 있었는데, 하나는 상나라 동쪽의 구이(동이)였고, 다른 하나는 상나라 북부에 있던 흉노의 조상으로 볼 수 있는 귀방(鬼方)이라는 나라였다. 귀방은 중국 북부 섬서성과 산서성, 내몽고 지역에 분포해 있었던 고대 중국 북방 유목민의 나라였다.

상나라는 이 흉노의 조상인 귀방과 오랫동안 전쟁을 벌이는데,《역괘(易卦) 효사(爻辭)》에는 "(상나라) 무정(? ~BC 1192)이 귀방을 정벌해 3년 만에 정복했다."라고 기록하고 있다. 상나라 유적에서 발굴된 고대 한자인 갑골문에도 귀방이 상나라 왕인 무정에게 패한 것으로 기록하고 있다.

귀방 사람들은 상나라에 패하자 멀리 도망가거나 이주한다. 하지만, 역사서에는 그들이 어디로 이주했는가에 관한 명확한 기록이 없다.

필자는 이들이 바로 BC 14세기 고조선에 새롭게 등장한 문명(위영자 문명)의 주인공이 아닌가 추정하고 있다. 즉, 상나라 북방에 있던 귀방(흉노 선조)과 상나라가 지속적으로 갈등해 고조선에까지 영향을 미친 것으로 보는 것이다.

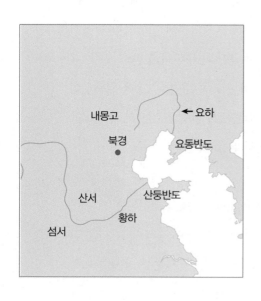

BC 14세기부터 상나라와 갈등하던 흉노의 선조 귀방은 BC 13세기에 결국 상나라 무정에게 멸망하게 되는데, 귀방이 상나라와 전쟁을 벌이던 BC 14세기 이후로 귀방 사람들은 서부의 고원이나 북쪽의 사막 지역보다는 자연환경이 양호한 동쪽의 고조선으로 대규모 피난을 한 것으로 추정할 수 있다.

BC 14세기 귀방 유민의 유입 이외에도 고조선에는 또 한 번 충격이 찾아온다. 바로 BC 11세기경 상나라의 멸망과 더불어 고조선의 핵심지역이었던 요서 지방에 상나라 유민들이 이주해 온 것이다.

다음의 연구 결과는 위의 역사적 사실들을 뒷받침하고 있다.

"하가점하층 문화(고조선 문화)가 BC 25세기경에 발생하여, 노로아
호산 줄기 서쪽 지역(요령성 조양시 일대)에서는 BC 11세기경에 하가
점상층 문화로 교체되었고, 동쪽 지역에서는 그보다 앞서 BC 14세기
경에 위영자 문화로 교체되었다."김영근, 〈하가점하층 문화에 대한 고찰〉,
2006

이 내몽고에서 요하에 이르는 문명, 즉 '하가점하층 문명'과 이를 이은 '하가점상층 문명'은 우리에게 매우 중요한 문명이라고 볼 수 있다. 왜냐하면 이 두 문명이 우리민족의 기원으로 보는 고조선과 관련이 깊은 문명이기 때문이다.

특히 BC 11세기 시작된 하가점상층 문화는 후대 고구려, 거란과 밀접한 관련이 있는 유목 문화인 스키타이 문화로, 상나라 요소가 포함된 문명이다. 즉 상나라의 요서 이주와 관련이 깊은 문화라고 볼 수 있다.

이 하가점상층 문화는 상나라 멸망 당시인 BC 11세기 이후로 서쪽으로 흑해 연안에서 중국 내몽고 오르도스까지 광범위하게 퍼지게 되는데, 이 문화의 특징은 '스키타이 3요소'라고도 불리는 청동으로 된 '무기, 마구, 동물장식'을 공통적으로 사용하고 있다는 점이다.

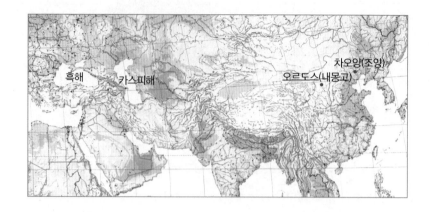

이 북방 아시아 문화는 BC 3세기 흉노 문화로 전환되어 지속적으로 초원 유목민족들 사이에 유지되며 중국을 압박한다.

고조선, 동이 문명의 충격에 빠지다

이렇게 고조선은 크게 두 차례 문화적 충격을 받게 되는데, 첫째는 상나라의 북방(귀방, 선흉노) 정벌과 관계 있는 BC 14세기 문화 변동이며, 둘째는 중원의 상유민이 고조선으로 이주한 시기인 BC 11세기 요서 지역에 나타난 문화적 변동이다.

특히 이 가운데 BC 11세기 상나라 멸망과 상 유민의 고조선 이주 여파는 요하를 넘어 요동과 한반도에까지 미치게 되며, 그 지역에 커다란 문화적 변동을 일으키게 된다.

이 시기(BC 11세기)에 요서 지역에는 상나라계 청동기가 나타나고, 이와 동시에 요동과 한반도에서는 토기의 모양이 바뀌기 시작하며, 중국과 북방 유목민의 영향을 받은 청동기가 사용되기 시작한다.

이 시기(BC 11세기) 이후 토기의 모습을 보면, 요하를 기준으로 동쪽(요동, 한반도)으로는 그 이전의 빗살무늬토기가 사라지고 보다 발전된 형태의 토기인 민무늬토기가 출현한다. 또 요하 서쪽(요서)으로는 중국식의 발이 세 개 달린 그릇인 삼족기가 동쪽과 뚜렷이 구분되어 사용되기 시작한다.

이는 요서 지역 북방계 고조선 문명(하가점하층 문명?)이 중원 상(동이) 문명과 충돌 후 요

민무늬토기: 신석기시대 빗살무늬토기를 대신해 청동기시대에는 무늬가 없는 다양한 민무늬토기가 만주와 한반도에 퍼지게 된다.(경남 진주출토 민무늬토기. 국립중앙박물관)

동과 한반도로 유입되면서 토착 신석기인들을 몰아내거나 제압한 것으로 풀이할 수 있다.

기자조선에 밀린 단군조선

요하를 기준으로 두 지역의 토기가 서로 구분되는 현상은 BC 11세기 상나라 유민의 중국 요서 지역까지 이주한 사실과 관련이 있음을 시사하며, 당시 요서 지방에 상 유민을 포함한 동이계 정치체가 있었고, 동쪽(요동, 한반도)은 그들과 다른 정치체가 있었음을 추정할 수 있게 하는 중요한 증거이다.

노태돈 교수는 당시 상 유민이 요하를 넘지 않았고 요동과 한반도에 아직 상 문화가 유입되지 않은 사실을 다음과 같이 밝히고 있다.

"기자(상나라 유민 대표)가 고조선에 왔다면 요동 지역과 한반도 북부에 상(商), 주(周) 계통의 청동기 유물이 많이 출토되어야 하나 발견되지 않고, 고조선 토착민과 융합해 갔다면 이 지역 청동기 유물과 상주 계통의 청동기 문화가 상당 기간 지속되었을 것이나 흔적이 없다."
《고조선 단군 부여》(동북아역사재단)

즉, 요서까지 진출한 기자의 상 유민들이 요동을 넘지 않았다는 의미이다. 13세기에 기록된《삼국유사(三國遺事)》에는 이에 더해 다음과 같이 기록하고 있다.

"(고조선왕) 단군왕검은 1500년 간 나라를 다스리다가 주 무왕이 즉위한 해(상나라가 멸망한 BC 1046년 무렵) 기자를 조선에 봉하자 (수도를) 장당경으로 옮겼다."

이 기록 역시 원주 조선인 단군조선과 이를 동쪽으로 밀어낸 조선인 기자조선 사이에 구분이 있었음을 밝히고 있다.
단군왕검이 '서쪽' 기자(상 유민 대표)에 밀려 수도를 '동쪽' 장당경으로 옮겼다는 것은 단군왕검이 거주하던 수도가 원래 요하 서쪽(요서)에 있었음을 말한다. 왜냐하면 기자(상 유민)가 단군을 몰아내고 차지한 곳이 바로 요서 지역이기 때문이다.
상기 기록에서 단군왕검이 고조선을 1,500년 다스렸다는 말을 고고학적으로 풀어 보면 이렇다. 먼저 '단군'은 고조선 임금의 보통명사였음을 알 수 있다. 단군은 한 사람이 아니라 1500년 간 고조선을 다스리던 '여러 왕'을 뜻한다. 단군신화에서 하늘의 아들 환웅과 사람이 되기를 바라던 곰 사이에서 태어난 임금을 '단군'이라 했는데, 이는 단군이 두 부족의 연합에 의한 공동의 '왕'이었음을 설명하고 있다. 구체적으로 이 두 부족은 요서 지역에서 발굴되는 서로 구분되는 두 문명인 하가점하층 문명과 고대산-위영자 문명으로 추정할 수 있다.

또 고조선의 임금인 '단군'이 다스린 1500년 기간은 고조선 문명(하가점하층 문명)의 유물 편년 연대가 BC 25세기(김영근 추정)에서 BC 11세기로, 그 기간이 대략 1,500년으로 《삼국유사》의 기록과 일치함을 알 수 있다.

요하를 기준으로 분단된 고조선

이렇게 BC 11세기에 상나라 유민(기자조선)의 이주에 의해 요하를 기준으로 요서에는 기자조선, 요동에는 단군조선이 대립하는데, 이에 대한 역사적 근거를 찾아보면 다음과 같다.

진시황(BC 259 ~ BC 210)이 중국을 통일하기 전인 BC 334년 북경 근처에 연(燕)나라에 전국시대 전략가로 유명한 소진이라는 사람이 찾아온다. 그는 전쟁이 많던 전국시대에 정치적 책략을 각국에 유세하고 다니던 사람이었는데, 당시 연(燕)나라 왕인 문후(BC 361~BC 333)에게 연나라 주변 나라의 상황과 특징을 설명하는 중에 다음과 같은 이야기를 한다.

"연나라의 동쪽에는 조선이 있고, 요동이 있다."《사기》

이 말은 고조선의 실체를 밝히는데 중요한 말인데, 이유는 BC 4세기에 조선(기자조선)과 요동(단군조선)이 서로 구분되는 정치체였음을 의미하기 때문이다.

이 기록으로 보면 BC 4세기까지 조선(기자조선)은 요하를 넘지 않았고, 요하를 기준으로 요동(단군조선, 부여)이라는 정치체와 대치하고 있었음을 알 수 있다.

당시 기자조선이 요하 서쪽(요서)에 있었음은 이 대화가 있던 BC 4세기 이후에 연나라가 '조선'을 대규모로 침입해 거의 궤멸시켜 버리는데(BC 3세기), 이때 연나라가 조선을 물리친 곳이 바로 '요서'지역이었다는 사실로 알 수 있다.

따라서 소진이 BC 4세기에 말한 '조선'은 연나라에 망하기 이전 요서에 있던 '기자조선'임을 알 수 있고, 또한 소진이 '조선'이외에 거론한 '요동'은 요서에 있던 (기자)조선과는 다른 정치체, 곧《삼국유사》의 기록대로 기자조선에 밀린 단군조선이라고 볼 수 있을 것이다.

서쪽 조선(기자조선)의 동쪽 조선(단군조선) 진입

이렇게 BC 11세기 만주의 요하를 기준으로 동서로 나뉜 두 문명(기자조선, 단군조선)은 흉노 문명의 모태라 할 수 있는 스키타이 문명의 침입에 의해 점차 섞이게 된다.

상나라 문명과 관계있는 북방 유목민족인 스키타이는 BC 7~8세기에 발달된 철기 문명을 바탕으로 북방 유라시아 전역에 걸쳐 유목 기마민족화를 이룩하게 된다.

이들은 중앙아시아 서쪽에서 발전해 BC 7~6세기경 내몽고 오르도

비파형청동검(요령식동검): 악기 비파와 유사해 비파형동검으로 불리는 요령식동검은 요하 유역에서 발전해 한반도로 퍼진 고조선 고유형식의 청동검이다. (좌) 요령성 조양에서 발견된 비파형청동검(요령성박물관). (우) 충남 부여에서 발견된 비파형동검(국립중앙박물관)

스 지역에 출현하게 되는데, 이들이 서쪽에서 이주해와 내몽고에 유적을 남기는 시기인 BC 6세기에, 고조선의 지표로 알려져 있으며 북방계 스키타이의 영향을 받은 비파형동검 역시 요서 지방(기자조선)에서 점차 동쪽(요동, 한반도)으로 전파되기 시작한다.

동서로 나뉜 고조선이 BC 6세기 이후에 스키타이계 무기를 공유한 사실은 당시 요서에 있던 상나라 형제국인 고죽국이 고조선과 함께 중원 동부의 연나라, 제나라와 전쟁을 했다는 기록을 통해 그 원인을 유추할 수 있다(BC 664, 《춘추(春秋)》,[13] 《국어(國語)》).

요서의 기자조선(상나라 후예)은 자신들을 멸망시킨 중원의 주나라 제후국들(연, 제)과 원수 사이로, 그들과 대항하기 위해 요동의 단군조

13) 중국 춘추시대의 역사를 공자가 엮은 책으로 BC 722년부터 BC 481년까지의 역사를 서술하고 있다. 유학의 오경 중 하나다.

선과 관계를 돈독히 할 필요가 있었을 것이다. 따라서 단군조선과의 유대를 위해 군사적 원조 형태로 당시 스키타이계 최신병기인 비파형 동검을 제공했거나, 아니면 연나라와 제나라의 공격에 의해 직접적으로 요서의 상나라(기자조선)계 유민들이 요동으로 대거 이주했을 가능성이 높다.

아래 박경철 교수의 연구는 이러한 만주의 두 주요 세력인 상나라계 조선(기자조선)과 단군조선(부여)의 교류에 대한 힌트를 제공하고 있다.

"청동기시대 이래 만주와 한반도에 걸쳐 동질적 기저문화를 향유하는 주민 집단들은 '예맥'이라 범칭되어 왔다. 그런데 이들 주민 집단은 BC 8~7세기를 전후해 거주하는 지역의 생태적, 지정학적 조건에 적응한 '발전의 불균등성'으로 이형 동질적 집단으로 분별되기 시작한다." 《고조선 단군 부여》, 동북아역사재단, 2007

위의 이야기로 보면 조선-연 전쟁 당시(BC 7세기 전후) 만주와 한반도에 비록 민족적으로는 유사하나 문화상 차이가 있는 서로 다른 집단의 이주 및 교류가 있었음을 알 수 있다.

한반도에 들어온 북방식 청동검

BC 6세기 이후 요령과 한반도에 광범위하게 퍼진 칼날이 비파처럼 넓은 비파형동검과 이를 이어받아 BC 3세기 이후 한반도에 나타난 칼날이 날카로운 세형동검 문화는 유목 문화(스키타이)의 특색이 가미

된 '북방계 청동기'의 범주에 포함된다.

한국에서는 이 비파형동검의 분포를 토대로 고조선의 영토를 추정하고 있으며, 또한 중국의 제기(祭器) 중심의 청동기와 달리 무기 중

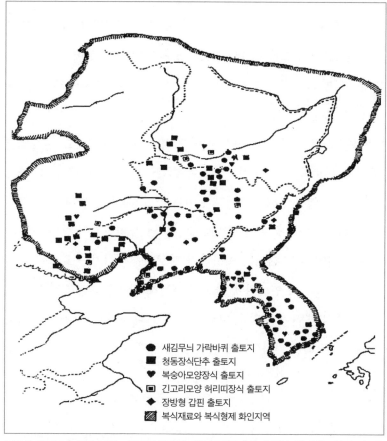

새김무늬 가락바퀴 출토지
청동장식단추 출토지
복숭아모양장식 출토지
긴고리모양 허리띠장식 출토지
장방형 갑핀 출토지
복식재료와 복식형제 화인지역

고조선 영역을 추측하게 하는 한민족 특징의 의복 장신구 출토지 분포. 박선희, 〈복식 비교를 통한 고조선 영역 연구〉, 2002.

이 논문의 중요성은 그림에 네모 모양으로 표시된 청동장식단추 출토지를 통해 '맥족'의 이주를 추측할 수 있다는 점이다. 청동장식단추는 요서 지역에서 집중적으로 분포되어 있는데, 이 지역은 맥족이 있던 곳으로, 점차 부여 본토와 한반도 북부, 최종으로 경상도 지역으로 확장되고 있다. 다만 한반도 서남부에는 이런 종류의 단추가 발견되지 않는데, 이는 한반도 선주민 예족(왜, 부여) 땅에 맥족이 점차 부분적으로 유입되었음을 뜻한다.

심의 북방식 청동기가 이 지역에 퍼진 것을 근거로 기자족(상나라 유민)의 요동 및 한반도 이주를 부정하고 있기도 한다.

이는 여러 가지 정황상 타당성이 있는 지적으로, (기자)조선은 서쪽의 연나라 및 중원 제국과 시종 긴장관계에 있었기 때문에 동쪽의 강국 고조선(단군조선, 부여)과 굳이 다툴 필요가 없었다. 따라서 비파형동검이 요동(단군조선)에 퍼지던 BC 6세기에 기자조선이 단군조선을 병합했다기보다 두 정치체 간의 군사적, 문화적 연합을 공고히 했다고 보는 것이 옳다고 본다.

역사적으로 고대 중국 사서에 이 지역(요서, 요동, 한반도) 사람들을 '예맥족'으로 통칭하는 것 역시 '예족(단군조선족)'과 '맥족(기자조선족)'이 이 지역에서 서로 화합해 살아가고 있었음을 뜻한다.

단, 비파형동검에 이어 한반도에 나타난 세형동검이 한반도에 퍼지는 시기인 BC 3세기는 이야기가 다르다. 이 시기는 요서에 있던 기자조선(맥족)이 연나라에 완전히 패망해 만번한(滿潘汗)까지 밀려나 그 중심 세력이 평양 근처로 이동하던 때였다. 만번한을 경계로 동쪽으로 밀려난 기자조선과 관련해《두산백과》는 다음과 같이 설명하고 있다.

"만번한은 평북 박천군에 있는 박천강(江) 유역을 이르는 말이다. 《한서(漢書)》[14]〈지리지(地理志)〉에 보면 요동군의 속현 중에 문현(文縣)과 번한현(番汗縣)이 있는데, 이 중의 '문현'의 음(音)이 '만현'으로

---

14) 전한시대(前漢, BC 206~AD 8)의 역사를 다룬 책으로,《사기(史記)》와 더불어 중국의 대표적인 역사서로 불린다.

변했고, 그 만현과 번한현을 한꺼번에 말해 만번한현이 된 것으로 본다. 연나라가 조선을 쳤을 때의 '조선'은 이른바 기자조선 시대이다."

《두산백과》doopedia.co.kr)

따라서 BC 3세기는 이전과 달리 기자조선(스키타이, 흉노계, 맥계)의 직접적이고 대규모적인 한반도 유입 및 지배가 이루어지는 시기이다. 이와 관련해서는 다음 장에서 자세히 설명하도록 하겠다.

유물로 본 민족의 이동

비파형동검의 탄생지인 요서 지방은 BC 24세기 이후 두 개의 주요한 청동 문화인 하가점하층 문화(환웅족?)와 고대산 문화(곰족?), 그리고 이를 이은 요하 남부 문명(소릉하유역 위영자 문명), 이들을 대체한 북방 스키타이 문명(하가점상층 문화)이 섞여 복합적 문명을 이루고 있었다.

이렇게 다양한 문화가 섞여 있던 요서 문명은 BC 10세기경 중국과 다른 북방계 청동 무기인 비파형동검을 탄생시키는데, 이 비파형동검을 사용하던 문명이 어떻게 변화하는지 그 추이를 통해 당시의 사회 변동을 추정할 수 있다.

비파형동검의 발전 상황을 보면 다음과 같다.

BC 10세기경 비파형문화가 출하는 시기에 북방유목 문화(스키타이 문화)가 요서 지역으로 남하해 영향을 주게 된다. 이후 BC 6세기 이후 북경 동쪽에 있는 연산산맥을 중심으로 한 독자적 문화를 받아들인 뒤, 요동과 한반도에 퍼지게 된다.

이후 BC 3세기에 연나라의 침입으로 요서 지역에서 비파형동검이 모두 소멸하게 되고, 대신에 요동과 한반도에 북방 문명의 상징인 동물 장식과 새 모양을 장식한 칼자루가 퍼지게 된다.

이러한 사실은 BC 10세기 요서에서 발생한 비파형동검이 북방 유목민계 문명과 중국 북부의 문명을 받아들인 뒤 한반도로 진출하는 과정을 설명하고 있다.

이렇게 비파형동검의 흐름을 통해 북방계와 중국계 등 다양한 문화를 흡수한 요서 문화가 이후 요동과 한반도에 깊은 영향을 주고 미치고 있는 것을 알 수 있는데, 비록 BC 10세기 당시 요서 지방 정치체가 직접적으로 요동과 한반도를 지배하진 않았을 수 있으나 비파형동검 문화가 BC 6세기 이후 요동과 한반도에 퍼지게 된 것을 보면, 요서 지역의 북방계 문명이 요동과 한반도에 깊은 영향을 준 것은 사실임을 알 수 있다.

이를 반영하듯, 6세기 이후 요동 지역에는 무덤 양식 또한 바뀌게 된다. 무덤 양식이 바뀐다는 것은 고대세계에서 민족의 이동을 뜻하는 매우 중요한 의미가 있다.

요동과 한반도에 북방식 청동검이 퍼지던 당시(BC 5~6세기) 요동의 심양 일대에 요서 지방의 비파형동검 문화가 출현하고 토착 문명(쌍방유형)이 사라진다. BC 5세기에는 요동 남부 지역에서 고인돌을 만들던 사람들이 다른 형태의 무덤을 만들기 시작한다(구덩무덤, 돌덧널무덤). 이 시기에 토기 역시 이전과는 다르게 변모한다.

이러한 현상은 요동 전 지역에서 점차 확대되는데, 이는 요서 (조양 중심)의 비파형동검 문화를 사용하던 맥계 사람들(상나라 및 북방유목민족 후예)이 BC 6세기에 요동의 심양을 중심으로 한 요동의 부여로 이주한 사실을 설명하고 있다.

참고로, 이들 맥족(상나라계 북방민)이 남긴 돌덧널무덤(석곽묘)은 초기 철기시대에 한반도 북부 고구려 지역으로 퍼지고 이후 주로 한반도 동남부 지역(신라 지역)으로 전파되며 AD 6세기 이후 쇠퇴하게 된다.

즉 BC 10세기에 시작한 상나라 유민의 조선(기자조선)이 요서에서 시작해서 점차 세력을 뻗쳐 BC 5세기경에는 요동과 한반도 근처까지 영향력을 확대하고 원주 민족(단군조선 예족)과 연합한 것으로 볼 수 있다.

이러한 사실은 갑골점복 문화(뼈로 치는 점 문화)의 흐름에서도 추정할 수 있다. 갑골점복 문화는 일반적으로 대중에게 알려진 것처럼 중국 중원 지역(상나라)에서 시작된 것이 아니라 처음에는 고조선이 있었던 요서 지방(발해만 북부)에서 BC 3000년 이전부터 발생했다.

그러다 북방 동이 세력(치우의 구려)이 중원을 장악했던 BC 25세기경에 중국 내륙에 퍼졌고, 이후 BC 11세기경 중국 중원 상나라가 이어받은 뒤, 다시 BC 6세기를 전후로 한반도 동북부(부여 영역)와 남부로 들어온 뒤 마지막으로 기원전후에 일본으로 이동했다.(이형구《코리안 루트를 찾아서》)

이러한 갑골의 이동은 갑골을 사용하던 사람들의 이동 경로를 증명하는 중요한 자료로서, 구려(치우국), 고조선, 상나라, 한국, 일본의 역사적 관계를 설명하고 있다.

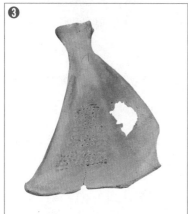
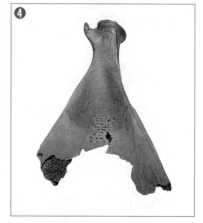

점치는 뼈(복골): 소나 양 등의 넓은 어깨뼈에 흠집을 내고 점을 치던 풍습은 처음에 발해만 북부에서 발전해 중원으로 내려간 뒤 다시 한반도, 일본으로 전파된다. 이를 통해 동이 민족의 이동을 짐작할 수 있다.

① 고조선 지역으로 추정되는 BC 23세기 시작된 하가점하층 문명지역(요서 지역 건평)에서 발견된 점복용 뼈(요령성박물관)

② 상나라(은나라) 시기(BC 16세기~BC 11세기) 중원에서 사용된 점복용 뼈. 상나라 사람들 이 동북 고조선 지역에서 황하를 타고 남하한 사실을 증명한다.(은허박물관)

③ 삼한시대에 한반도 남서부(전남 해남 군곡리)에서 사용된 점복용 뼈. 상나라의 이주와 관 련이 있는 것으로 보인다.(국립중앙박물관)

④ 삼한시대에 한반도 동남부(부산 기장)에서 사용된 점복용 뼈.(국립경주박물관)

다양한 문화가 섞인 한국 문화

한국 학계에서는 현재 한국 문명의 기원을 이 요하 유역에서 발달한 고조선 문명으로 보고 있는데, 이를 요하 문명이라 명명하고 있다.

요컨대, 한국의 문화는 8000년 전부터 빗살무늬를 쓰기 시작한 신석기시대 원주 문명과, 두 가지 이질적인 요하 문명, 즉 BC 11세기경 요서 지역으로 이주한 중국계 동이 문명(맥족), 그리고, 그들과 구분되는 민무늬토기를 사용하던 요동과 한반도의 예족 문명, 그리고 BC 5~6세기경 중앙아시아에서 유입된 북방기마유목 문명(스키타이)이 주축이 되어 이룩되었다고 할 수 있다.

중국 사서에는 한국 문명의 근간이라 할 수 있는 이 네 부류의 문명, 즉 원 고조선 주민으로 보이는 예(동이, 부여)와 이들을 밀어내고 요서로 진입한 맥(상나라계 동이), 그리고 이들 맥(동이)과 관련이 깊은 북방 유목민인 적(狄, 스키타이), 예맥의 한반도 문명인 한(韓)과 왜(倭) 사람들에 관해 다음과 같은 기사를 남기고 있다.

"진(秦) 나라가 육국을 병합했을 때(BC 221), 회수(淮水)와 사수(泗水) 유역(중국 동부 지역) 동이(夷) 사람들은 모두 흩어져 보통 국민이 되었다. 진섭이 군사를 일으켜 천하가 어지러울 때, 연나라 사람 위만이 조선으로 피신하고, 그 뒤로 조선 왕이 되어 조선을 다스리게 된다.

100여 년이 흘러 한나라 무제가 조선을 멸망(BC 108)시키고, 이로부터 동이는 수도와 왕래를 갖기 시작한다. 왕망이 한나라 임금의 지위를 찬탈한 뒤, 맥 사람들이 변경을 침범했고, 건무 첫해에 맥 사람들은 다시 조공을 바친다.

당시 요동 태수 제융의 위세가 북방에 떨치고 있었기 때문에 명성이 바다 건너까지 이르게 되어, 예맥, 왜한(倭韓)이 1만 리 밖에서 조정에 공물을 바쳤고, 이로 인해 서로 사자를 보내며 왕래하게 되었다.

영초에 이르러 여러 가지 문제가 발생해 동이 사람들이 침략하기 시 작했으며, 환제 영제 당시의 조정은 혼란에 빠지게 되고, 동이 사람들 은 점차 번성하게 된다."《후한서(後漢書)》

이 기사를 보면 진(秦)나라가 중국을 통일한 BC 3세기에 중국 동부 지역의 동이 사람들이 각지로 흩어진 것을 알 수 있는데, 이는 당시 사람들이 대거 중국 동북 지역과 한반도로 이주해 온 역사적 사실과 관련이 있음을 뜻한다.

맥 사람들이 한나라와 갈등한 것은 맥 사람들이 당시 다른 부류(예, 왜, 한)의 사람들에 비해 중국과 가까운 지역에 있었음을 말해준다.

조선이 BC 108년에 한나라에 의해 한반도 북부에서 멸망한 이후 '예(만주)', '맥(요동, 한반도 북서부)', '왜(한반도 동부, 남부)', '한(한반도 서부, 남부)' 네 가지 부류의 사람들이 등장하는 것은 과거 조선이 이 들 네 부류의 사람들을 실질적으로 지배했거나 영향력을 행사하고 있 었음을 뜻한다.

AD 3세기 상황을 기록한 《삼국지(三國志)》의 기록을 보면 당시 한 반도 북부, 만주 지역 사람들에게는 이(夷), 예(濊), 호(胡), 예맥(濊貊), 이맥(夷貊) 등의 호칭을 사용하고 있고, 한반도 남부 사람들에게는 예 (濊), 예맥(濊貊), 한예(韓濊), 왜한(倭韓) 등의 호칭을 사용하고 있는 것을 확인할 수 있다.

이는 이 지역이 한 부류의 사람들이 살고 있는 지역이 아닌 서로 구분되는 사람들, 즉 중국에서 이주한 이(夷)와 맥, 호 그리고 만주지역 고조선 원주민인 예(부여, 왜),[15] 그리고 예인들과 같은 사람들로 보이는 한, 왜(부여, 예)라는 사람들이 한반도와 만주 지역에 섞여서 살고 있었음을 의미하고 있다.

한반도 북부 사람들을 '예맥'으로 남부에 있던 사람들을 '왜한' 또는 '한예'로 부른 이유는 BC 3세기 연나라의 조선 공격으로 요서 지역에 있던 맥족이 대거 한반도 북부와 요동 지역에 예족(왜족) 땅에 진출하면서 그 지역 사람들을 '예맥'으로 불렀고, 맥족이 동진해 오면서 요동에 있던 예족(부여족, 왜족)이 한반도 남부로 이주해 '한'과 섞이면서 '한예, 왜한'이라 부르게 된 것이다.

이처럼 BC 3세기 연나라의 조선 공격은 동북아에 커다란 충격을 주는데, 당시 상황과 관련해 좀 더 자세히 소개하겠다.

---

15) 필자는 예, 부여, 왜를 같은 종족으로 파악하고 있다. 부여왕은 스스로를 예왕이라 불렀기 때문에 부여는 예와 같은 국가임을 알 수 있다. 또한 기원전에 기록된 《산해경(山海經)》에 따르면 왜(倭)는 연나라에 속하고, 조선(고조선)은 연나라에 속하지 않는다고 기록돼 있는데, 이는 '왜'가 고조선 북쪽에 있었음을 의미하며, 구체적으로 BC 3세기 이전부터 존재하던 '부여'라고 해석된다. 이와 관련된 내용은 '신라의 설립과 발전 – 한반도 왜는 예' 부분에 상세히 다루고자 한다.

3

요서에서 요동, 한반도로

동아시아 최초의 철기 문명

일반적으로 한국 학계에서 한반도와 요동(요하 동쪽)은 BC 4세기경 철기시대에 돌입한 것으로 본다. 중국에서는 BC 7~8세기에 철 야금 기술이 발달하기 시작했는데, 전국시대 연나라 소왕(재위 BC 311~BC 279)의 확장정책에 의해 연나라의 철기가 요동과 한반도에 퍼진 것으로 추정된다.

그런데 한 가지 잘 알려지지 않은 사실은, 현재 요동 동북부 예족 (단군조선, 부여)의 영토였던 아무르 강(흑룡강) 서안 유역에서 중원보다 앞서 BC 10세기부터 BC 4세기 초까지 철기가 사용된 것이 러시아 학자들에 의해 발견되고 있다는 점이다.[16]

이렇게 중국에 앞서 철기 문화를 이룬 사람들은 어떤 연유에서인지 BC 4세기 초 자취를 감추고, 이와 동시에 한반도와 요동에서는 BC 4

---

16) (러)Nesterov, Melnikova, (중)왕덕후(王德厚) 역: 〈아무르 강 연안 서부 지역의 초 기 철기시대 문화〉, 《북방문물(北方文物)》, 2003年 3期

세기부터 철기가 시작된다.

최근 한국 학계에서는 중국의 연나라 철기 문화가 요령 지역과 서북한 지역을 통해 한반도에 전파되었다는 견해가 주류를 이루고 있기는 하지만, 서북한에서 철기를 사용하는 시기가 전반적으로 중국 연나라 철기 유입보다 더 빠르며, 서북한의 철기문화가 연나라의 철기 문화와는 계보가 다르기 때문에 요동과 한반도 철기시대의 상한연대를 올려보는 견해도 있다.

2006년 경복궁 고궁박물관에서 개최한 '아무르·연해주의 신비' 특별전에 전시된 도끼, 화살촉 등은 한반도 철기와 쌍둥이처럼 닮았다는 점을 보여 주고 있다. 이에 관해 김재홍 국립중앙박물관 학예연구관은 "철기 도래 등 고대 문물교류사 연구에서 중국만 강조하고 연해주 지역은 무시했던 관행이 편견이었음을 전시는 일러준다(〈한겨레뉴스〉, 2006.11.01)"라고 말했다.

따라서 아무르 강(흑룡강) 서안의 예족(단군조선) 철기가 중국식 철기보다 먼저 요동과 한반도에 유입된 것으로 볼 수 있다. 실제로 2007년 강원도 홍천에서 BC 7세기 철기가 발견됐는데, 이 철기는 BC 4세기 이후 전래되는 중국식 철기(녹인 쇠를 틀에 부어서 만드는 주조 방식)가 아니라 철기의 기원지인 서아시아 지역처럼 쇠를 두드려서 강도를 높이는 방식으로 제작된 철기라고 한다.

이러한 사실들은 한반도에 서아시아계(북방계)와 중국계(동이계)의 두 부류 철기 문명이 전래되었음을 설명하고 있다.

중국과의 갈등이 있던 BC 4세기

한반도에는 이렇게 먼저 중국과 다른 철기 문명이 있었는데, BC 4세기경 중국식 철기 문명이 유입된다. 그렇다면 BC 4세기부터 중국과 교류가 있었다는 이야기인데 당시 중국 동북 지역의 국제 정세는 어떠했을까?

《위략(魏略)》[17]에는 당시 중국 북경 근처의 연나라와 요서 지역의 고조선이 서로 왕이라 칭하며 대립했다고 기록하고 있다. 따라서 BC 4세기에 이미 고조선은 연나라와 자주 갈등했던 것을 추측할 수 있다.

BC 4세기 조선과 연나라의 갈등은 이 지역에 사회적 혼란을 가져왔고 이러한 사회적 혼란은 연나라의 대대적 침입(BC 3세기) 이전인 BC 4세기에 왜 중국계 철기가 요동과 한반도로 먼저 퍼지게 되었지, 그리고 BC 4세기 초 흑룡강 서안의 예족 고유의 철기 문화가 왜 갑자기 사라진 뒤 한반도 북부 지역에 토착 철기가 등장하는지에 대한 의문을 푸는 열쇠가 될 것이다.

요서 문명, 한반도와 요동으로 이주

BC 4세기 이후 중국 전국시대의 혼란과 연나라의 세력 확장은 요

---

17) 280~289년 사이에 기록된 중국 삼국시대 위(魏)나라의 역사서.

서의 맥족(맥족 중심의 예맥족)과 요동의 예족(예족 중심의 예맥족)의 협력관계를 더욱 확대해 가는 계기가 된다. 요하를 기준으로 동쪽과 서쪽에 거주하며 교류를 하던 서쪽의 맥족, 동쪽의 예족 사람들은 BC 3세기에 들어 커다란 소용돌이에 휩싸이게 되는데, 이 역시 고조선(맥, 예)과 수백 년 대립관계에 있던 북경 지역의 연나라에 의해 촉발이 된다.

BC 3세기 연나라의 조선 침입 이전 동북아시아

BC 3세기에 연나라 장수 진개(秦開)는 고조선에 인질로 잡혀온 동안 고조선의 지리나 형국을 면밀히 파악한 후 석방된 뒤 고조선을 침입하게 된다. 이때 고조선은 서쪽 변경을 2,000리나 빼앗기고 동쪽으로 후퇴하게 된다.

"연나라는 장수 진개를 파견해 그(조선) 땅 2,000여 리를 취하고 만번한(번한의 끝?)에 이르러 경계를 삼으니, 조선은 이로부터 약해졌다."《삼국지》

그런데, 연의 공격에 직접적 피해를 입었던 지역은 요동 지역의 예족 조선(단군조선)보다는 연과 국경을 맞대고 있었던 서쪽의 맥족 계열의 조선(기자조선)이었다.

이러한 사실은 이 시기에 요서 지방에서 비파형동검 문화가 사라지고 북방계(스키타이계) 유물도 사라지게 되는 것으로 알 수 있다. 이 사건으로 요서 지역에 거주하던 맥계(기자계) 유민은 대거 요동과 한반도로 이주했는데, 이들의 이주 사실은 고고학 자료로 확인되고 있다.

"비파형동검 후기부터 초기 세형동검 단계(BC 3세기)에 요서 지역 은 연의 팽창으로 비파형 동검 문화가 소멸되며 북방계 유물도 사라 진다." 강인욱, 〈기원전 1천년기 요령~한반도 비파형동검문화로 동물장식의 유입과정〉, 2010.

"BC 3세기경에 연나라 장수 진개가 동호(고조선)를 침입함으로써 '맥족이 멸망'했으며 당시의 잔존세력들이 집단적으로 동부 지방, 즉 송화강(흑룡강의 최대 지류) 유역으로 이동했다. 또 그들이 세운 나라가 고구려이며 그 시기는 대략 BC 232년경이다." 리지린, 《고구려역사》, (북한)1989.

"그간 발굴된 고고학 자료에 따르면 조·연 전쟁이 있었던 서기전 3 세기에 동북아시아에서는 매우 큰 주민이동이 있었고 이를 따라 문화 의 전파가 이루어졌던 것으로 확인된다." 윤내현 〈조연전쟁의 전개와 국 경 변화〉

이렇게 BC 3세기 요서 맥족(번조선인)의 동쪽으로 이주는 요동과 한반도에 많은 혼란을 가져왔는데, 먼저 한반도에 미친 영향을 보면 다음과 같다.

한반도에 퍼진 동이 문화

한반도로 쫓겨 온 '조선'

땅을 파고 나무로 된 관을 넣는 무덤 형식인 '덧널무덤'은 처음에 중국 동이 문명의 중심지인 산동반도 지역에서 BC 4000년경부터 만들어지기 시작한다.

이후 중국 북방과 시베리아 등지에 퍼진 덧널무덤은 BC 7~6세기 한반도 서북한 지역에 유입이 된다. BC 7~6세기는 비파형동검이 요서에서 요동, 한반도로 전파되는 시기로, 이러한 사실은 당시 요서에 있던 북방계 사람들(동이)이 한반도 북부까지 밀려왔음을 뜻한다.

이후 덧널무덤은 BC 3세기에 한반도 전역에 퍼지게 되는데, BC 3세기는 요서 지역의 고조선 즉 기자조선이 연나라에 패해 평양 지역(대동강)으로 이주한 시기이다.

평양 근처에 들어선 기자조선은 이후 연나라에서 망명해 온 위만에게 정권을 빼앗긴다. 위만이 찬탈한 조선(위만조선)은 국력이 매우 강해 그 영향력이 한반도 전역에 퍼지게 된다. 이는 당시 제작된 것으로 판명된 세형동검(비파형보다 날렵한 모습의 청동검)과 덧널무덤 양식이 한반도 전체에 전파된 것으로 볼 수 있다.

따라서 한반도에는 BC 7~6세기 한 차례 북방 동이계 사람들(마한?)의 유입이 있었고, 이후 BC 3세기 연나라의 요서 침략으로 인한 조선(흉노계 기자조선, 위만조선)의 한반도 이주가 있었음을 알 수 있다.

BC 20세기경부터 만들어진 고조선의 지표인 고인돌은 BC 7~6세기 덧널무덤을 쓰던 사람들이 서북한 지역에 유입되었어도 서북한에서 사라지지 않았는데, 이는 서로 다른 두 부류의 사람들(예맥)이 공존하며 지냈음을 뜻한다.

그러나 BC 3세기경에는 고인돌이 서북한 지역에서 완전히 사라지는데, 이는 서북한 지역에 기자조선, 위만조선을 세운 사람들(흉노계 맥족)이 고인돌을 만들던 사람들(예맥족)을 몰아내거나 정복했음을 뜻한다.

이들 요서 지역에서 서북한 지역으로 이주해 온 사람들은 상나라, 스키타이와 관계 깊은 중국 북방민인 흉노계(맥계) 사람들로서, 이후 낙랑, 백제, 신라 등지의 주도 세력이 된다.

기자조선이 중앙아시아 유목민인 '흉노'와 관계가 깊었던 사실은 《한서》에 "한 무제가 동쪽으로 조선을 정벌해 현토와 낙랑을 일으키니 이로써 흉노의 왼쪽 팔을 끊게 된다."라는 기록을 통해 알 수 있다. 조선(기자조선)이 흉노의 왼쪽 팔이라는 말은 흉노와 조선(낙랑)이 하나의 공통된 세력이라는 점을 뜻한다.

이렇게 한반도로 이주한 '기자조선'이 흉노계 문명이었다는 사실은 일본의 매원말치(梅原末治, 1893~1983)라는 저명한 고고학자를 비롯해 여러 학자들이 기자조선이 도읍했던 평양 부근(낙랑)의 유물이 흉노계와 밀접한 관련이 있음을 밝히면서 증명이 되고 있다.

한나라가 BC 108년 요서에서 서북한으로 밀려온 기자조선을 친 직접적인 이유는 당시 한나라의 숙적이었던 흉노를 견제하기 위해 먼저 상대적으로 세력이 약한 동쪽 흉노 세력인 기자조선을 누르기 위한 것이었다.

이들 외래 정권(흉노계 기자조선)에 의해 밀려난 한반도 서북부 고인돌 세력은 한반도 중남부로 이주한 것으로 보이는데, 이는 한반도 서북부에서 BC 3세기에 사라지는 고인돌이 한반도 남부에서 기원전후에까지 제작되는 것으로 짐작할 수 있다.

이렇게 한반도 북부, 요동 지역의 역사 및 유물의 변화를 짚어 보면 한반도 중부 이남에 있었다고 기록된 '마한'의 실체에 대해 힌트를 얻을 수 있다.

조선에 밀린 '마한'

마한의 '한(Han)'은 북방 아시아인들이 왕 또는 국가로 사용하던 말로, 북방계 국가들이 자주 사용하던 말이다.

'한' 외에도 동이 사람들은 국가 혹은 민족을 지칭할 때 '해(의 사람)'를 뜻하는 '~즈이(지)'로 부르기도 했다. 마한을 이루던 소국 중에는 '~지'로 끝나는 국가들이 있다.《삼국지》에 나오는 마한 연방국 중심국인 목지국(目支國)의 '지', 충북 단양의 옛 지명 궐지국의 '지' 등이 있는데, 이렇게 국명 뒤에 나오는 '지'는 중앙아시아의 월지국(月支國, BC 3~1세기)의 '지'와 같이 북방계 지명이다. 한 학자는 이 지명이 중국 만리장성 주변인 탁수 유역에서 한반도 금강 쪽으로 분포되어 나갔다고 한다. 이렇게 지명으로 유추할 때 마한이 북방(고조선)에서 비롯된 나라임을 짐작할 수 있다.

지명 외에도 마한이 북방 동이계(예맥계) 풍속을 많이 받았던 나라라는 사실은 고고학적으로, 그리고 역사서를 통해서도 밝혀진다.

만주 서부 요령성 지역의 청동기 문화 시기에 유행한 돌널무덤 유물이 충남 아산만에서 금강 유역 일대에서 밀집해 분포하는데, 이는 마한 세력이 남방보다는 북방 고조선 지역과 가까웠음을 뜻한다.

또한, 요령성과 한반도 남부 사이에는 청동기에 있어서도 많은 공통점이 발견되는데, 요령성 심양 지역(정가와자) 무덤에서 나온 유물과 한반도 중부(대전, 예산), 남부(경주) 등지에서 발견된 청동 유물이 서로 일치하고 있다(국립중앙박물관).

동한 시기(25~220)에 기록된 《잠부론(潛夫論)》에는 '한(韓)국'이 한반도에 있지 않고 연나라 근처에 있다가 이후 바다 가운데(한반도)로 옮겼다는 기록이 있다. 이는 마한이 원래 연나라 인근 요하 유역에 있었음을 뜻한다.

"과거 주나라 선왕(? ~BC 782) 당시 한(韓)이라는 나라가 있었는데, 그 나라는 연(燕)나라와 가까웠다. 후에 바다 가운데로 이주해 거했다."

《삼국사기》에서도 마한이 북방계 예맥 국가임이 기록돼 있다.

"신라 최치원은 마한은 고려(고구려)이고, 변한은 백제이고, 진한은 신라라고 말했다."

"(서기 69년) (고구려)왕은 마한예맥 1만여 기병을 이끌고 나아가 현 토성을 포위했다. 우리(고구려) 군대가 크게 패했다."

"(서기 70년) (고구려)왕은 마한예맥과 함께 요동을 침략했는데, 부여 왕이 병사를 파견해 도와서 이를 물리쳤다."

상기 기록들은 고구려와 예맥인의 나라 마한(마한예맥)이 요동 근처 에서까지 활동했음을 말하고 있다.

"옛날에 고구려는 마한이었다. 요즘 사람들 중 마한을 금마산(金馬 山, 익산?)으로 알고, 마한이 백제라고 하는 사람이 있는데, 이는 아마 잘못일 것이다. 고구려 땅에는 (마)읍산이 있는데, 그래서 이름을 마 한이라 했다."《삼국유사》

이렇게 북방 고구려 땅에서 발전한 것으로 보이는 예맥족 일파인 마한은 언제부터 한반도 서남부로 이주한 것일까?

고인돌을 만들던 사회(단군조선 시기)의 하한과 마한의 상한 시기가 일부 겹친다는 견해가 있다. 이 말은 고조선이 멸망하던 시기에 마한 이 시작된다는 이야기다.

고인돌을 만들던 고조선 즉, 기자조선과 다른 단군조선 말기는 단군조선(부여)이 크게 위축되는 BC 3세기경에 해당한다. 당시 요서에 있던 기자조선은 연나라에 패해 한반도 북부로 이주해와 새로운 조선을 건국하던 시기다.

그 이전까지 한반도 북부는 만주와 요동에 퍼져 있던 고인돌 문화를 공유했던 사람들이 살고 있었는데 BC 3세기 기자조선이 평양 지역을 차지하면서 고인돌이 사라지고, 이와 동시에 한반도 중남부에 '마한'이라는 새로운 국가체제가 형성된 것이다.

기자조선(흉노)이 마한의 본토인 서북한으로 밀려올 때 마한 사람들이 북쪽으로 이주하기는 힘들었다. 왜냐하면 기자조선이 서북쪽에서 이주해 왔기 때문이다. 그들은 어쩔 수 없이 한강 이남으로 밀려나 새로운 '마한'을 세우게 된다.

현재 학계에서 마한의 중심지로 비정하는 곳은 한강 유역, 아산만 유역, 금강 유역 등지로, 이곳에는 '예족 계열의 고인돌'과 '맥족 계열의 돌널무덤'이 함께 나타나고 있는 곳이다. 즉, 마한은 예족과 맥족이 함께 연합해 세운 국가이다. 예족은 동쪽의 단군조선을 이은 부여의 기층민을 말하고, 맥족은 서쪽의 기자조선을 이은 북방 흉노 (한)계 맥족을 뜻한다.

상기《삼국사기》에서 고구려를 도왔다는 '마한예맥'이라는 나라는 '마한'과 '예맥'이라는 두 나라가 아니라 마한이 '예족'과 '맥족'이 섞여 살았던 나라였기 때문에 '마한예맥'이라 부른 것이다.

그런데, 한 가지 눈여겨볼 부분은 마한 남쪽 영산강 유역에서는 북방 맥족 계열(기자조선계)의 돌널무덤을 만들지 않고 예족 계열(단군조선계)의 고인돌을 만들다 독자적인 독무덤(큰 도자기에 시신을 넣는 방식)으로 넘어가고 있다는 사실이다.

이는 영산강 유역에는 북방계 마한과는 다른 세력이 존재했음을 뜻한다. 마한이 돌널무덤을 만들던 '맥족(기자-흉노족)'의 유입이 있던 나라라면 이들 고인돌을 만들던 한반도 서남부 사람들은 '예족(단군조선)'문화를 더 오래 간직한 사람들로 볼 수 있다.

이들이 바로 중국 고대사서《후한서》에 마한 남쪽에 접해 있다는 '왜'로 표현되는 한반도 원주민 예족(왜족)이 아닌가 한다.

북방계에 밀려 한반도 남단까지 축소된 이 '왜'는 평양 근처의 조선(위만조선)이 중국 한나라에 멸망하자 곧바로 '번역가'를 대동하고 한나라에 사신을 파견한다.

"무제 임금이 조선을 멸한 뒤(BC 108년)로부터 왜에서는 사신과 번역가를 보내 한(漢)나라와 왕래했는데, 그러한 나라(國)가 서른 개 정도였다."《후한서》

(위만)조선이 멸망할 당시(BC 108) 한반도에는 삼한이 정립되는데. 이들은 자신들의 독립을 유지하기 위해 '한(漢)나라'에 조공을 하게

된다. 이렇게 한나라(낙랑)에 조공한 30여 국의 '왜'는 당시 상황을 고려할 때 한나라 군현인 평양 지역 낙랑과 적대적 관계에 있던 충남 지역의 강국 '마한'을 제외한 한반도 지역 국가로 볼 수 있다. 구체적으로 한반도 동부와 남부의 많은 소국들이었을 것이다.

현재 학계에서는 '왜'가 일본열도에만 있지 않았을 것이라는 사실에 대해 일반적으로 인정하고 있다. 조선시대 사람들은 왜(일본)를 일컬어 '예(iee)'라 발음했는데, 이는 왜(倭)와 예(濊)가 예족(부여족) 사람들이 같은 의미로 사용하던 고유어였음을 뜻한다.

필자는 '예(왜)'의 뜻을 '해(日)'로 해석하고 있다. 한국 고유어 '옛날 옛적'의 기원 역시 '해족'이었던 '예(濊, 왜)가 한반도를 다스리던 날', 즉 '예의 날, 예의 적'로 보고 있다. '예의 날'은 '예(왜)'가 한반도의 주인이던 시기를 의미하는데, BC 3세기 이후 맥계 이주민이 예족을 장악하면서 '예의 날(옛날)'하면 '과거'를 뜻하는 보통명사가 된 것으로 추측하고 있는 것이다. '예(왜)'는 북방 맥족(조선, 낙랑, 마한) 입장에서 볼 때 한반도 원주민인 '예족(부여족)' 사람들로, 한반도 동부(동예)와 남부(가야)와 일본 서부(왜) 사람을 통칭해서 부른 호칭으로 볼 수 있다.

마한과 관련한 이러한 위의 사실을 정리하면 다음과 같다.

① BC 6~7세기 한반도, 만주, 요령 지역에 있던 고인돌을 만들던 '예족(단군조선)' 사람들은 돌널무덤을 쓰던 '맥족(기자조선)' 사람들과 함께 살며 '예맥' 국가를 이루며 공존했다. 마한 역시 이런 '예맥' 사람들의 나라였다.

② BC 3세기 요서의 '조선(맥국, 기자조선)'이 마한의 본거지였던 요동과 한반도 북부 지역으로 밀려오면서 마한은 붕괴되고 한반도 중남부(충남, 전북 지역)로 중심지가 이동된다.

③ 예맥족 중심의 마한 영역은 충남, 전북 지역에 한정되며, 그 이남(영산강 유역)은 고인돌을 만들던 '예족(왜족)' 세력이 마한과는 다른 독립적 세력을 유지한다.

고조선(단군조선, 예족)의 고인돌 세력이 끝까지 정체성을 유지하던 영산강 유역에서는 고인돌이 BC 7~8세기부터 제작된다. 이러한 사실은 한반도 북부 예족이 북방의 어떠한 사건으로 이주해 영산강 유역으로 유입된 시기가 BC 7~8세기임을 말하는데, 이 '사건'은 BC 664년 발발한 고조선과 연나라와의 전쟁이었을 것이다.

하지만 이들 영산강 유역의 예족 역시 BC 3세기 이후 한반도의 다른 지역과 마찬가지로 기자조선과 위만조선의 세력에 의해 통제를 당한다. 이는 BC 2~3세기 이후 서남 지역 고인돌이 대거 사라지며, 한반도 전체에 위만조선대의 세형동검이 발견되는 것으로 알 수 있다.

BC 3세기는 일본의 역사에도 매우 중요한 시기인데, 일본은 이 시기 이후로 오래된 신석기시대를 마감하고 청동기시대를 시작한다.

BC 3세기 일본에서 처음으로 청동기 문명이 시작되는 곳은 한반도 남부와 가까운 구주(九州, 규슈) 북쪽 지역이다. 당시 연나라에 밀린 요서지역 기자조선이 한반도 북부로 이주하게 되는데, 이들 기자조선 유민에 의해 밀린 예맥족(왜족) 사람들이 계속되는 조선(기자, 위만조선)의 압박으로 일본으로 건너가 일본 최초의 청동기 문명인 야요이 문명을 창조하게 된다.

일본열도는 1만 2,000년 이전부터 세계 최초의 토기를 만들 만큼 문명이 오래된 땅인데, 외부의 충격 없이 오랫동안 신석기 문명을 유지하다가 BC 3세기 한반도인의 이주에 의해 비로소 청동기 문명이 시작된다.

일본 최초의 청동기 문명인들인 야요이인들은 한반도 남부 사람과 유전적으로 같은 것으로 판명이 되었는데, 이는 야요이 문명이 한반도 남부의 예맥족(왜족)이 일본으로 이주해 만든 문명이라는 사실을 말한다.

BC 3세기 한반도인의 이주로 인해 한반도의 풍습 역시 일본열도에 전해지게 된다. 한반도에서 이주한 왜인들은 야요이시대(BC 3세기 ~AD 3세기 중반) 전기에 고조선의 지표인 고인돌과 북방계 돌널무덤

일본의 대표적 고인돌 석무대고분(石舞台古墳): 일본의 고인돌은 한반도에서 BC 3세기 이주한 이주민들이 만들기 시작한다.

을 함께 사용한다.

이 무덤은 한반도에서 가까운 구주(九州)에서 중국(中國, 주고쿠) 지방 서부까지 퍼졌지만, 내륙에서는 발견되지 않고, 주로 해안 지역에 집중하고 있다. 이러한 사실은 한반도 남부 사람들(예맥인)이 BC 3세기 한반도의 혼란을 피해 '배를 타고' 일본의 서북부 해안 지역에 처음 이주한 증거로서, '왜(예)'의 조상들이 이 시기에 한반도에서 이주했던 사실을 설명하고 있다.

현대 일본인들은 신석기 조몬 토기를 만들던 남방계 사람들보다는 북방 알타이계 인종과 유사한 유전적 특징을 가지고 있는데, 이는 그만큼 한반도에서 BC 3세기 이후 이주한 사람들의 영향력이 컸음을 말하고 있다.

조선과 한나라 군현에 적대적이던 마한

한반도 중남부로 밀려난 마한은 평양 지역에 들어선 조선(기자조선)과 적대적 관계를 보인다. 이는 자신들의 영토를 빼앗은 것에 대한 원한에서 비롯된 것이었다.

마한은 BC 3세기 북쪽에서 남하한 '조선 유민(진한 유민)'을 받아들여 경상도 지역에 터전을 마련해 준 '조선 연맹국'이었다. 그러나 평양 근처에 들어선 '새로운 조선(흉노계 기자조선)'정권에 대해서는 적대적인 자세를 취한다.

마한이 기자조선, 위만조선에 대해 취했던 적대적 태도는 조선을 물리치고 들어선 한나라(BC 206 ~ AD 220) 시기에도 지속적으로 이어지게 된다. 이러한 사실은 아래 중국의 기록을 통해 확인할 수 있다.

"처음에 (기자)조선의 임금 준이 위만에게 격파된 뒤에 그 남은 사람들 수천 명이 바다로 들어가 마한을 공격하고 물리친 뒤 한(韓)나라 임금이 된다."〈후한서〉

고구려에 호의적이던 마한

이렇게 한반도 북부에 들어선 외래 왕조인 기자조선, 위만조선, 낙랑군과 적대적이었던 마한은 이후 부여계 신흥 세력인 고구려에는 호의적인 모습을 보이고 있다.

AD 25~AD 220년 사이의 기록을 담은《후한서》에는 당시 요동 지역에 있던 한나라 군현과 고구려의 갈등관계가 자세히 묘사되고 있는데, 그 상황에서 마한은 고구려를 도와 한반도 북부의 중국 군현을 공격하고 있다.

"(121년)왕이 마한예맥의 1만여 기병을 거느리고 나아가 현도성 을 포위했다. (122년) 여름에, 맥(고구려) 사람들이 다시 요동에 있는 선비 사람들 8,000여 명과 함께 요대를 공격해 관리와 백성을 죽이고 노략했다. 가을에 (고구려) 궁 임금은 마한예맥의 기병 몇 천을 이끌고 현토를 포위한다."《후한서》

이 기록을 보면, 마한은 지속적으로 고구려를 도와 한나라 현도군을 물리친 사실을 알 수 있다. 그런데 이렇게 한나라 현도군을 거부한 나라(종족)는 마한(예맥)뿐 아니라 고구려 서쪽에 살던 선비도 포함이 돼 있었다.

선비는 흉노와 풍습이 비슷하던 유목민으로, 이들이 고구려를 도와 중국 한나라에 대항했다는 점은 이들 사이에 당시 한(漢)나라와 운명을 걸고 싸울 만한 공통의 이유가 있었다는 사실을 말한다.

이러한 사실은 그 나라 사람들 사이에 일종의 문화적, 혈연적 유대감이 있었다는 점을 추측하게 한다. 고구려 서쪽에 있던 예맥족 일파인 선비족은 과거 중원에서 동이(예맥)가 화하족에게 밀릴 때(BC 11세기) 만주 서부(요하 북부)로 이주한 사람들로, 자신들이 곰 토템족 수령인 황제(黃帝, 헌원)의 후손이라고 주장했던 사람들이다.

이들은 후한 시기(2세기 중엽) 이후로 중국을 지속적으로 침략해 여러 국가를 세우고 이후 북위(386~534)를 세워 황하 이북의 북중국을 다스린다. 북중국을 통일한 북위는 고구려를 존중하고 우대해 고구려 사신에 대해 주변국들에 비해 높은 자리에 앉히기도 한다.

이들 선비, 고구려, 마한 등의 '예맥 연합'은 끝까지 중국 한(漢)나라 귀속되는 것을 거부하며 한반도와 만주에 침입한 한나라를 공격한다.

마한 땅에 들어선 기자조선

마한을 몰아내고 새롭게 한반도 북서부를 차지한 기자조선은 중심지를 한반도 평양 일대로 해 자신들의 영토를 빼앗은 연(燕)과 요동 지역에서 국경으로 맞대고 대치하게 된다. 이와 같은 사실에 대해 단국대동양학연구소 소장 이형구 교수는 다음과 같이 이야기한다.

"발해 연안 북부 대릉하 유역에서 건국한 기자조선은 오랫동안 북경 일대의 언(연)과 대응하면서 상당 기간 지속되었다. 그동안 그중 일부는 언(연)에 복속하기도 했을 것이다. 그러나 기자조선의 주요 세력은 그대로 당지(대릉하 유역)에 지속됐을 것이다. 그 후 전국시대(BC 5세기~BC 221)에 이르러 마침내 연의 팽창(즉, 진개의 침입)에 밀려 요서 2,000리를 내주고, 한반도 서북 지역으로 퇴각, 옮겨와서 연과 대항했을 것으로 추정된다." 이형구, 〈요서지방의 고조선〉《단군학연구》18호

이렇게 중국 연나라의 공격을 받은 요서에 있던 조선(기자계 조선)이 BC 3세기 한반도로 이주한 사실은 고고학적으로도 확인되고 있다.

"준왕 대(BC 3세기~BC 2세기 초) 이전 고조선이 요령 지역(요하 유역)에 있었음은 세형동검문화가 서북한의 토착 문화인 고인돌 문화, 팽이형토기 유형과는 다른 문화성을 보이지만, 세형동검문화보다 앞선 시기의 비파형동검 문화와는 연속성을 보이는 것으로 알 수 있다. 즉, (고조선이) 서북한이 중심이 아닌 요령에서 서북한으로 이주한 것을 알 수 있다." 오강원, 《고조선 단군 부여》, 2007

요령~한반도의 북방계 동물장식의 유입경로는 하가점 상층 문화, 옥황묘 문화, 흉노계 문화가 요령 지역에 유입된 후 한반도에 전파된다. 강인욱 :〈기원전 1천년기 요령~한반도 비파형동검 문화로 동물장식의 유입과정〉

당시 요서 문명이 한반도에 전파된 경로는 북방계 청동 동물장식이 BC 3세기 무렵 한반

도에 유입되는 것으로도 알 수 있다.

정리하자면 연나라 침공 이후로 한반도 북부의 고인돌을 세우던 토착 문명이 고인돌을 세우지 않던 요령 지역의 다른 문명에 의해 밀려나는데, 이는 한반도 북부의 마한 세력이 요서 지역의 기자계(흉노계) 사람들에 밀려 남쪽으로 남하한 것을 뜻한다. 이 사건은 한반도에 흉노계 문화를 포함한 요하 문화가 본격적으로 전파되는 계기가 된다.

일본 땅으로 쫓겨 간 남부 한반도인

이 시기(BC 3세기)에 일본의 상황과 관련해 일본 고미술사학자이자 서양인으로서 최초로 일본미술사 박사학위를 얻은 미국인 존 카터 코벨(Jon Carter Covell, 1910~1996) 박사는 다음과 같이 이야기하고 있다.

"(일본의) 조몬인(繩文人, 신석기인)은 수천 년 동안 사냥으로 먹고 살았을 뿐 농경하던 종족은 아니었는데 BC 3세기경 급격한 변화를 겪는다. 논 농사법과 금속지식을 지닌 완전히 다른 혈통의 야요이(彌生) 종족이 한반도 남부와 가까운 북규슈에 나타났는데, 이들은 조몬인을 몰아내고 규슈에 처음 정착했다. 이들의 신기술은 일본 땅 절반을 넘어 동부까지 퍼져나갔다. 규슈에서 발굴된 야요이인의 두개골은 한반도 남부 사람의 것과 유사하며, 이들 한반도에서 건너간 야요이인은 대부분 농부였다."김유경 편역,《부여기마족과 왜(倭)》

이러한 사실은 BC 3세기 연나라 진개의 (기자)조선 침입으로 인해 요서 뿐 아니라 한반도 전체가 큰 혼란에 빠졌으며, 한반도 사람들이 대거 일본으로 이주해 일본의 길었던 신석기시대를 마감했음을 설명하고 있다.

BC 3세기를 기준으로 이전에는 남방계 특징을 가진 신석기 사람들(조몬인)이 일본에 존재하다가 이 시기 이후 북방계 특징을 가진 한반도 청동기 사람들(야요이)이 등장한 것이다. 이들은 일본 신석기 사람들을 몰아내고 일본의 주인이 된다. 따라서 BC 3세기 연나라 진개의 조선 침입은 한반도뿐 아니라 일본에까지 큰 영향을 미친 것을 알 수 있다.

> "일본인이 한반도 이주민의 후예라는 사실이 과학적 연구 결과로 밝혀졌다. 교도통신과 아사히신문 등 일본 언론에 따르면 현재의 일본인은 토착민인 조몬(繩文)인과 한반도에서 건너온 야요이(彌生)인의 혼혈로 드러났다. 이 같은 사실은 일본의 종합연구대학원대(가나가와현) 등으로 구성된 연구팀이 유전자 분석을 통해 밝혀냈다."〈서울신문〉 2012.11

폐허가 된 문명의 요람, 요서

1만여 년 전부터 동아시아 문명을 이끌었던 북경 지역에서 요하까지의 발해만 연안 지역은 BC 3세기 연나라 침공으로 폐허가 된다. 맥족이 살던 요서 지역은 동아시아에서 고대세계 최초의 국가체제를 이룩했을 뿐 아니라 신석기, 청동기시대 문명을 선도한 지역이었는데, BC 3세기 연나라 침입을 기점으로 비파형동검을 사용하던 '동이'의 세력이 이곳에서 완전히 괴멸되어 버린 것이다.

특히 만리장성 동쪽으로 요하에 이르는 땅(요서)은 연나라 침공 이후 거의 사람이 살지 않게 되고, 그곳에 살던 사람들(맥족)은 요동과 한반도로 이주해 정착하게 된다. 연나라 침공 이후 요서 지역 상황과 관련해 중국 역사서에는 다음과 같이 기록하고 있다.

"상곡에서 요동까지(북경에서 요하까지, 즉 요서 지역)의 상당히 넓은 지역은 사람이 드물고 도적들이 출몰하며, 대체적으로 조(趙)나라 풍습과 유사하다. 사람들은 방어를 소홀히 하고 근심이 적다."《사기》〈화식열전(貨殖列傳)〉

위 기사에서 '도적'이라는 말은 중국(연)과 대립하던 (기자)조선을 의미할 수 있다. 기자조선은 연나라에 의해 평양 지역으로 밀려나긴 했으나 자신들의 원거주지인 요서 지역을 포기하지 않고 지속적으로 회복전쟁을 벌였을 것이다. 이렇게 조선과 연나라가 전쟁을 벌이던 요서 지역은 사람이 거의 살지 않는 땅이 되어 버린다.

그런데 당시 요서 지역에 고조선의 풍습도 아니고, 고조선을 이 지역에서 몰아낸 연나라 사람들의 풍습도 아닌, 중국 북방의 조(趙)나라의 풍습이 있었다는 점은 어떻게 된 것일까? 이는 두 가지로 해석할 수 있다.

첫째는 요서 지역에 있던 동이계(기자계) 사람들이 연나라의 침입으로 모두 요동이나 한반도로 밀려나고 그 지역에 연나라 멸망 이후 이어진 진시황(BC 259~BC 210)의 통일전쟁 과정에서 중국에서 도망친 중국 북방의 조나라 사람들이 많이 이주해 왔다고 해석할 수 있다. 당시 연나라, 제나라, 조나라 사람들이 조선(기자조선)으로 대거 이주했다는 기록이 있다.

"중국에서 진승(陳勝, ? ~ BC 208) 등의 사람이 일어나 천하가 진
(秦) 왕조에 반기를 들고 전쟁을 하자, 연, 제, 조 나라 사람 수만 명이
조선으로 피난했다."《삼국지》

또 다른 해석으로는 고조선과 조나라의 풍습이 유사했기 때문일
수도 있다. 진시황이 중국을 통일하기 이전 중국 북방의 조나라는 중
원의 다른 나라와 달리 호(胡, 북방 오랑캐)의 풍습을 받아들이는데 매
우 적극적이었다. 이 호(胡)는 후대에 한반도 동북부의 동예(동부여)
를 지칭하기도 했던 호칭으로서 중국 북방의 예맥 민족 중 하나로
볼 수 있다.

따라서 당시 조나라와 호족(고조선인)의 풍습이 유사했을 것으로 추
정할 수 있는데, 연나라 멸망(BC 222년)을 전후해 요서를 방문했던 중
국 사람이 그 지역의 호(胡, 고조선) 문화를 보고 '조나라의 풍습'으로
오해했을 가능성이 있다.

진시황이 전국시대 조나라를 멸망시키기 전(BC 228년) 중국 북방의
강국 조나라는 왕이 앞장서서 호복(북방계 유목민의 복장인 바지)을 입
고, 말을 타고 활을 쏘는 연습을 했을 정도로 호(胡) 문화의 수용에 적
극적이었던 나라였다.

중국은 BC 11세기 주나라 시기 이후로 화하족 중심의 국가가 되면
서 화하계 복장이 주류가 되어, 일반적으로 남자들이 폭이 넓은 치마
를 입었던 반면, 청동기 시기나 고구려 시기 한국인의 조상들인 예맥
인, 스키타이, 흉노 사람들은 말을 타기에 편한 바지를 입었다.

기자조선, 한반도 이주 후 중국을 견제하다

연나라가 고조선을 요서에서 밀어낸 뒤 얼마 지나지 않아 중국 서쪽의 신흥국 진(秦)이 중국을 통일하며(BC 221) 연을 포함한 제후국들을 멸망시켰다.

그러한 중국의 상황을 지켜보던, 당시 한반도에 이주해 온 기자조선은 진(秦)에게 우호적인 자세를 취하며 요동(요하 동쪽)을 국경으로 해 장성을 쌓고 국가를 유지했다.

연나라 장수 진개가 요서 지역을 침입하기 전인 BC 3세기 조선 왕이었던 준(準)왕은 기자의 41대 후손이었다(삼국지). 그런데, 진개의 공격 이후 요서에서 한반도로 밀려나 세워진 조선의 왕 역시 기자의 후손으로 알려진 기준(箕準)이었다.

기준이 평양을 중심으로 한 (기자)조선에 재위한 지 10년이 지나 중국을 통일한 진(秦)나라가 멸망했는데(BC 206), 이 과정에서 중국에서는 농민 반란군 진승 등에 의해 큰 혼란이 일어나며, 이러한 혼란을 피해 중국의 연나라, 제나라, 조나라 등의 백성 수만 명이 도망쳐 한반도 조선으로 들어온다.

1,000년 왕국 기자조선, 한반도에서 멸망

중국의 전란을 피해 한반도로 밀려온 중국계 피난민 중 하나인 연나라 사람 위만(衛滿)은 BC 194년 기자의 후손 기준을 몰아내고 조선의 새로운 왕이 된다(후한서). 기준의 멸망으로 인해 상나라 기자(箕子)로부터 41대 동안 지속된 '기자조선(BC 1046~BC 194)'은 결국 한반도에 와서 사라지게 된다.

"기자조선은 BC 12~11세기 경 기자의 동주(동쪽으로 이주)로부터 BC 2세기 초의 조선왕 준(準)이 위만에 의해 다시 퇴각하기에 이르기까지 거의 거의 천년 세월을 이어왔다." 이형구, 〈요서지방의 고조선〉《단군학연구》18

조선시대 기자에 관해 기록한 책인《기자실기(箕子實記)》에는 위만에 패한 조선왕 기준이 측근의 신하들과 궁인을 거느리고 한반도 남부 한(韓)의 지역인 금마군에 들어가 살면서 마한 왕이라 일컬으며 50여개의 작은 나라를 통치했고 여러 대를 전하다가 소멸되었다고 기록하고 있다.

위만조선의 한반도 통일

평양 중심의 흉노계(기자조선) 동이 문화는 위만이 찬탈한 조선을 통해 세력이 급속히 확장되는데, 당시 위만조선은 국력이 매우 막강해 그 지배 영역이 사방 수천 리에 이르게 된다.

"효혜제(BC 211~BC 188)와 고후시대에 이르러 천하가 막 안정을 찾았을 때, 요동태수는 위만을 신하로 삼겠다고 약속하고, 변경 지방의 오랑캐(만이)들을 막아 쳐들어오지 못하게 했다. 그러나 만일 오랑캐 각 족장들이 천자를 알현하러 갈 때에는 그들을 막지 않도록 했다. 그러한 계약이 조정에 보고된 뒤, 황제는 이를 허락했다. 이로 인해 위만은 병력과 재물을 얻게 되었고, 그의 주변에 있던 작은 부락들을 점령했는데, 진번, 임둔 역시 항복해 그의 지배를 받게 되어, 그가 다스리는 지역이 사방 수 천리에 이르렀다."《사기》〈조선열전(朝鮮列傳)〉

위만조선 당시 한반도 전체에 퍼지게 되는 세형동검(한국식 동검). (국립공주박물관)

사방 수천 리에 미친 그의 세력은 주로 한반도 지역으로 퍼져나가게 된다. 이러한 사실은 이때(BC 3세기)부터 평양을 중심으로 하는 세형동검 문화가 형성되어, 한반도 전체에 퍼지게 되는 것으로 알 수 있다. 이 세형동검 문화는 현재 학계에서 준왕 대의 고조선(기자조선)과 위만조선의 문화인 것으로 확인되고 있다(오강원).

한반도로 모여든 고조선 후예들

BC 3세기 연나라의 침입은 요서 지방 조선 사람들뿐 아니라 요동 지방에 있던 진조선(진한) 사람들인 예인(부여인)들 역시 전란을 피해 한반도로 대거 이주하게 만든다.

이러한 이주의 흔적은 한반도 토기의 변모를 통해 유추할 수 있다. 이 시기(BC 3세기)부터 한반도에 중국의 영향을 받은 토기가 제작되기 시작하는데, 이는 연나라 및 기자조선(맥족)의 영향으로 볼 수 있다.

또한 BC 10세기경 요동과 한반도 북부 중심으로 발생한 민무늬토기(무늬가 없는 토기)가 발전한 형태인 점토대토기(점토로 띠를 두른 토기)와, 역시 요동과 한반도 북부에서 BC 5~6세기에 제작되던 목이 나팔처럼 긴 미송리형토기가 발전한 형태인 검은간토기(표면을 문질러 다듬은 검은 토기)가 한반도 전체에 퍼지게 된다.

〈신석기시대 빗살무늬토기를 대신해 한반도에 퍼진 민무늬토기들〉

민무늬토기: BC 1000년경 신석기시대 빗살무늬를 대체하고 요동과 한반도 북부에서부터 퍼진 무늬 없는 토기로 당시 사회적 변동(상나라 유민의 요서 이주)과 관계가 있을 것으로 추측된다.(함북 웅기, 국립중앙박물관)

점토대토기: 목 부분에 덧띠를 댄 모습을 하고 있으며, 민무늬토기가 발전한 형태이다. 제작 연대가 대략 BC 4세기에서 BC 2세기까지로 추정되는 점으로 보아 당시 연나라와 한나라의 침입과 관련이 있는 것으로 본다. 이 토기가 제작되는 시기에는 석기의 경감, 지상 가옥의 출현 등 문화적으로 큰 변동이 있었다.(경북 상주, 국립중앙박물관)

미송리형토기: 목 부분이 길고 벌어진 형태의 토기로, 한반도 북부(청천강 이북)에서 대량으로 발견되고 있으며, 요동(송화강 유역)에서도 발견이 되고 있다. BC 5~6세기에 제작된 것으로 보고 있다.(평북 의주, 국립중앙박물관)

검은간토기: 목 부분이 길고 둥근 형태로 한반도 북부 미송리형토기의 영향을 받았으며, 흑연 등의 광물을 사용해 검게 칠하고 나무 등으로 문질러 다듬었다. BC 3세기 출현해 한반도 중부 이남 전체에 퍼지게 된다.(인천 옹진, 국립중앙박물관)

이 두 토기는 모두 한반도 북부와 요동 지역에서 발생해 이 시기(BC 3세기)에 한반도 전체에 퍼지게 되는데, 이는 한반도 북부와 요동에 있던 세력, 곧 단군조선(= 진조선, 부여, 예, 왜) 세력이 한반도에 대거 남하했음을 뜻한다.

BC 3세기 북방 토기의 한반도 남부 유입은 북방 고조선(단군조선, 기자조선)의 세력 축소와 요서와 만주의 예맥 동이 문명이 한반도로 이전했음을 뜻한다. 춘추전국시대 고조선은 중국 연나라 장군을 인질로 삼을 만큼 동북아시아의 강국이었는데, BC 3세기 연나라의 대규모 침입으로 세력이 급속히 약해져 요서, 요동, 한반도 북부(청천강)에 이르는 고조선 연맹(예맥)의 핵심 지역이 큰 타격을 입게 된다.

결과적으로 한반도는 고조선 문명의 주요 계승자가 되어 요서 지역의 기자조선(맥)과 요동의 진조선(진한, 예), 한반도 북부의 마한 사람들이 모여든 고조선의 새로운 중심지가 된다.

당시 요동 지방 고조선 사람들, 즉 진조선(진한)의 예인(부여 기층민)이 한반도 남부까지 이주한 사실은《삼국사기》에 조선 유민이 이주해 와 진한 6부를 이루었다는 기록을 통해서도 확인할 수 있다.

"이전에 조선(朝鮮)이 망한 뒤 유민들이 산골자기 사이에 나누어 살면서 여섯 마을을 이루었다. 이것이 진한(辰韓) 육부가 되었다."《삼국사기》〉신라본기(新羅本紀)〉

이렇게 요동에서 한반도 중부 이남으로 남하한 예인들(진조선인)은 이후 한반도 예맥국인 한(韓)과 연합해 삼한(三韓)을 정립하게 된다.

예인(진조선인, 진한인, 왜인)이 한반도에서 마한과 공존한 사실은 중국 한나라 환영황제 시기(AD 2세기)에 "한예(韓濊)가 강성해 이를 쳤다."라는 기록을 통해 한(韓)과 예(濊)를 하나로 묶어 '한예'로 부르는 것으로 알 수 있다.

'한예'를 하나의 명칭으로 불렀다는 것은 마치 한반도 북부와 만주에서 예족, 맥족이 함께 어울려 살아 '예맥(濊貊)'으로 불렸던 것과 같이, 한반도 남쪽으로 이주한 민족인 '예'와 '한'이 서로 가깝게 살았거나 섞여 살았기 때문에 '한예'로 통칭한 것이다. 이렇게 '한'과 '예'가 섞여 살던 현상은 앞서 밝혔듯이 무덤 형식이나 토기 유형 등으로 증명되고 있다.

북쪽은 예맥, 남쪽은 한예

BC 108년 한반도 북서부에서 기자조선을 이은 위만조선이 멸망한 이후 그곳에 한나라 군현(낙랑군)이 들어서면서, 고조선 유민의 국가인 한반도 남부의 한예(韓濊)와 요동의 예맥(濊貊)은 평양 근처의 한나라(낙랑군)에 의해 서로 분단된다.

이들 두 토착 세력 중 요동과 한반도 북부에 있던 예맥(濊貊)은 이후 부여, 고구려, 백제, 신라, 일본의 세력으로 커가게 되고, 한반도 중부 이남에 있던 한예(韓濊)는 삼한, 가야, 왜 세력으로 커가게 된다.

5 요동에 퍼진 동이 문화

동이(맥) 민족의 요동 진출

한편, 한반도 외에 요동 지역에도 BC 3세기에 연나라 장수 진개의 침입은 커다란 변화를 일으킨다.

BC 11세기 상나라 멸망과 더불어 중원에서 요서로 이주한 기자조선은 BC 664년 연나라, 제나라의 공격을 계기로, 또는 중원 제국과의 긴장관계를 타계하기 위해 BC 6세기 이후로 점차 요하를 넘어 동진해 예(濊)족의 조선으로 진입한다. 이러한 사실은 BC 6세기 이후 북방계 비파형청동검이 요서 지역에서 요동으로 전파되는 것으로 알 수 있다.

BC 6세기 이후 요서의 맥족(흉노, 기자조선)과 요동의 예족은 비파형청동검을 공유한 점에서는 정치적으로 단일체 내지 연방국으로 볼 수 있지만, 북방식 고인돌이 요서의 맥족보다는 요동의 예족 영토에 머물렀던 점을 볼 때 문화적으로는 약간의 차이가 있었던 것을 알 수 있다.

요서 맥족의 이동은 처음에는 예족과의 협력관계에서 천천히 이루어지다가 결국 BC 3세기 연나라 장수 진개의 침략으로 급격히 이루어지게 된다. 이 시기에 예족 사람들의 땅인 요동의 부여 지역에는 중국 흉노와 관련이 깊은 맥계 유민이 대거 이주해 오게 된다.

그들은 요동의 예족 정권(부여)을 무너뜨리고 그곳의 지도층이 되었으며, 그로 인해 예족 정권은 동쪽으로 이주하게 된다(동부여, 동예, 왜의 성립). 예족(왜족)을 몰아내고 맥족 중심으로 새로 탄생한 예맥국 부여(북부여)는 BC 2~3세기부터 서기 494년까지 유지되는데, 앞서 밝혔듯이 부여는 풍습이 고대 한자를 창제한 상나라(BC 1600~BC 1046)와 습속이 유사한 나라였다.

상나라(은나라)와 부여 두 나라의 공통점을 구체적으로 나열하면 다음과 같다.

• 부여에서는 상나라 멸망(BC 1046) 후 1,000년이 지나도록 당시 주변국에서는 사용하지 않던 상나라 달력(은력)을 사용함
• 상나라와 부여의 시조가 모두 새의 알에서 태어남
• 두 무릎을 꿇어 겸손을 표현함. 이는 화하족과 다른 동이족의 특징임
• 흰색을 숭배함
• 음주와 가무에 능함
• 왕이 죽었을 때 많게는 100명 이상의 살아 있는 사람을 순장함
• 국가 대소사에 소를 잡아 제사 지내고 점을 치며 신의 뜻을 알아봄

이렇게 고구려와 백제의 뿌리인 부여는 당시 주변 나라와 달리 고대 상나라의 풍습을 많이 간직하고 있던 나라였다.

최근 중국 학자 왕은전(王恩田) 선생의 갑골문 분석에 따르면 상나라(은나라)의 국호는 '위(衛)'였고, 그 발음은 '의(衣)'였다고 한다[석복사은인국호고(釋卜辭殷人國號考), 2009]. 이 '위(衛)'라는 국호는 만주에서 한반도, 일본으로 이어지는 '부여', '예', '왜'의 국호와도 관련이 있다. 《삼국지》〈위서 부여전(魏書 夫餘傳)〉에는 다음과 같은 기록이 있다.

"그 왕의 도장에 '예나라 왕의 인(濊王之印)'이라 새겨져 있고, 나라에 옛적 '예나라 성(濊城)'이 있으며, 본래 예맥 사람들의 성읍이었다."

무릎을 꿇고 경의를 표하는 풍습은 주나라 화하족이 혐오하던 동이족 고유의 풍습이다.(중국 은허박물관, 복제)

위 기록을 보면 부여 왕의 옥쇄에 '예왕지인(濊王之印)'이라고 기록된 사실을 알 수 있는데, 이는 부여의 국호가 '예'였음을 말한다. 예(濊)는 중국어로 '휘(Hui)'이며 이 '휘'는 왜(일본)의 원 국호인 '위(倭, 委)'와 상통한다. 따라서 이들 세 나라 즉, 상나라(위), 부여(예), 왜(위)의 국호 사이에는 일정한 유사성이 있음을 알 수 있다. 실제로 이들 나라 사이에는 그 언어(알타이어)나 풍습(순장, 동물 뼈로 점치는 풍습, 무릎 꿇는 풍습) 등에서 유사한 면이 많기도 하다.

　"선문대 이형구 교수는 '상나라가 부여와 습속이 거의 같아서 흰색
을 숭상했으며 하늘에 제사를 지내거나 군대를 일으킬 때 점을 쳤고
부여는 상나라 역법을 사용했다'고 한다. 이는 상나라 멸망 이후 잔존
세력들이 만주로 유입되었음을 뜻한다."김운회,〈신고대사〉

　"서중서(徐中舒, 1898~1991) 선생은 한나라 시기 부여는 곧 상나라
멸망 이후 북쪽으로 옮겨간 박고(박씨의 시조로 추정됨 - 필자 주)의 후
예이며, 따라서 부여족 중에는 적지 않은 상나라 옛 제도가 보존돼 있
었음을 지적했다."팽유상(彭裕商),《중국사회과학보》, 2009

　위의 사실은 부여와 상나라 사이에 민족적 연계성이 있음을 말하고
있고, 부여의 뿌리가 BC 11세기 멸망한 중원의 상나라와 연결되어 있
음을 뜻한다.

부여의 등장과 예맥조선의 탄생

　부여라는 명칭은《사기》〈화식열전〉에 처음으로 등장한다. 이 책은
연나라가 고조선(기자조선)을 요동으로 몰아낸 뒤 상황을 기록한 책으
로서, 연나라가 진시황에게 멸망당하던 BC 222년 이전 상황에 대해
다음과 같은 기록이 있다.

　"연나라의 요동 북쪽에 오환과 부여가 있다. 요동 동쪽으로 예맥조

선진번의 이익을 얻을 수 있다."

이는 연나라가 아직 망하기 전에 요동 북부에 부여가 있었음을 말한다.

위 기록에 보이는 '예맥조선진번'이라는 표현은 중요한 의미를 담고 있다. 과거 '조선'은 '예맥'이라는 수식어가 붙지 않았는데, 조선이 요동으로 밀려난 이 시기 이후 조선 앞에 '예맥'이라는 수식어가 붙는다. 이는 조선(기자조선)이 더 이상 과거 요서의 맥족 중심의 국가가 아니라 요서의 맥족과 요동의 예족이 한반도 북부에서 공존하는 새로운 나라가 되었음을 뜻한다.

이 예맥인들이 공존했던 '조선'은 과거 예족의 진조선(단군조선) 땅에 맥족의 기자조선(번조선) 사람들이 이주해 함께 세운 나라이기 때문에 '예맥조선진번(예맥인의 조선 진과 번)'으로 불리거나 또는 '예맥진번조선(예맥인들의 진, 번 조선)'이라고도 불린다.

과거 요동, 요서에 있던 '예족의 진조선'과 '맥족의 번조선'이 이 시기에 '예맥인이 함께 사는 조선(예맥조선)'으로 한반도 북부에서 다시 태어났기 때문에 이전에 없던 '예맥조선진번(또는 예맥진번조선)'이라는 새로운 호칭이 탄생한 것이다.

예맥조선에서 '예맥'은 국가명이 아니다. 중국 사서에 '마한예맥', '선비예맥', '예맥왜한(예맥족 동예와 삼한)', '옥저예맥', '부여예맥'이라는 표현에서 보듯 동이 국가들을 구성하는 두 민족인 예족과 맥족의 통칭이다. 만일 '예맥'을 하나의 국명으로 본다면, 예맥국은 조선, 마한, 선비, 왜한, 옥저, 부여 등과 인접한 나라일 텐데, 그런 나라는 역사서에 등장하지 않고 이들 모두와 인접해 존립할 만한 지역도 없다.

이 '예맥'으로 구성된 나라들을 중국 사서의 기록을 통해 살펴보면 다양한 국호를 가진 '예맥 국가들'이 있었음을 알 수 있다.

《후한서》에는 '조선예맥', '마한예맥', '선비예맥', '구려예맥', '구려와 함께 현토를 공격한 예맥', '옥저예맥', '옥저남쪽의 예맥', '진한북쪽 예맥', '부여 선주민 예맥' 등이 기록돼 있는데, 이 책에 기록된 부여, 구려(고구려), 선비, 옥저, 예 등의 나라 사람들이 모두 '예맥인들의 나라'임을 밝히고 있다.

이렇게 '예맥'은 한반도와 만주 지역에 혼재해 살던 예족과 맥족을 통칭해 부르던 '족명'이었음을 알 수 있다. 일부 학자들은 '예맥조선진번'을 '예맥', '조선', '진번'이라는 서로 다른 국가로 구분하기도 하는데, 이는 잘못이며 모두 한반도 북부로 이주해온 새로운 '(고)조선'의 일컫는 말로 해석해야 옳다.

요서에서 이주해 온 부여의 새로운 지배자들

《후한서》에 보면 요동에 거주하던 부여인들이 스스로 다른 지역에서 망명해 온 사람들이라고 말하고 있다. 또한, 자신들이 현재 거주하는 땅은 원래 예(濊) 사람들의 땅이라고 밝히고 있다. 이는 부여의 지배층 사람들이 원래 요서 지역의 맥계 사람들이었음을 말하고 있다. 이러한 통치민족과 피통치민족의 구분은 부여의 장례풍습인 '순장제도'를 통해서도 짐작할 수 있다.

"부여의 장례풍속 중 하나로 꼽히는 것이 대규모 순장제도이다. 사회의 지배계층에 속하는 인물이 한 명 죽을 때 함께 순장되는 숫자는 상당수에 달한 것으로 알려지고 있는데, 강제로 순장당한 숫자가 100명을 훨씬 넘은 경우도 많았다고 한다. 이는 일반 유목민 사회에서 아랫사람 몇몇이 순장되는 것과는 일단 그 규모에서 크게 차이가 난다. 이런 대규모적인 순장은 어떻게 가능했을까? 그 배경에 대해서는 지금 명확히 밝히기 쉽지 않다. 다만 부여 사회가 북부여에서 남하해 온 맥족 중심의 통치민족과 예족 중심의 피통치 민족으로 이루어졌다는 점이 그 배경을 이해하는 데 일정하게 도움이 되지 않을까 한다. 즉 부여에서 상전이 사망할 경우 강제적으로 순장당한 사람들은 피지배 민족인 하호 또는 노예였을 것이다." 서병국,《동이족과 부여의 역사》

그런데 이상한 점은 맥족이 점령한 이 나라가 부강해 선대로부터 한 번도 파괴된 적이 없었다고 기록된 점이다(《삼국지》).

나라를 잃고 망명한 사람들이 사는 이 나라(부여)가 고대로부터 한 번도 망한 적이 없다는 말은 일견 모순처럼 보이다. 그러나 망명인 입장이 아닌 고대로부터 그 땅에 살고 있던 피지배층, 즉 예족(예인) 입장에서 보면 맞는 말이 된다.

부여는 고대로부터 망한 적이 없던 고조선 예인들의 땅(요동)에, 외부로부터 망명 온 자들(맥인)이 섞여 살면서, 두 민족 사이의 정권교체(쿠데타) 형태로 세워진 나라였음을 짐작할 수 있다.

부여 국호의 탄생
또 한 가지 의문은 왜 요동에 있던 이 나라의 국호가 '조선(진조선)'

이 아니라 '부여'인가 하는 점이다. 이에 관한 기록은 한국과 중국의 정사(正史) 어디에서도 찾을 수 없다. 다만 한국 야사인 《환단고기(桓檀古記)》에는 BC 425년 나라 이름을 조선에서 '대부여'로 바꾸었다고 기록하고 있을 뿐이다.

만일 그 기록이 사실이라면 요동(만주)의 진조선이 사회적 혼란으로 '조선'에서 '부여'로 국호를 바꾸었지만 요서의 조선(기자조선, 번조선)은 요동의 진조선(단군조선)과 달리 계속 '조선'을 국호로 삼고 있었던 것으로 볼 수 있다.

진조선이 국호를 바꾼 이유는 그만큼 만주에 사회적으로 큰 혼란이 있었음을 의미하며, 자신들과 문화·정치적으로 차이가 있는 요서 지방의 맥족계 조선인 번조선을 직접적으로 다스릴 힘이 없었음을 뜻한다.

한편 BC 3세기 요서 지역 조선(기자조선)이 연나라에 패망하면서 한반도로 밀려오는데, 그때 한반도 북부에 있던 마한 역시 조선이라는 국호를 사용하지 않는다. 왜냐하면 요서 조선(기자조선)이 계속 '조선'이라는 국호를 사용했기 때문에 이들과 문화적 차이(무덤, 토기 양식의 차이)가 있고 적대관계에 있던 마한은 '조선'이라는 국호보다 '마한'이라는 국호를 내세운 것으로 보인다.

BC 3세기 마한이 내려오기 전 한반도 남부는 BC 7세기 이후 남하한 고인돌 세력(예족, 진한)이 세운 것으로 보이는 '진국(辰國, 臣國)'이라는 나라가 있었다.

《한서》에는 이 한반도 남부 진국(辰國)에 대해 조선(고조선)의 우거왕이 가로막아 그 나라에서 중국 천자를 알현할 수 없었다는 내용이 기록되어 있다. 또 《후한서》에는 마한, 진한, 변진 72국 4,000리 땅이 모두 고대 진국에 속한다고 기록돼 있고, 《삼국지》에 경기도 북부의 대방 아래에 마한, 진한, 변한이 있는데, 진한이라는 명칭이 고대 진국(辰國)을 뜻한다는 내용이 있다. 이는 모두 진국(辰國)이 삼한 이전에 한반도를 다스리던 국가이며, 이 진국에 삼한이 정립됐음을 뜻한다.

따라서 BC 3세기 북방계 국가인 마한은 고조선(기자조선)에 밀려이 진국(辰國)의 서남부에 정착하고, 진한(진조선)을 비롯한 중국 진(秦)나라 등지의 사람들이 경상도 남부 지역에 정착해 진한, 변한을 이루면서 한반도는 고대 북방 고조선 유민과 진국(辰國) 원주민이 공존하는 지역이 된 것을 알 수 있다.

이로써 과거 한반도와 요서, 만주 지역에 퍼져 있던 '조선'의 영향력은 만주 지역의 부여, 한반도 북부의 조선(기자조선, 위만조선, 낙랑), 한반도 남부의 삼한으로 새롭게 정립된다.

부여와 고구려 건국자들의 고향 '고리'

고구려와 부여는 중국 북방에서 이주해 온 맥계 사람들이 지배층으로 있던 나라였다. 고구려와 부여는 시조가 모두 '동명'이라는 사람이었는데, 그는 중국 북방의 '고리(高離)'라는 나라에서 이주해 온 사람이었다. 《삼국지》에는 그와 관련해 다음과 같은 기록이 있다.

"부여 나라 안에 오래 된 성이 있는데 그 성을 '예성'이라 부른다. 이로 볼 때 아마 이 땅이 원래 예맥 사람들의 땅이었는데, 부여 사람들이 이곳에서 왕을 세우고 거주한 것으로 보인다. 그들은 스스로를

'도망 온 사람들의 후예(亡人)'라고 하는데 일리가 있어 보인다.《위서 (魏書)》에서 말했다. 옛 문헌에도 언급했듯이 옛날 북방에 고리(高離)라는 나라가 있었는데, 그 왕의 여종이 임신해 그녀를 죽이고자 할 때, 그녀는 '계란만한 기운이 내게로 와서 임신을 하게 되었다.'라고 말했다 한다. 이후 아들을 낳았는데, 왕은 아이를 돼지우리에 버렸으나 돼지들이 입김만 내뿜을 뿐 아이를 해치지 않았고, 마구간에 보냈는데 말 역시 입김만 뿜을 뿐 죽이지 않았다.

이에 왕은 하느님의 아들이 아닌가 의심해 그 어미에게 거두어 기르도록 했는데, 이름을 동명이라 했으며, 그에게 말을 치도록 했다. 동명은 화살을 잘 쏘았기 때문에 왕이 그 나라를 빼앗을까 두려워해 죽이려 했는데, 이에 동명은 도망가서 시엄수라는 강에 이르게 된다. 그가 시엄수 가에서 활로 물을 치자 물고기와 자라 떼가 물 위로 떠올라 다리를 만들었다. 동명은 이에 강을 건넜고 물고기와 자라는 흩어져 버려서 추격병들이 건널 수 없었다. 동명은 이에 부여 땅의 왕이 되었다."

만주 동북부의 부여는 압록강 유역의 고구려보다 먼저 건국된 나라였다. 고구려 사람들은 자신들이 부여에서 나왔다고 말하고 있다. 따라서 상기 기록 중 나오는 동명의 고국 '고리(高離)'라는 나라는 압록강 유역의 고구려(구리)가 아니라 부여보다 앞서서 건국된 '북방'에 있던 어느 나라로 이해해야 한다.

그런데 이때 '북방'은 부여나 고구려 사람에게 있어서 북방이 아니다. 북방은《삼국지》를 기록한 중국인 입장에서 볼 때 중국의 북쪽이므로, 옛 고조선 영토인 하북성 북경 근처에서 요하에 이르는 발해만을 의미한다고 볼 수 있다. 이러한 사실은 부여의 지배족이었던 '맥족'이 처음에 중국 북부(섬서, 하북, 산서)에서 이주해 와 BC 3세기 만주(송화강 유역)에 등장하고 이후 남하했던 고고학적 사실로도 증명되고 있다.

고구려의 고향 상나라 고죽국

실제로 중국 역사서에 고구려와 부여 지배층의 고향 '고리(고구려, 고려, 구리)'는 처음에는 한반도 북부가 아닌 발해만 북부, 즉 '고죽국' 일대에 있었다고 기록하고 있다.

> "고려(고구려) 땅은 본래 고죽국(孤竹國)으로서 주나라 때에 기자에게 봉해진 지역이었다. 한나라 시기에 세 개의 군으로 분할되었다."
>
> 《구당서(舊唐書)》

상기 기록을 볼 때 '고리(고구려)'는 BC 11세기 상나라 유민들이 정착해서 살던 땅인 고조선 서부 옛 고죽국 지역에 있었음을 알 수 있다. 이 나라는 BC 2세기경 한나라에 의해 점령당하지만 고구려는 자신들 조상들이 살던 옛 땅을 되찾기 위해 한나라 군현(낙랑, 현도)과 끊임없이 전쟁을 벌이게 된다.

고구려의 기원지인 고죽국은 충신을 상징하는 '백이와 숙제' 고사로 유명한 고대국가이다. 백이와 숙제는 원래 고죽국 왕자들이었는데 서로 왕위를 양보해 왕궁을 떠나고 이에 다른 형제가 왕이 된다. 그 무렵 고죽국과 인척관계를 맺고 있던 중원의 상나라가 주나라에 망하자(BC 1046) 신하(주나라)가 천자(하늘의 아들, 상나라 왕)를 멸망시킨 것을 반대하며 산에 들어가 곡식을 먹지 않고 굶어죽는다.

이 고사는 상나라와 고죽국과의 관계를 설명하고 있다. 중국 학자들에 따르면 상나라와 고죽국은 고조선 서부 지역에서 기원한 형제국이었다고 한다. 상나라가 중원을 정복한 뒤에도 상나라와 고죽국은 왕실 간 결혼관계를 유지하며 줄곧 긴밀하게 지내는데, 상나라가 망하자 고죽국 왕자인 백이와 숙제는 자신들의 형제나라인 상나라의 멸망에 크게 분노해 결국 단식을 하며 죽게 된 것이다. 고죽국과 상나라의 이러한 관계는 상나라가 멸망한 뒤 그 유민들이 왜 고죽국이 있던 요서 지역으로 대거 이주했는지에 대한 이유를 설명하고 있다.

상나라 유민이 유입된 고죽국은 춘추전국 시기(BC 8세기~ BC 3세기)에 고조선(산융)과 연합해 중원 국가들을 공격한다.

고죽국이 고조선과 함께 주나라 제후국 연나라를 공격하자(BC 664, 《춘추》, 《국어》에 기록), 연나라는 남쪽의 제나라에 도움을 청한다. 전쟁에 참가한 제나라는 고죽국을 공격하고 돌아오는데, 중국에서는 고죽국이 당시 연-제 연합군에 의해 멸망했다고 주장하지만, 사실 고죽국은 비록 국명은 사라지지만 고조선의 서쪽(요서) 경내에 포함되어 BC 3세기까지 중원 제국과 원수처럼 지낸다.

이는 전국시대 유세가 소진이 BC 334년 연나라 동쪽 요서에 조선(고조선)이 있다고 한 기록으로 알 수 있고, BC 3세기(232?) 연나라가 고조선에게서 빼앗은 요서 2,000리 땅이 이 고죽국이 있던 지역이라는 사실로도 알 수 있다.

연나라가 고조선을 침략하기 전 고조선에 인질로 와 있던 연나라의 진개라는 사람이 고조선의 상황을 파악하고 연나라로 돌아간다. 그는 연나라에 돌아와 고조선을 대규모로 공격하는데, 이때 고조선은 옛 고죽국 영토인 고조선 서쪽 2,000리 땅을 연나라에 빼앗기게 된다(BC 232?). 고조선은 이후 한반도 북부로 이동하는데, 한반도 북부에서 서쪽으로 2,000리는 만리장성 근처에 이른다. 따라서 당시 고조선 서쪽 경계는 고죽국 옛 땅을 포함해 현 북경 인근에까지 이르렀던 것을 짐작할 수 있다.

고구려의 기원지인 고대 고죽국의 위치에 대해 북송 시기에 기록된 《여지광기(輿地廣記)》라는 책에는 다음과 같이 기록하고 있다.

"영주(營州)는 상나라 시기에 고죽국 땅이었다. 춘추 시기에는 산융 (고조선 - 역자주)에 속했으며, 전국 시기에는 연나라에 속했다. 진(秦) 나라 시기에는 요서군에 속했다."

고구려의 고향 고죽국(고리국)이 위치했던 요서 조양

당나라 시기 영주는 현재 요서 조양 일대로, 1973년에는 근처에서 '고죽'이라는 명문이 새겨진 청동기 명문이 발견되기도 한다. 따라서 고구려 사람들의 선조 중 일부는 조양 근처 요서 지역에 있었던 것을 알 수 있다.

이렇게 상나라와 고죽국, 고구려

사이에는 밀접한 관련이 있음을 알 수 있는데, 특히 고구려와 고죽국의 관계는 고구려의 지방제도(5부)와 관제 등을 통해 짐작할 수 있다. 《삼국지》에는 고구려의 다섯 부족(오부)에 대해 다음과 같이 설명하고 있다.

"원래는 연노부, 절노부, 순노부, 관노부, 계루부 다섯 부족이 있었는데, 처음에 연노부에서 왕이 나왔다가 차츰 세력을 잃으면서 지금은 계루부가 연노부를 대신해 왕권을 가지고 있다."

이 기록을 보면 연노(涓奴)부는 처음부터 고구려에서 주도권을 쥐고 있던 국가임을 알 수 있다. 그런데 이 연노부는 고구려 서부(西部)의 이름이고 계루부는 중부(中部)의 이름이다. 따라서 고구려는 먼저 서부 지역에서 주도권을 잡고 점차 동부로 주도권이 넘어갔음을 알 수 있다. 고구려의 서부는 고죽국과 가까운 지역으로 고죽국 출신 사람들이 처음부터 고구려의 지배층이었음을 뜻한다.

고구려는 비록 상나라, 고죽국과 관련이 깊은 서부 연노부에서 시작됐으나 이후 동명(주몽)이 부여에서 남하한 이후 중부의 계루부로 주도권이 넘어가는데, 이로 인해 고구려는 자신들이 북부 부여계 국가임을 대외적으로 천명하게 된다.

한 가지 생각해 볼 점은 중국 사서에서 고구려의 5부(다섯 나라)를 지칭하면서 연노, 절노, 순노 등 노(奴, 노예)를 붙이고 있는데, 이는 예맥족(동이족)이 '국가'의 의미로 부르던 '나(那)'를 중국인들이 낮춰 부른 말이다. 한국의 《삼국사기》에는 고구려의 5부를 연나부, 비류나부,

관나부 등 '노(奴)'가 아닌 '나(那)'로 부르고 있다. 이를 통해 고조선 서부에 있던 '흉노(匈奴, 불길한 노예)' 역시 사실은 '훈나', 혹은 '한나'로 발음했던 사실을 알 수 있는데, 개인적으로 이 '흉노'는 《삼국사기》에 나오는 고구려 연방국 연나 또는 환나(桓那)가 아닌가 추정하고 있다.

고죽국과 고구려의 관계는 지방제도 외에도 '관직명'으로도 추정할 수 있다.

고구려에서는 5부(다섯 국가) 중 우세한 부족 출신의 대신(大臣)을 고추가(古鄒加)라고 불렀다. 이에 대해 신채호 선생은 다음과 같이 이야기한다.

> "고추가는 곧 고주가를 이두문자로 기록한 것이다. '고주'는 오래된 뿌리(古根)라는 뜻이며(지금 풍속에도 오래된 뿌리를 고주박이라 한다. - 원주), '가'는 신(神)의 씨라는 뜻으로 당시 5부 대신의 칭호가 된 것이다. '고주가'는 당시 종친대신(왕족 출신의 고급관료)의 작위명이었다(지금 풍속에도 먼 동족을 '고죽지 먼동그럭이'라고 한다. - 원주)."
>
> 박기봉 역, 《조선상고사(朝鮮上古史)》

위 기록대로 고구려의 대신인 고추가는 '왕족'과 관련이 있는 호칭인데, 고구려에서 왕족을 내던 부족은 처음에 고구려 서부의 연나부(연노부)였기 때문에 고죽국과의 연관을 찾을 수 있다. 특히 신채호 선생은 '고죽지 먼동그럭이(먼 동족)'가 고추가의 기원이라고 주장했는데, 이때의 고죽지(고죽의 사람)는 멀리 있는 동포라는 의미이기 때문에 고죽국과 고구려 지배층과의 관계를 살필 수 있는 실마리를 제공하고 있다.

예맥과 만이(蠻夷)의 연합국 고구려

이렇게 처음 고구려를 다스리던 주요 세력은 요서의 고죽국(조양)을 중심으로 한 발해만 북부, 즉 북경에서 요하 유역에 있었는데, 이들은 그곳은 BC 11세기경 기자로 대표되는 상나라 유민들이 유입된 뒤 '조선'이라는 국호를 유지하며 BC 3세기까지 중국과 대립했던 곳이다.

중국에서는 후대에 그 지역 사람들을 '산융', '흉노(환나?)'라고 부르기도 하고, 또는 맥족이라고 부르기도 했다.

BC 3세기에 이 '산융(맥족)' 세력은 북경 근처의 연나라 장수 진개에 의해 궤멸되게 되는데, 연나라가 산융을 몰아내며 빼앗았던 요서에 있던 나라는 '조선'이라고 《삼국지》에 기록되어 있으므로, 당시 요동과 한반도에 피난해 온 '산융'이라 불리던 맥족 계열의 요서 지역 사람들은 바로 '(고)조선'사람들이었음을 알 수 있다.

역사서에는 이렇게 요서에서 밀려난 '조선'을 예맥조선, 또는 조선예맥이라 부르는데, 그 이유는 앞서 밝혔듯이 이전 요서 지방에 있던 맥계 조선이 한반도 및 요동으로 이주하면서 원주민이었던 예족과 섞이게 되어 그렇게 부르기 시작한 것이다.

한편, BC 3세기 연나라가 조선(고조선)을 요서에서 몰아낼 무렵은 중원에서 7국이 서로 패권을 다투며 성장하던 시기로, 제나라, 연나라, 진(秦)나라 등의 세력이 강성해짐에 따라 당시까지도 중국 대륙 동쪽에 남아 있던 동이족 국가인 구이(九夷, 구리) 사람들 역시 많은 타격을 입으며 중원에서 점차 세력을 잃게 된다.

춘추전국시대에 살았던 공자(BC 551 ~ BC 479)는 화하족 주나라와 원수로 있던 동이족 나라 구이(九夷, 구리)를 '군자가 사는 땅'으로 부르며 칭송했다. 그러나 그는 한편으로 구이(만이) 사람들에 대해 상당한 반감을 갖고 있기도 했는데, 이는 화하족의 동이족(구이족)에 대한 뿌리 깊은 원한관계 때문이었다.

동이와 화하의 갈등이 시작된 시기는 북방에서 남하한 구려(구이) 국 황제인 치우가 중원을 정복하고 그곳에 용산 문명(BC 28세기)을 일으키면서부터 시작된 것으로 볼 수 있다. 중국 동북 지역에서 남하한 이들 구려(구이) 사람들은 용산 문명 이후 지속적으로 내륙의 화하족을 무력으로 점령하고 다스렸다.

공자는 비록 조상은 동이(상나라) 출신이었지만 화하족 주나라 제후국 노나라의 재상이었으므로 화하족과 오랫동안 대립하던 동이(구이, 만이)에 대해 강한 반감을 갖게 된 것이다.

이렇게 중국에서 화하족과 적대관계를 보이던 산동반도와 그 아래 강소성 일대의 오래된 나라 구이(九夷)의 백성들(만이)은 어디로 사라진 것일까?

중국 측 기록을 보면 BC 3세기 회수와 사수(현재 중국 동부에 위치한 산동성과 강소성 일대)에 살던 동이 사람들(구이, 만이)이 진(秦)나라가 중원을 통일한 BC 221년 이후 모두 흩어져 한족(중국인)에 동화되었다고 한다.

"진(秦) 나라가 육국을 병합했을 때, 회수(淮水) 지역 이(夷) 사람들
과 사수(泗水) 지역 이 사람들은 모두 흩어져 보통 국민이 되었다."

《후한서》

하지만 필자는 이들 구이(동이) 사람들이 옛 상나라 유민이 형제국
인 고죽국으로 이동했듯, 산동반도에 살던 이들 다수가 형제의 땅인
요동반도로 이주했을 것으로 추정하고 있다. 이는 20세기 초 빈 땅이
었던 만주에 기근을 피해 이주해 온 사람들이 대부분 산동반도 사람
들이었던 것과 유사한 경우라 할 수 있다.

BC 1046년 주나라 성립 이후 800년 가까이 중국 내륙의 화하계 사
람들과 원수처럼 지내온 중국 동부 동이와 양자강 이남의 만(蠻) 사람
들, 즉 만이(蠻夷) 사람들이 내륙 화하족 거주지(제나라, 연나라)로 흩어
졌을 리는 없다.

산동성과 요동반도는 지리적으로 가까워 신석기시대 이후 줄곧 같
은 문명을 영유했기 때문에 당시 산동 지역 동이 사람들은 자신들과
같은 문화를 지닌 동쪽의 동이 문화 지역인 요동반도로 직접 건너간
사람들이 많았을 것이다. 아래의 내용은 그러한 추측의 근거를 제시
하고 있다.

"고고학적 발굴 자료로 보면 중국 동북(요령, 길림, 흑룡강 지역) 고민
족과 (중원의) 동이 사이에는 같은 문화적 뿌리를 가지고 있음을 알
수 있다. 신석기시대 이래로 산동반도와 불과 강 하나 차이 정도밖에
되지 않는 요동반도와 요서 사이의 기다란 지대 사이에 그러한 공통

요동반도와 산동반도 사이에 길게 연결된 군도인 장도(長島). 장도는 고대로부터 두 지역의
교류를 편리하게 만든 가교 역할을 했다.(사진: 후동백과)

점이 존재한다." 중국 동북사대 이덕산(李德山) 교수, 〈동북고민족 동이기

원론〉

이렇게 산동반도와 요동반도는 문화적, 인종적으로 오랫동안 유사
한 면을 보여 왔기 때문에 산동반도 일대의 구이(구리) 사람들이 중
국의 대규모 혼란을 피해 다른 곳보다 요동반도를 택했을 가능성이
높다.

《한서》〈지리지〉에는 "현도, 낙랑은 (한나라) 무제(재위 BC 141 ~ BC
87) 때 설치했는데 모두 조선예맥, 구려만이(蠻夷)다."라고 기록하고
있다.

이 기사는 한나라가 (고)조선을 점령할 당시(BC 108년) 요령과 한반도 북부에 예맥인의 나라 조선 이외에 구려(句麗)라는 조선과 구분되는 나라가 있었음을 말하고 있다.

구려를 만이(蠻夷)라고 표현한 것은 (고)구려의 구성민이 만이(蠻夷) 민족임을 말하는데, 만이(蠻夷)는 일반적인 '오랑캐'를 일컫기도 하지만 대체로 중국 동부의 이(夷)족과 남쪽의 만(蠻)족을 일컫는 말이다.

중국 내륙의 주나라 사람들(화하족)은 주변 민족을 북적(北狄), 동이(東夷), 서융(西戎), 남만(南蠻)이라 불렀다. 그중 중국 동부의 동이족과 남부의 남만족은 춘추전국 시기에 초나라에 의해 함께 다스려지기도 하는 등 역사와 더불어 교류가 많았다.

따라서 '만이'는 대체로 구려(구이)가 흩어져 거주하던 중국 동부와 남부의 국가들을 뜻한다. 중국 고대 역사서《사기》,《한서》에 만이(蠻夷)로 표현되어 있는 나라는 한반도에 살던 조선만이(朝鮮蠻夷), 중국 서남부의 파촉만이(巴蜀蠻夷), 중국 동남부의 월휴만이(粤嶲蠻夷) 등이 있다.

고구려와 적대적이던 수나라의 양제(煬帝, 569 ~ 618)는 고구려를 대대적으로 침공하기에 앞서 612년 다음과 같이 조서를 내린다.

"고구려의 작고 추한 무리들이 어리석고 불손하게도 발해와 갈석 사이에 모여 요동 예맥의 땅을 잠식해 왔다. 비록 한(漢) 나라와 위(魏) 나라의 거듭된 토벌로 그 소굴이 잠시 허물어졌으나, 난리로 (중국과) 서로 멀어지자 그 종족들이 다시 모여들었다."《수서(隋書)》

상기 기록을 보면 고구려 사람들이 한나라(漢, BC 202~AD 220) 이전, 즉 진시황의 통일전쟁 당시(BC 3세기) 발해에서 갈석(碣石)에 이르는 땅에 모여든 사실을 알 수 있다.

여기에서 발해란 산동반도와 요동반도 사이의 바다를 말하고 갈석은 요동반도를 말한다. 즉, 고구려 사람들은 처음에 수나라의 뿌리인 선비나 부여, 마한 등 예맥인이 살고 있던 땅에 유입되어 점차 예맥인을 '잠식'한 외부인이었던 것을 알 수 있다.

이를 반증하듯 한(漢)나라가 건국되기 바로 전인 BC 3세기 진시황 통일전쟁 전후로 구이(동이)가 흩어질 때 중국 동북 지역에는 고구려의 시조 주몽의 고국인 '고리(구려)'라는 나라가 처음 등장한다.

'고리(高離)'라는 나라가 이 시기에 역사서에 등장하는 이유는 당시 상황을 고려할 때 BC 3세기경 중국에서 흩어진 구이(구리, 만이) 유민

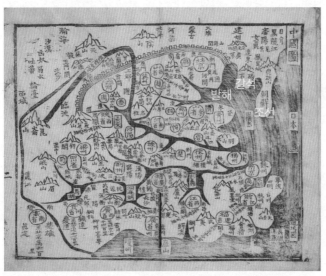

조선시대 〈팔로대총(八路大總)〉 지도를 보면 고구려가 처음 모여들었다는 갈석(碣石)은 요동반도 북쪽을 의미하고 있다.(일본 와세다대학 도서관)

들이 요동반도를 포함한 이 지역(발해 연안)에 이주해 세운 나라가 바로 '고리(구리)'였기 때문으로 볼 수 있다.

발해만 북부, 요동반도에 건국된 '고리'국은 먼저 부여를 정복했고 (고리국 사람 해모수의 등장), 이후 부여에서 남하해 압록강 유역을 점령하게 되는데(주몽의 등장), 이후 한나라의 지배하에 있던 압록강 유역의 고구려(구려, 구리)는 한나라에서 벗어나 부여의 연방국이 된다.

이렇게 두 동이 부족(부여의 예맥, 구려의 만이)이 연합해 세운 고구려의 건국 과정은 고구려 건국시조 주몽의 이야기로도 확인할 수 있다.

고구려를 건국한 동명은 본명이 주몽이다. 주몽의 아버지는 북부여를 점령하고 스스로 '천제(하느님)의 아들 해모수'로 칭했던 근원을 알 수 없는 사람이었다(삼국사기). 그리고 주몽의 어머니는 '황하의 지배자'이자 풍이(馮夷)가 본명인 하백(河伯)의 딸 유화였다.

고구려 시조 주몽이 이들의 결혼에 의해 태어났다는 사실은 고구려의 지배층(아버지)이 북쪽 부여를 점령한 해모수계 '예맥족'출신이었고, 일부 민족(어머니)이 중국 산동반도 황하 유역에 있던 '구이(만이)' 세력이었음을 암시한다.

따라서 주몽에 의해 탄생한 고구려는 북부여(예맥)와 중국 동부 황하 하류 지역 구이(구려, 만이)의 연합국이었음을 알 수 있다. 주몽 설화는 이 두 동이 부족의 연합을 '결혼'으로 비유하며 연합민의 지도자인 '주몽'을 마치 천제의 아들과 웅녀의 결혼으로 태어난 '단군'과 같이 신화적 인물로 신격화시키고 있다.

이렇게 새로 탄생한 고구려는 정체성이 주변 국가들에 비해 중국의 동부 해안 유역 동이(만이) 문화와 유사한 면이 많던 나라였다. 고구려가 중국 동부 동이(만이) 사람들의 숭배 대상인 복희, 삼족오 등을 숭배한 사실은 대표적인 예라고 할 수 있다.

정리하자면 중국에서 전국시대(BC 475 ~ BC 221) 연나라, 제나라, 진(秦)나라 등의 공격에 시달리던 많은 동이(맥, 구이, 만이) 사람들이 중국 동북 지역, 즉 기자가 봉해졌다는 요령 지역으로 이주해 오게 되는데, 이들 이주 세력은 크게 둘로 나눌 수 있다.

하나는 연나라의 공격으로 중국 북부를 가로질러 동쪽으로 이주한 북방 '맥족(동호)' 계열 사람들이고, 다른 하나는 연나라 멸망 이후 진(秦)나라에 의해 중국 동부 해안 지역에서 요령 지역으로 이주해 온 '구이(만이)' 계열 사람들이다. 이들은 자신들과 문화적, 혈연적으로

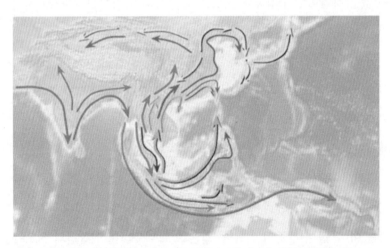

인간 유전체 기구 범아시아 컨소시엄 연구 결과로 그린 아시아 사람들의 이동도(Normile D.SNP Study supports southern migration route to Asia. Science 326:5959, 2009) 5,6만 년 전 아프리카를 떠난 현생인류들이 아시아에 각자 도착한 후, 민족별 이동 경로를 표시한 것으로, 한반도에 두 부류의 커다란 민족이 유입되었음을 알 수 있다. 이 두 민족은 중국북쪽을 통해 이주한 북방 민족인 예맥족, 중국 남쪽을 경유해 유입된 남방 민족인 만이족으로 해석된다. 현재 한국인은 북방계 유전자를 70%, 남방계 유전자를 30% 정도 가지고 있다고 한다. 이홍규,《한국인의 기원》, 우리역사연구재단, 2012.

가까운 만주와 한반도에 살던 예족(왜족, 진한), 한(韓)족 등과 화합 또는 경쟁하며 그 지역에 새로운 문화를 창조하게 된다.

BC 3세기 한반도와 만주에는 중국의 동이계 사람들뿐 아니라 화하계 국가 사람들 또한 많이 이주하게 된다. 진(秦)나라가 망하고 한(漢)나라가 세워진 후 얼마 뒤에 한나라는 큰 혼란에 빠지는데, 당시 수많은 중국 사람들이 한반도 북부에 있던 '조선'으로 밀려들었다는 기록이 《후한서》에 있다.

따라서 BC 3세기 중국 전국시대의 마지막 혼란기에 한반도와 만주에는 전례 없는 다양한 문화를 가진 사람들이 중국에서 이주해와 원주민과 융합되었음을 알 수 있다.

부여의 한국사에서의 위치

만주 지역의 예맥 부여를 점령한 새로운 부여는 이전 부여와 구분하여 북부여라 부르는데, 이 북부여는 한국 역사에서 중요한 위치를 차지하고 있다. 왜냐하면 한국 고대사의 핵심 국가인 고구려와 백제가 모두 자신들이 이 북부여에서 갈라져 나왔다고 밝히고 있기 때문이다.

실제로 고구려는 언어나 여러 가지 풍습에서 부여와 같았고, 백제역시 부여, 고구려와 풍습이 비슷했으며, 국호마저 북쪽에서 남하한 부여라는 뜻의 남부여로 바꾸게 된다. 이들 부여, 고구려, 백제, 그리고 동부여(동예, 왜, 진국)와, 기자조선(흉노)의 영향을 많이 받은 신라(진한)는 모두 고대 상(은)나라를 포함한 중국 동부의 '동이'의 풍습을 많이 간직한 나라들이었다.

II. **동이**의 특징

1
해를 숭배한 문명인 '구리'

치우의 나라 '구려(구이, 구리)'의 의미

후대에 구이(九夷)로 불리던 동이 국가 구려(九黎)의 어원에 대해 생각해 볼 필요가 있다. '구려'가 중요한 것은 후대 한반도 북부에 세워지는 고구려(구려, 구리)와 관련이 있기 때문이다.

먼저 구이와 구려 앞에 쓰인 九(구)자를 살펴보면, 현재는 이 글자가 '아홉'이라는 의미로 쓰이고 있지만 이 글자를 만들어 낸 상나라(BC 1600~BC 1046) 당시에는 '고리(ring)'라는 의미로 사용되던 글자였다.

AD 100년 고대 한자를 풀이한 유명한 자전인《설문해자(說文解字)》에는 九(구)자를 "태양의 변형된 모습으로 구부러짐이 다한 형상이다."라고 설명하고 있다. 九(구)자가 태양 형상의 구부러진 고리라는 설명이다. 그렇다면 '고리' 형상의 이 九(구)자는 어떤 형태의 물건을 묘사한 것일까?

고대 동북아 민족들 사이에 옥으로 된 반짝이는 태양 모양의 '귀고리'는 매우 신성한 장신구였다. 이 귀고리는 한반도뿐 아니라 동아시아 전 지역에서 발굴되고 있는데, '태양의 빛'을 상징하는 '옥빛'과 태양의 동그란 모습을 형상화한 동그랗게 구부러진 모습은 '태양 형상의 구부러진 고리'를 뜻하는 九(구)자의 설명과 일치한다.

따라서 위의 사실들을 종합해 볼 때 필자는 九(구)자의 원형이 고대세계 태양을 숭배하던 동이족 왕(제사장)의 상징적 장신구였던 동그란 귀고리 모양의 '고리'에서 시작한 것으로 보고 있다.

요하 유역에서 발굴된 고대 부족장 유골. 귀와 손목에 옥으로 된 고리를 차고 있다. 〈출처: 곽대순(郭大順), 《홍산문화》〉

이 옥귀고리는 중국 측 주장으로 볼 때 약 8,000년 전 이후 고조선이 들어서는 땅인 요하 유역에서 발전해 한국, 일본, 중국 등으로 퍼진 동이족의 상징적인 물건이었다.

조선시대 유명한 학자인 이율곡은 본명이 이이(李珥)였는데, 이때 이(珥, 귀고리 이)는 옥으로 된 귀고리를 뜻한다. 옥귀고리는 고대로부터 귀한 물건이었기 때문에 이율곡의 이름에 사용된 것으로 볼 수 있다. 이 옥귀고리 '이(珥)'라는 글자에는 아직도 '햇무리'라는 뜻이 포함돼 있는데, 이렇게 이 옥귀고리는 '빛나고 둥근 해'를 상징하고 있음을 알 수 있다.

한 가지 연구가 필요한 것은 한국 동해안 지역에서 발견된 이 태양을 상징하는 옥귀고리가 중국 옥기의 최초 발생지인 요하 유역의 옥귀고리와 비교해 볼 때 시기적으로 같거나 빠르다는 점이다. 이러한 사실은 당시 요하 유역과 한반도 사이에 깊은 문화적 유대가 있었음을 뜻한다.

한반도와 중국 요서 지역은 문화발전 단계가 중원에 비해 가까운 지역이었다. 신석기시대 옥장식의 시기가 옛 고조선 지역인 요서와 한반도에서 거의 같은 시기에 나왔듯이 청동기 역시 한국에서 요서지역 청동기시대와 비슷한 시기인 BC 3000년경 유물이 발굴되고 있다(단국대 복기대 교수, 2002). 이는 동아시아에서 가장 이른 시기의 청동 유물이기도 한다.

BC 3000년경은 중국에서 아직 청동기시대가 시작되기 전인데, 이 시기의 청동기가 요하 서쪽(요서) 지역에서 발굴되고 있다는 사실은 중원 청동 문화의 시작인 용산 문명이 이 지역(요하 유역)에서 기원해 중원에 퍼졌음을 뜻하기도 한다.

이렇게 구이(九夷)나 구려(九黎) 앞의 구(九)자는 '태양처럼 빛나는 옥이나 구리 등으로 만든 빛나는 동그란 고리'를 상징한다고 할 수 있으며, 이는 태양을 숭배하던 동이족의 신앙을 반영한 것이다.

한편, 구이(九夷)의 이(夷), 구려(九黎)의 려(黎)는 모두 고대에 '사람(들)'을 의미하던 글자였다. 따라서 구려, 구이의 뜻을 분석해 보면 모두 '태양고리를 찬 사람들'을 뜻한다고 할 수 있다.

구려(구리)와 고구려(고구리)

고대 중국에서 최초로 문명다운 문명을 이룬 약 5,000년 전 용산 문명의 구려(九黎)와 후대 한반도 북부, 만주에 들어서는 2,000여 년 전 고구려의 초기 국호인 구려(句驪)가 같은 음과 뜻을 가지고 있다는 점은 흥미로운 사실이다.

구려(九黎)와 구려(句驪)두 나라의 앞 글자 九(구)와 句(구)는 모두 고대세계에 '고리(ring)'를 의미했었고, 뒤글자 黎(려)와 驪(려)는 모두 '검다'라는 뜻을 가진 글자로서 두 나라의 국호는 발음과 뜻이 일치하고 있다.

비록 서로 다른 한자로 표기하고 있지만 두 국호 사이의 음과 뜻이 일치하는 점은 우연으로 넘기기 어려운 부분이 있다. 실제로 고구려의 건국 세력은 발굴되는 유물(토기, 석기, 청동기, 철기 등)나 문화적 풍습(흰색을 숭상, 술을 좋아함, 왕위를 형제에게 물려줌, 귀신을 믿고 제사 지냄, 성 안 사람과 성 밖 사람에 대한 구분) 등 여러 면에서 동이 문화 요소가 강한 나라였으므로, 고대 중원의 구려(九黎)와도 관계가 깊은 나라였음을 알 수 있다.

〈구려(九黎)와 고구려의 비교〉

국호	九黎(구려)	句驪(고구려)
시기	BC 2800(?)~BC 3세기(?)	BC 37 ~ 668
건국 장소	중국 중부, 동부	만주, 한반도 북부
한자 음	구려(또는 구리)	구려(또는 구리)
한자 뜻 (갑골문 기준)	九(구): 고리 黎(려): 검다(또는 많은 무리)	句(구): 고리 驪(려): 검은 말

그런데 왜 '동이' 사람들을 중국 사람들은 '고리'와 '검다'라는 의미를 가진 한자로 명명했을까?

동이족 왕의 상징인 귀고리 모양의 고리(옥결)는 당연히 태양을 숭상하던 동이(구려)의 상징이 될 수 있을 것 같은데, 왜 '검다'라는 뜻이 포함이 되어 있는지 의아한 면이 있다. 이와 관련해 다음과 같은 추리가 가능하다.

동이 민족은 '곰'과 관련이 깊은 민족이다. 단군신화에 천상족을 상징하는 환웅과 지상족을 상징하는 곰(웅녀)이 만나 고조선을 건국했다는 이야기가 있다.

실제로 중국 동북 지역에서 기원한 동이족에게 곰은 태양과 더불어 숭배의 대상이었음이 현재 동이족의 기원지인 요하 유역에서 발굴되는 약 5,000년 전에 제작된 태양 모양, 곰 모양 옥 장신구로 증명이 되고 있다(BC 3400~BC 2300 홍산 문화 시기).

이들 천상족과 지상족은 숭배하는 색 또한 달랐을 것이다. 태양을 숭배한 천상족(환웅족)은 해의 색인 '흰색'을 숭배했을 것이고, '곰'을 숭배한 지상족(웅녀족)은 '검은색'을 숭배했을 것이다.

중국의 대표적 동이 문명인 중원과 산동 지역의 용산 문화(BC 2800~BC 2000)는 중원 원주민 문화인 앙소 문화의 채색된 토기(彩陶)와 구분되는 '검은색' 토기(黑陶)를 사용한 것이 가장 큰 특징이다.

동이(구려)의 후예로 볼 수 있는 고구려에서는 '검은 깃발'을 사용해 자신들의 군대를 상징하기도 했으며, 고구려를 포함해 중국 동부의 동이 지역에서는 세 발 달린 '검은 새'인 까마귀(삼족오)를 숭배하기도 했다. 따라서 당시 중국에 오래전부터 있던 원주민들(화하족)에게 '동이'사람 하면 가장 쉽게 떠오르는 모습이 '태양을 상징하는 귀중한 고리를 귀에 건 사람' 그리고 '검은 색을 숭상하는 사람들'이었을 것이고, 이러한 인식이 당시 중원의 피지배민족, 즉 앙소 문화권 사람들(화하족 선민)에 의해 '고리'와 '검다'를 뜻하는 '구려(九黎)'라는 한자를 사용해 그들을 지칭한 것으로 추정할 수 있다.

중국에서 동이 문명권으로 나누는 지역은 크게 두 지역이다. 하나는 BC 1600년경 중국 동북에서 내려와 중원을 정복하고 들어선 국가인 상나라(상나라)로 대표되는 태양의 색(흰색)을 사모한 민족이고, 다른 하나는 상나라 성립 이전 치우의 구려(九黎)로 대표되는 용산 문명을 이어받은 동부 해안 지역의 구이(동이) 세력이었다.

그런데, 이 중 우리가 흔히 '동이(구이, 구리)'로 일컫는 사람들은 중원에 있던 상나라 사람들이 아니라 상나라를 이은 주나라와 700년 이상 대립관계에 있던 중국 동부 해안 지역의 동이, 즉 구이(九夷)이다.

화하족 국가인 주나라가 상나라를 대체해 건국했기 때문에 동이가 지배하던 상나라를 '동이(구이)'라 부르지는 않았다. 중국인들이 동이(구이, 구리)라 부르던 사람들은 사실 중국에서 진시황이 대륙을 통일하던 시기(BC 221)까지 중국 동부에서 강한 세력을 유지하던 '구이', 곧 구려의 후예였다.

구려(구리)의 바른 의미

그런데 정작 4,800여 년 전 구려(九黎) 사람들은 과연 '고리, 검은색'의 의미를 담아 스스로를 호칭했을까? 그렇지 않다. 중원을 정복한 구려는 한자를 만든 상나라보다 1,000년 이상 이전의 나라이기 때문에 '九黎(구려)'라는 한자 명칭은 구려가 중원을 정복할 당시인 4,800년 전에는 존재하지 않았다.

다만 그 나라에 대한 역사를 들어온 상나라 이후 중원 사람들이 구려를 음이 비슷한 한자인 九黎(구려)로 '임의적'으로 호칭했을 뿐이다. 즉 '구려'는 동이 사람들이 자신들을 호칭하던 고유어를 후대에 중국인들이 한자로 표기한 것이라 할 수 있다. 현재도 중국에서 외래어를 표기할 때 의미를 최대한 살려 음역하듯이 고대 중국에 살던 사람들 역시 구려라는 외국인들을 그들의 특징을 담아 후대에 한자로 표기했을 것이다.

따라서 당시 구려의 피지배 민족이었던 남방계 중원 원주민(하족) 입장에서는 동이족(구려족)을 '고리를 찬 검은 색을 숭상하는 백성'이라는 의미로 지칭했겠지만, 실제 동이족 입장에서는 그러한 뜻이 아닌 스스로를 '구루이(구리, 구이, 굴히 Kul hee)'라고 불렀을 것으로 본다.

'구루이(굴이)'란 '고리처럼 둥그런 성 안에 사는 문명화된 태양을 숭배하는 사람들'이라는 뜻으로 해석이 되는데, 구루이에서 '구루(溝婁)'는《삼국지》기록대로 고구려(구리) 말 중 벽으로 둥글게 둘러싼 '성(城)'을 의미했고, '이(夷)'는 지금 우리도 '사람'의 의미로 쓰고 있듯이 고대 갑골문에도 '사람(人)'의 뜻으로 사용되었다.

이 성, 국가를 뜻하던 '구루(굴)'라는 말은 고구려, 백제, 신라의 지명과 인명에서 많이 볼 수 있는데, 한자로는 골(骨 중국어로 구) 또는 홀(忽)로 기록된다. '골'과 '홀'은 같은 의미의 고유어로서, 예를 들면 신라 조분왕의 아버지 골정(骨正)을 홀쟁(忽爭)으로 표기하고 있다. 원나라 세조 '쿠빌라이(1215~1294)'를 중국어로 '홀비열(忽必烈, 후비리에)'라고 부르는데, 이 역시 '忽(홀)'이 13세기까지도 중국에서 '쿠'로 발음되었던 사실을 말해 준다.

'골'과 '홀'은 한국 고대 역사서에 자주 등장하며 대개 '국가(國)'나 '성(城)'을 뜻한다.

《삼국사기》에는 이 고유어 '골(홀, 곡)'으로 된 지명을 보면 다음과 같다.

《삼국사기》에 '지명'으로 등장하는 골(骨), 곡(谷), 홀(忽)

신라	비열홀(忽), 달홀주(忽), 마골점(骨), 벽골지(骨)
백제	미추홀(忽), 매소홀현(忽), 매추홀(忽), 대곡군(谷), 다지홀(忽), 수곡성(谷), 매단홀(忽)
고구려	마홀군(忽), 흘승골성(骨)

이들 지명을 뜻하는 '골', '곡', '홀'은 중국어로 '구' 또는 '후'로서, 동이 고유어이자 '성(城)'을 뜻하는 '굴(구리)'을 뜻한다고 볼 수 있다.

또한 현재 오랑캐를 뜻하는 '夷(이)' 자는 상나라 당시(BC 1600~BC 1046)에 '큰 사람(大人), 성인(成人)'의 의미로 사용되던 글자이다. 현재 우리가 어린 사람을 '어린이', 이 사람을 '이 이'라고 하듯이 고대 중원 동이 사람들도 스스로를 '이'라 자처하며 자랑스러운 뜻으로 사용했다('夷'와 관련한 자세한 내용은 다음 장에 설명). 이 '이'자가 성이나 국가를 뜻하는 구루(굴)와 합쳐지면 '구리(굴히)' 또는 '고리'가 된다.

중국 역사서에 나오는 구려(九黎), 구려(句驪), 구려(句麗), 고려(高麗) 등의 국명에 보이는 려(黎, 驪, 麗)는 현재 중국에서 모두 리(li)로 발음하고 있고, 고려(高麗)의 려(麗)자는 "나라 이름으로 쓰일 때는

'리'로 읽어야 한다."라는 것이 1990년 이전에 나온 대부분 자전의 공통된 풀이이다.

따라서 옛 한국인들은 전통적으로 고구려를 '고구리'로 발음했음을 알 수 있다. 고구려의 시조 주몽(동명성왕)의 고향이 '고리(稾離)'였고, 북방계 국가에 속하던 마한 연방국 중에도 고리(古離)라는 국가가 있었던 사실도 국호에 '리(이)'를 붙이던 동이의 풍습을 설명하고 있다.

이와 같은 맥락을 따져 볼 때 '黎(려), 驪(려)' 역시 국호를 의미할 때는 '리'로 발음하는 것이 옳다.

'태양의 사람'을 뜻하는 '이'

이렇게 동이 국호 '구리(고리)' 뒤에 붙는 '리'는 'ㄹ이'를 줄인 말로서, 원 발음인 '굴히(구루히)'에서 파생된 말이며, '굴히(굴이)'의 뒷부분 '이(히)'는 동이(예족) 고유어로 태양과 관련 있는 '해(曦 햇빛 희)', 또는 '해의 사람(夷 온화할 이)'이라고 해석된다.

학자들은 동이계 국가인 상나라나 고구려에 공통적으로 성 안의 사람(지배층)과 성 밖의 사람(피지배층)에 대한 구분이 있었다고 한다. 상나라, 고구려와 풍습이 유사하던 부여에도 지배층과 피지배층간에 차이가 있었다.

예나 지금이나 '도시(성)'는 문명화의 상징이다. 성으로 둘러싸인 도시에 사는 사람들은 농사를 짓지 않고도 먹고 살 수 있는 권력과 부를 가진 사람들이었다.

고대 중국 대륙을 정복한 정복 민족인 동이 민족은 도시민(문명인)을 상징하는 '성(城)' 안에 살았기 때문에 '성 안 태양족 사람'이라는 호칭인 '굴히(구리, 구이)'라는 보통명사로 원주민들에게 불리게 되며, 그러한 '구리' 사람들을 이후 중원을 되찾은 화하사람들이 '동쪽 사람들(동이)'로 부르면서 자연스럽게 보통명사가 된 것으로 볼 수 있다.

2 | '해'에서 시작된 한국 고대국가들의 국호

구루이, 구리, 구이에 공통적으로 들어가는 사람을 뜻하는 '이'는 일반적인 사람이 아닌 '태양의 사람'을 뜻한다.

한국에서는 희고 거룩한 '태양' 또는 '태양의 사람'을 '이(Yi)', '예(Iee)', '해(Hae)', '희(Hui)' 등으로 불렀고, 일본에서는 '이(Yi, 委, い)', '히(Hee, 日, ひ)'등으로 불렀다.

중국 사람들은 이 동이족의 '해'라는 민족 호칭을 '이(Yi, 夷)', '후이(Hui, 濊)', '웨이(Uei 委)' '워(Uo 倭)'라고 불렀는데, 모두 '오랑캐, 더럽다, 야만스럽다, 난쟁이' 등의 뜻을 가진 한자로 비하해 표기한다. 중국 사람들이 해를 숭상하는 '해(이)' 사람들을 좋지 않게 부르는 이유는 그만큼 역사적으로 해(이)족 사람들과 많은 갈등이 있었기 때문으로 볼 수 있다.

동이의 후예인 한국과 일본에서는 전통적으로 이 '해'를 국호로 사용하고 있다. 예를 들면 한국에서는 예(동예), 구리(고리, 구려, 고려), 발해 등이 있으며, 일본에는 위(委, 倭), 일본(日本)이 있는데, 모두 '해'를 뜻하는 국호이다.

'부여'는 '해'

'부여(夫餘)'의 한자적 의미는 '지아비가 남다'라는 말로 국호로는 전혀 어울리지 않는 명칭이다. 이는 '부여'라는 국호가 고유어를 한자로 임의적으로 음차한 국호임을 말한다.

그렇다면 '부여'는 원래 어떤 의미일까? 여러 학설이 있지만 필자는 '해', 또는 해의 색인 '흰 색'을 뜻하는 고유어 '희'를 뜻한다고 본다. 부여는 중원의 상나라(은나라, BC1600~BC 1046)를 이은 국가라고 볼 수 있을 만큼 상나라와 유사한 점이 많은데, 앞서 언급했듯 현재 중국에서는 상나라의 국호가 '상'이나 '은'이 아니라 '위(衛)'였음을 밝히고 있다.

"은나라 사람들의 국호는 본명이 '위(衛)'로서, 그 발음은 '의(衣)'라고 읽어야 한다."[18]

부여(夫餘)의 국호 역시 은나라 국호인 '위(衛)'나 '의(衣)', '희(이)'와 발음이 비슷해 중국어로 '후위(Fuyu)'로 발음된다. '부(夫, fu)'는 현재 우리 발음에는 없는 'F'발음으로 시작하고 있다.

부여 왕이 사용하던 부여의 공식 국호인 '예(濊)'는 중국어로 '휘

---

18) 왕은전(王恩田), 〈석복사은인국호고(釋卜辭殷人國號考)〉, 《중원문물(中原文物)》, 2009, 제6기.

(hui)'로 발음되며, 기원전에 부여를 일컫던 '왜(倭)'자는 중국어로는 'wei(웨이)', 《훈몽자회(訓蒙字會)》(1527년 편찬)에서는 '위'로 발음되기도 한다. 이는 모두 '왜(倭)'라는 글자가 상나라의 국호 '위(衛)'와 관련이 있다고 해석할 수 있는 부분이다.

《논어정의(論語正義)》19)에서는 부여(夫餘)를 '부유(鳧臾)'로 기록하고 있는데, '부유'는 중국어로 '후위(fuyu)'로 읽힌다. 이는 부여의 일반적인 표기인 '夫餘(부여)'의 발음인 '후위(fuyu)'와 발음이 같다. 이 '후위(fuyu)'는 부여의 또 다른 국호인 '예(濊)'의 중국식 발음인 '후이(hui)'와도 관계가 깊다.

이러한 사실들을 토대로 보면, 부여(후위), 부유(후위), 예(후이), 왜(웨이)는 모두 같은 '해(희)'와 관련된 호칭임을 알 수 있다.

고대 왕들은 국명을 자기 성씨로 사용한 경우가 많다. '은나라(상나라)'는 중국인이 시조로 받드는 황제(黃帝)를 조상으로 여기던 나라로, 황제와 그의 후손들(소호, 전욱, 제곡 등)은 모두 성씨가 '희(姬, 고대 중국발음은 이(怡))'였다. 따라서 필자는 그들의 후손들이 다스리던 국가의 국호 역시 '희(이)'와 관련이 있을 것으로 본다. 동부여 왕 해부루와 그를 몰아낸 북부여의 왕 해모수가 모두 '해(解, 海)'를 성으로 썼던점은 부여가 하늘의 '해(희)'를 국호로 정한 사실을 뒷받침하고 있다. 이는 원래 '해'씨 였던 주몽이 고구려를 세우고 난 뒤 자신의 성을 국호를 따라 '고'씨로 바꾸거나, 백제의 왕족들이 부여의 정통을 계승했다는 의미의 '부여', '여'를 성씨로 삼은 경우와 상통한다 할 것이다.

부여라는 국호의 시작은 BC 3세기부터 기록에 보이는데, 당시 부

---

19) 중국 송나라(960~1279) 때 《논어》를 주석한 책.

여를 방문했던 중국 관리가 부여 사람들이 자신들의 나라를 '희'라고 부르는 것을 보고 이와 비슷한 발음을 골라 국호를 '후위(Fuyu)'라고 음역하면서 '부여'의 국호가 생기게 된 것으로 추정된다. 따라서 부여에서 해모수계 사람들에게 쫓겨나 동쪽으로 이주한 '동예'는 해부루가 해모수에 의해 쫓겨나 건국한 '동부여'와 같은 나라인 것도 이를 통해 유추할 수 있다. 동예와 동부여가 410년 한 해에 고구려에 멸망했다는 사실과 중국 역사서에는 동부여라는 국호가 나오지 않는 점은 '동예'와 '동부여'가 같은 나라임을 말하고 있다.

'해(희)'는 비단 국호로만 사용된 것이 아니라 이름에도 사용되었다. 신라에는 자신을 고구려에 볼모(인질)로 보낸 내물왕(나물왕)에 원한을 품은 왕이 있다. 바로 실성왕인데, 그는 왕이 되자 내물왕(나물왕)에 대한 보복으로 그의 아들 미사흔을 왜국에 볼모로 보낸다. 그런데 실성왕이 왜국에 보낸 미사흔은 이름이 하나가 아니라 한국과 일본 사서에 여러 이름으로 기록돼 있다. 그 이름을 분석해 신라시대에 '해'가 어떻게 발음되었는지 추측할 수 있다.

미사흔의 여러 한자 이름	분석
미사흔(未斯欣)《삼국사기》 미흔(未欣)《삼국유사》	미 ㅅ 흔
미질희(未叱希)《삼국유사》	미 ㅈ 희
미해(美海)《삼국유사》	미 해
미토희(未吐喜)《삼국유사》	미 ㅌ 희
미질허지(微叱許智)《일본서기》	미 ㅈ 허 (智는 大人)
미질기지(微叱己知)《일본서기》 * 미질이지(微叱已知)의 오기로 보임	미 ㅈ 이 (知는 大人)

상기 이름들은 모두 내물왕의 아들 미사흔을 일컫는 말인데, 공통으로 들어간 '미(未, 美, 微)'는 의미가 정확하지 않다. '미'와 이어지는 사잇소리 ㅅ(사), ㅈ(질), ㅌ(토)는 '~의'로 해석된다. 그리고 맨 뒤에 오는 '흔, 희, 해, 희, 허, 이'를 보면 모두 비슷하게 발음되는데, 이 비슷한 발음들은 무엇을 뜻할까?

상기 이름들 가운데 '미해'의 '해(海)'를 보면 힌트를 얻을 수 있다. 부여(예, 희) 땅에 부여와 고구려를 이어 새로 들어서는 나라인 '발해(渤海)'라는 나라가 있었다. 대진국으로도 불리던 이 '발해'의 의미는 '밝은 해가 비치는 나라'라는 뜻으로 해석된다[공명성, 〈조선 역대국호 연구〉(2003)].

따라서 발해의 '해'는 '해(태양)'를 의미하지 한자의 의미처럼 '바다(海)'를 의미하지 않는다. 만일 '발해'의 해가 '바다'를 뜻한다면 대진국 발해(渤海)의 한자적 의미가 '안개가 자욱한 바다'라는 의미가 되어 국호로는 적당하지 않게 된다.

이렇게 한국에서 인명과 국명 뒤에 쓰이던 '해'는 태양을 뜻하는 고유어 '해'라는 것을 알 수 있고, 이를 통해 미사흔 왕자의 본명 중 '해' 대신 기록된 '흔, 희' 역시 '해'를 의미함을 알 수 있다.

이렇게 '희'가 '해(日)'와 같이 사용되었다는 사실을 통해 미사흔의 이름 중 사용된 '희'와 부여 국호의 원주민 발음이었던 '희(휘, 후위)'가 모두 '해(日)'를 의미했었던 사실을 유추할 수 있는 것이다.

밝은 해 '백제'

부여의 후예들이 남하해 마한 땅에 세운 '백제' 또한 '밝은 해(또는 사람)'라는 뜻으로 만들어지게 된다. 백제 사람들은 자신들이 부여의 후예라고 밝히고 있는데, 부여 사람들이 태양의 '밝은 빛'인 '흰색 옷'을 입던 사람들로, 부여의 후예인 백제 사람들 역시 '흰옷'을 입었다. 중국 《양서(梁書)》에 백제 사람들이 "키가 크고 옷이 깨끗하다."라고 기록돼 있는데, 이는 백제인들이 부여인과 같이 키가 크고 흰옷을 입었음을 뜻한다.

그들은 한반도 중부 마한 지역에 정착하면서 국호를 '밝은(흰) 해 (사람)의 나라'라는 의미를 담아 '박지'라 불렀으며 그 음을 한자로 표기할 때 초기에는 '백제(伯濟)'로 음역해 표기하다가 후대(4세기 이후)에는 '백제(百濟)'로 표기한다.

백제가 '박지(밝은 나라)'에서 비롯되었다는 근거를 들자면 다음과 같다.

백제의 초기 국호인 '伯濟(백제)'의 한자적 의미를 해석해 보면 '맏이(우두머리)가 건너다'라는 말로, 국호로서는 적당한 의미가 아니다. 특히 백제의 伯(백)은 한국 고유어를 음역할 때 '맏이(우두머리)'라는 뜻이 아니었음은 고구려 신대왕(165년 즉위)의 이름을 '백고(伯固)' 또는 '백구(伯句)'로 부른 사실로 알 수 있다. 신대왕은 맏이(장남)가 아닌 막내로 태어났는데 이름에 '백(伯)'을 넣은 것은 '백(伯)'이 '맏이'라는 의미가 아닌 동이족 고유어였음을 말한다.

한국 고유어와 중국어 발음을 참고해 '백제'를 해석하면 '백'은 '박', 즉 '밝음'을 의미하고, '제'는 '지(ㅈ이)'로서 '~한 이(사람, 해), ~한 나라'를 뜻한다.

중국어에서 제(濟)는 지(ji)로 읽히는데, 이 '지'는 '높은 사람' 또는 국가를 의미하던 한국의 고유어이다. 백제왕의 호칭인 건길지(鞬吉支)의 '지', 고구려의 장수 을지문덕(乙支文德)의 '지', 연개소문의 관직명 '막리지(莫離支)'의 '지', 《양서》에 기록된 신라의 관직명 '자분한지, 제한지, 알한지, 일고지, 기패한지' 등의 '지'에서 보이는 '지(支)'는 모두 '옥홀을 들고 있는 권세자(支)'의 의미이다.

'지(~ㅅ이)'가 '권력자(사람)'로 해석되는 예는 신라에서 190년 좌군주로 임명된 설지(薛支)가 설부(薛夫)로도 기록되는데, 설지(薛支)의 '지(支 가지)'는 설부(薛夫)의 '부(夫)'와 같은 말로서, '지'가 고대 귀족을 의미하던 '부(夫)', 즉 '권세자(사대부)'임을 설명하고 있다.

이 '권세자' 또는 '해의 사람'을 뜻하는 '지(ji)'는 사람에게만 사용된 것이 아니었다. 서기 572년에 신라에서는 진흥왕 당시 국가가 크게 흥해 연호를 '홍제(鴻濟)'로 정하고 그 뒤로 12년 동안 사용한다. 백제가 '박지'로 읽히듯이 홍제 역시 '홍지'로 읽히는데, 그 뜻은 '큰 새(홍)의 나라(지)'이다.

'鴻濟'를 직역하면 '큰기러기가 물을 건너다'라는 말로 한자적 의미로 해석하면 연호로 적당하지 않지만, '큰 새의 태양(나라)'이라고 보면 연호로서 뜻이 적당한다.

한국 고유어의 '새'는 조류를 뜻하기도 하지만 '새로움'을 뜻하기도 한다. 그러므로 '큰 새의 태양(해)'은 '크게 새로운 나라(해)'를 의미하고, 이 '새로운 태양의 나라'는 '신라(新羅)'라는 국호와도 같은 의미로 해석된다(신라국호에 대한 설명은 추후 상세 설명).

여기에서도 '제(濟)'는 '지'로서 신라의 왕이나 귀족들 이름 뒤에 붙는 '지(知, 智)'처럼(예, 법흥왕의 이름인 모즉지 또는 무즉지, 이사부 장군의 다른 이름인 이사부지), '높은(태양의) 사람(이)' 또는 마한 연방국인 '목지국, 궐지국'의 '지'처럼 '높은(태양의) 나라'로 해석된다.

백제 국호가 '10여 명(가문)이 바다를 건너왔다'는 의미의 '십제(十濟)'에서 '100여 명(가문)이 바다를 건너 왔다'는 의미의 '백제(百濟)'로 바뀌었다는 설이 있다(삼국사기). 그러나 이 설명은 '백제'의 '백(百)'을 감안해 그 이전 작은 나라 이름을 '십제'로 인위적으로 만든 것으로 볼 수 있다.

백제(百濟)의 시조 온조가 한강 유역으로 남하한 시기(BC 1세기경) 즈음에 기록된 중국 사서인 《후한서》(1세기~3세기 내용을 기록함)에는 '십제'라는 국명이 보이지 않는다.

대신 백제(百濟)로 볼 수 있는 마한 연방 국가 중 하나가 기록돼 있는데, 일백(100)을 뜻하는 '百'을 사용한 국호 '백제(百濟)'가 아닌 '맏이, 우두머리'를 뜻하는 '伯'을 사용한 '백제(伯濟)'로 표기하고 있다. 이는 백제의 '백(伯, 百)'이 '일백(100)'을 뜻했던 것이 아님을 말한다.

백제는 '부여'에서 갈라져 온 나라로, 부여는 기층 민족 예인들을 지배층 맥인이 지배하던 나라였기 때문에, 백제 역시 '맥인'들이 지배층으로 있던 나라였음을 추정할 수 있다.

'맥인'의 '맥'은 중국 사람들이 흰옷을 입는 동북방 동이 사람들을 고대 흰색 털을 가진 동물인 '貊(맥, 흰 동물)'으로 비하해 비유했던 호칭이다. 따라서 중국 동북방 맥족이 흰색을 숭상했음을 알 수 있는데, 흰색을 숭상한 맥족 사람들이 한강 유역에 국가를 세우고 자신들의 국호에 '밝음'을 뜻하는 고유어 '박'을 한자로 바꿔 '백(伯, 百)'으로 추가하게 된 것으로 본다.

주로 고구려 사람을 일컫던 맥인의 기원은 멀리 BC 11세기에 중원에서 망한 상나라까지 이어져 있다. 상나라는 여러 차례 그 수도를 옮기면서도 수도명은 그대로 '박(亳)'이라고 불렀다. 따라서 상나라, 부여와 관계 깊은 백제인 역시 국명에 '박(백)'을 넣게 된 것으로 볼 수 있다.

고대로부터 중국인들은 중국 동북 지역에 사는 '유목민이 아닌', '농사를 지으며 성에 사는 사람들'을 '예맥'으로 불러왔다. 중국인들은 이 '예맥'의 별칭으로 '백민(白民)', '박인(亳人)', '발인(發人)', '박인(薄人)' '박고인(薄姑人)' 등으로 부르기도 했다.

이는 그 지역 사람들(동이, 예맥인)이 모두 '밝음(白)'을 자신들의 대표적인 호칭으로 불렀기 때문에 이를 듣고 중국인들이 '백, 박, 발, 박고' 등으로 기록한 것이다. 이러한 점들을 감안할 때 백제는 박지, 즉 '밝은 사람(태양, 나라)'를 뜻한다고 볼 수 있다.

새와 태양의 나라 - '신라'

신라는 서기 503에 '신라'라는 국호가 확정되기 전에 신로, 사라, 서나(벌), 서야(벌), 서라, 서벌, 계림 등으로 다양하게 불렸다. 이렇게 다양한 이름이 있는 이유는 '고유어'를 한자로 '음차'했기 때문이라고 해석할 수 있는데, 그럼 '사라', '서라', '서야' 등으로 불리던 고유어는 무엇을 뜻할까?

먼저 '사라', '서라', '서나', '서야' 등의 국호 앞에 붙는 '사(斯)', '서(徐)'를 해석해 보면 다음과 같다. 국호 앞에 사용된 '사(斯)', '서(徐)'는 중국어로 각각 '스', '쉬'로 발음이 되는데, 우리 고유어 중 이 발음과 유사한 음을 가진 단어는 '새'라고 볼 수 있다. 한자 발음에 '새'라는 발음이 없기 때문에 '새'를 '스(斯)', '쉬(徐)'등으로 음역한 것이다. 한국어에 '새'의 뜻은 날아다니는 '새(bird)'와 새로움을 뜻하는 '새(new)'로 나눌 수 있다. 신라의 국호에 사용된 '사(斯)', '서(徐)' 역시 '새(bird)'와 '새로움(new)'의 의미를 갖는다.

이는 고유어 국호인 사라, 서라를 한자로 뜻을 담아 표기할 때 신로(新盧) 또는 신라(新羅)로 표기하는 것으로 알 수 있다. '신(新)'은 '새롭다'는 뜻이므로, 이에 대응하는 '사라', '서라'의 '사', '서'는 우리 고유어 '새(new)'를 의미함을 알 수 있다. 또한, 신라를 계림(鷄林)이라고도 부르는데, '계(鷄)'는 '새벽을 알리는 새'인 닭을 뜻한다. 즉, 신라의 '신(新)'과 계림의 '계' 모두 '새로움' 또는 '새로운 새벽을 알리는 새'의 의미로, '사로', '서야' 등의 국호 앞에 있는 '사', '서'의 의미가 '새(bird)' 또는 '새롭다(new)'라는 사실을 밝히고 있다.

중국 동부, 만주, 한반도에 널리 퍼져 있던 동이 민족은 태양을 숭배한 민족으로 태양이 떠오르는 것을 가장 먼저 알리는 '새' 역시 태양의 전령으로 여겨졌던 숭배의 대상이었다. 닭을 포함한 텃새들은 해가 뜰 무렵이나 해가 질 무렵에 시끄럽게 우는 습성이 있다. 고대 한국인들에게 해는 '신(神)'과 같은 존재였다. 해를 가장 먼저 맞이하고 해가 넘어가는 것을 알리는 새는 이승과 저승을 연결하는 신의 전령(사신)과도 같았다. 한국, 만주, 아메리카 등의 솟대(신의 기둥 – 신간)', 일본의 신사에 세워진 새 모양 문 도리이(鳥居), 기와지붕 끝의 치미(鴟尾) 등은 고대 동이 민족 사이에 새를 숭배한 증거이다.

고대인과 새: 우리나라에서는 청동기시대부터 새를 형상화한 유물이 발견된다. 이는 청동기시대부터 한반도에 '새'를 토템으로 한 사람들이 대거 유입된 사실을 짐작하게 한다. 삼한시대 유적 중에 다양한 새 모양 토기나 목기, 청동기가 발견되는데, 이는 당시 '새'와 관련된 제사가 행해졌음을 뜻한다. 고대인이 새를 숭배한 이유는 새가 하늘과 땅을 이어 주는 신이라 믿었기 때문이다(조령신앙).

① 신석기시대 중국 북방 지역(섬서성)에서 제작된 새 모양 토기(북경국가박물관)

② 삼한(진한) 1~2세기 제작된 새 모양 토기(경북 경주, 국립중앙박물관)

③ 삼한(마한) 2~4세기 제작된 새 모양 토기. 중국 북방 새 토템 국가인 진(秦)나라 지역 토기(①번 토기)와 같은 유형의 토기가 보인다.(전남 나주, 전남 해남, 충남 서천, 국립중앙박물관)

④ 삼한(변한) 3~4세기 새 무늬 청동기. 가운데 2마리를 포함해 42마리의 새가 새겨져 있다.(경남 고성, 국립중앙박물관)

⑤ 일본 사찰 입구에 세워진 도리이(鳥居). 鳥居(조거)는 '새가 사는 곳'으로, 새 형상을 한 문을 통해 '새'를 숭배한 사실을 알 수 있다.

⑥ 신라시대 제작된 치미(鴟尾). 기와를 얹은 건물의 지붕 끝을 장식하는 데 사용했으며, 지붕의 전체 모습을 새의 날개처럼 보이게 한다.(경주국립박물관)

⑦ 새를 통해 하늘과 소통하고자 했던 마음이 담긴 한국의 솟대(부여역사박물관)

이에 더해 필자는 북방식 고인돌 역시 새 모양을 형상화한 것으로 보고 있다. 넓게 퍼져 있는 덮개돌은 새의 날개를, 그 날개를 받친 긴 돌은 새의 다리를 본떠 만든 것으로 추정한다. 고인돌 중에는 받침이 세 개 달린 것들이 있는데, 이는 동이족이 숭배한 태양에 사는 세 발 달린 까마귀를 형상화한 것으로 본다. 이렇게 '새'를 숭상한 이유는 고인이 새처럼 날아 하늘나라로 올라가길 바라는 마음에서였다.

고대 동이족(고조선) 영역이었던 만주의 심양에서는 7,200여 년 전 새 모양이 새겨진 토템 나무기둥이 발견되어 이를 '태양 새'라 부르며 시의 상징으로 삼고 있다. 이는 아주 먼 고대로부터 동이 사람들이 '새'를 숭배한 사실을 증명하고 있다.

북방 진한(진조선) 사람들이 남쪽으로 이주해 건설한 국가 진한(신라)에 관해 3세기 중국의 기록인 《삼국지》에는 다음과 같이 기록하고 있다.

"큰 새의 깃털을 죽은 사람과 함께 묻는데, 이유는 죽은 사람이 하늘에 오르기를 바라는 마음에서이다."

이렇게 중국 사신이 특별히 기록할 만큼 진한(신라) 사람들의 '새' 숭배는 당시 다른 지역에 비해 두드러진 특징으로 볼 수 있다.

신라 사람들이 '새'를 국호로 내세운 또 다른 이유는 신라 사람들 중에 고대 새를 토템으로 한 소호족 사람들이 많이 섞여 있기 때문이다. 고대 중국 동부에 살던 동이족 가운데 새(봉황)를 토템으로 하던 사람들이 있었다. 이들은 중국 고대 다섯 임금[五帝] 중 하나인 소호를 시조로 삼고 있는데, 신라의 김씨 왕들은 바로 이 새 토템족의 시조인 소호의 후손이라고 밝히고 있다.

> "신라 사람들은 스스로 소호 금천씨의 후손이라 해 김(금)으로 성을 삼았다."《삼국사기》

새를 토템으로 한 소호족 나라들 중에는 3,000년 전 화하족의 주(周)나라가 끝까지 점령하지 못한 중국 동부의 강한 동이족 국가가 있었다. 그 나라의 이름이 '서(徐)'인데 중국어로는 '쉬(xu)'라고 발음한다. 새를 섬기던 동이국가 '서(徐)'의 국호 역시 한자와 별개로 '새(new, bird)'로 해석할 수 있다. 이는 신라를 뜻하는 '서라(徐羅)'의 '서(徐)'와도 관련이 있으며, 신라와 마찬가지로 '새'를 국호로 정한 소호계 사람들의 특성을 반영한 국호이다.

새를 숭배한 동이족(소호족) 국가는 서(徐) 외에도 중국 내륙에 세워진 상나라(BC 1600~BC 1046), 그리고 소호족이 중원에서 서북쪽으로 이주해 세운 진나라(秦, BC 221~BC 206)가 있다. 진나라는 '진시황'이 황제로 있으면서 중국을 최초로 통일한 나라이지만, 통일 전 중원 제국들은 이 진나라를 융적(戎狄, 북방 오랑캐)의 나라로 여기며 무시하기도 했다. 그런데 신라 사람들이 이 '진(秦)'나라에서 망명한 사람들이라는 기록들이 중국 고대 역사서에 등장한다. 이는 신라가 진나라와 같이 '새 토템 민족' 일원이었음을 설명한다.

> "진한(辰韓)은 마한의 동쪽에 있다. 그곳 노인들이 대대로 전하는

바에 따르면, 자신들은 옛날에 진(秦)나라의 고역을 피해 한(韓)나라로 온 사람들인데, 마한에서 그 동쪽 경계 지역을 주어 살게 했다고 한다. 성과 울타리가 있고, 언어는 마한과 다른데, 나라를 '방'이라 부르고, 활을 '호', 도적을 '구', 술을 따르는 것을 '상(觴 술잔)을 행한다.'라고 하고, 서로를 부를 때 '도'라고 부르는 것이 진(秦) 나라와 비슷한 면이 있다.'《삼국지》

이렇게 조상 대대로 새를 숭배해온 풍습을 반영해 신라 사람들은 국호 앞에 '사', '서', '신', '계' 등 '새롭게' 떠오르는 태양, 또는 새로운 태양을 맞이하는 '새(鳥)'를 사용하게 된다. 다만 중국어(한자)에 '새'라는 발음을 표기할 수 있는 글자가 없기 때문에 '스', '쉬' 등으로 발음되는 '사(斯)', '서(徐)'라는 한자를 빌어 표기했다.

다음으로 '사라, 서라, 서나 서야, 신로' 등의 호칭 뒷부분에 있는 '라, 나, 야, 로' 등은 무엇을 의미할까? 이와 관련해 주목할 만한 연구가 있다.

- 한국(韓國)'에서 '한'은 상고시대에 '간'으로 읽혔고, 그 이전 고대에는 가라(kara), 가나(kana)로 발음했는데, 이를 한자로 옮긴 것이 韓(한), 한 馯(간)이다.(정연규)

- '한'은 '하나'를 의미하며, 원래는 '하라'에서 온 말로서, '하라'는 '처음'을 뜻하는 고구려어 '하'와 '태양'을 뜻하는 '라'가 결합된 말이다. 즉 '한'은 '처음 해'를 뜻한다고 할 수 있다.(박현)

• 《일본서기(日本書紀)》에 등장하는 한반도의 '진국(辰國)'과 '한국'은 모두 '태양의 나라'라는 뜻이라고 한다.(박병식)

　　　　　　　　 - 박정학, 〈한민족의 형성과 얼에 대한 연구〉

위의 학자들이 연구에서 밝혔듯 '라, 나' 등이 '태양'을 의미하는데, 태양은 동이족 사람들이 국가를 지칭할 때도 사용한다. 고구려 5부의 명칭이 '~나'로 끝나는 것은 이 5부가 '~한 나라'의 의미를 가졌기 때문이었다.

'사라', '서라', '서나'를 '서야(徐耶)'로 부른 것은 '라', '나'가 '야(耶)'와 같은 의미를 가졌음 말한다. '야(耶)'는 중국어로 '예(ye)'로 읽히는데, '예'는 '왜(Iee)'와 통하는 말로, 동예(동부여)의 국호인 '예'에서도 사용되던 '해'를 의미하던 말이다. 그러므로 서야의 '야(耶)' 역시 '해'로 해석할 수 있다.

결국 상기 사실들을 종합해 보면 신라는 '새로운 태양'이라는 의미가 된다. 태양을 뜻하는 '야(예)' 또는 '라'는 신라 이외에도 가야의 국호에 많이 등장한다.

가야, 한, 낙랑은 모두 '태양'

가야(加耶, 伽倻, 伽耶), 구야(狗邪), 가라(加羅, 伽羅), 가락(駕洛) 등으로 불리던 가야 역시 한반도 고대 국가들의 국호인 '한(韓)', '간', '서나', '사라'와 동일한 뜻인 '처음(새) 해'를 의미하고 있다.

가야 국호의 앞에 있는 '가', '구'는 '한(韓)'의 고대음 '가라'의 '가'에 해당하며 '처음'을 의미하고, '라(羅)', '야(耶,倻,邪)'는 모두 '태양'에 해당한다.

'야'를 표기한 한자들인 耶, 倻, 邪는 중국어로 모두 예(ye)로 읽히는데, 앞서 밝혔듯 '예'는 '해'를 뜻한다. 따라서 '가야' 역시 새롭게 떠오르는 태양의 나라를 의미하고 있다.

삼한(三韓)의 한(韓)이라는 글자를 보면 왼쪽에 초목 가운데 태양이 떠오르는 모습(𠦚)이 그려져 있고, 오른쪽은 호위병들이 성(城)을 돌며 지키는 모습(韋)으로 이루어져 있다. 즉 한(韓)이란 '태양이 떠오르는 나라(성)', '환한 나라'라는 뜻으로 역시 태양을 숭배하던 풍습을 반영한 글자라 할 수 있다.

필자는 BC 2세기 고조선을 대신해 들어선 한나라 군현인 '낙랑(樂浪)' 역시 '태양'이라고 해석하고 있다. 이 '낙랑(중국어로 러랑)'이라는 명칭은 8세기 이전 일본 고대역사의 중심지였던 '나량(奈良, 일본어로 나라)'과도 관계 있는 국호로, 우리 고유어인 '나라(國)'를 의미한다고 본다.

고대 고조선(기자조선)과 같은 동호계열 민족(맥족)의 후손인 몽골의 언어를 보면 '해'를 '나르(nar), 나러(nare)'로 발음하고 있다. 이 말이 소유격을 의미할 때는 '나란(naran, 태양의)', '나랑(narang, 태양의)' 등으로 발음된다. 따라서 '태양의 군(郡)'이라는 말을 몽골어로 하면 '나랑-군(郡)'이 되어 '낙랑군'과 발음이 매우 흡사하게 된다. 즉, '낙랑군'은 몽골어 '나랑군' 곧 '태양의 군'라고 해석할 수 있게 되는 것이다.

앞서 밝혔듯 만주와 한반도에 들어서는 북방 맥계 국가들은 이 '해'를 의미하는 '나(나르)'를 '국가'라는 의미로 사용했다. 고구려는 5부족을 5국가의 의미인 나(那)로 불렸으며(연나, 비류나, 관나 등), 북방에서 한반도 남부로 이주한 삼한의 한(韓) 역시 '가나'로 발음되던 국호였으며, 신라의 국호 역시 '서나'였다. 이렇게 북방 맥계 중심 국가였던 고조선과 그를 이어 들어선 '낙랑'은 한반도와 일본에 있던 '나', '나라' 등의 지명과 함께 '해'를 의미하던 국호였음을 알 수 있다.

태양이 떠오르는 나라 '왜', '물길', '옥저'

17세기 일본으로 가려다 제주도에 표류해 왔던 네덜란드인 '하멜'은 다음과 같은 기록을 남긴다.

> "(조선의) 사령관은 우리에게 몇 가지 질문을 했으나 우리 동료들은 그의 질문을 이해할 수 없었다. 우리는 '야빤 낭가사께이키(일본 나가사키)'로 가기를 원한다고 손으로 가리키고 몸짓을 했다. 하지만 그들은 서로가 알아듣지 못했기에 모두 소용없었다. 그들은 '야빤(일본)'이란 단어를 알지 못했으며 그들은 그 나라를 예나라(ieenare 예나러) 또는 일본이라고 불렀다."

이 기록을 볼 때 조선시대 사람들은 왜(일본)를 '예(Iee)'라고 불렸던 사실을 알 수 있다. '예'는 '해'를 의미하므로, 왜(倭) 나라는 '해 나라'가 되는 것이다. 이는 BC 3세기 이후로 한반도 예족(해족) 사람들이 일본 서쪽 끝인 북규슈로 넘어간 사람들의 후예라는 사실과 관련이 있다.

이 '예(왜)'가 '해'라는 뜻이었다는 사실은 '왜'를 이어 국호가 된

'일본'이 '태양의 근원(日本)'이라는 뜻을 갖는 직접적인 원인이 된다. 일본(日本)이라는 국호의 기원에 대해 일본에서는 "한민족이 처음 쓰기 시작한 국호였으나 우리(일본)가 그 이름이 아름답고 우리나라 이름으로 쓰는 것이 어울린다고 생각해 만고불변의 국호로 삼았다(《대일본지명사서(大日本地名辭書)》, 1907)"라고 밝히고 있다. 바로 한반도에서 넘어간 사람들이 '해'를 뜻하는 고유어 '왜' 대신에 '일본'이라는 국호를 소개한 것이다.

한반도에서 7세기경 백제의 멸망과 더불어 일본으로 건너간 사람들(백제인)은 이미 한자에 익숙한 사람들이었기 때문에 '난장이'라는 뜻이 있는 '왜(倭)'라는 국호를 '일본(태양의 근본)'으로 바꾸어 불렀고, 그렇게 부르던 것이 현재 일본의 국호가 된 것으로 볼 수 있다. 한반도 사람들이 '왜'를 '일본'으로 바꾸어 부른 것은 두 단어 사이에 의미가 상통했기 때문이다.

이 '왜(倭)'라는 말은 '물길', '옥저', '조선'과도 같은 말이라는 주장도 있다.

"물길(勿吉: 발음이 웨지)이나 말갈은 만주어로 밀림, 또는 삼림(森林)의 뜻인 '웨지(窩集, Weji)', 또는 '와지'에서 나왔다고 말씀드렸죠. '와지'라는 말은 삼림의 뜻 말고도 동쪽, 즉 '해 뜨는 곳(日本)'을 의미합니다. 평생을 알타이 연구에 몸을 바치신 박시인 선생(1921~1990)은 이 말을 옥저(沃沮)나 왜(倭)의 어원(語源)이라고 분석합니다.

결국 왜(倭)라는 말은 숲의 사람 · 동쪽 사람 · 해 뜨는 곳의 사람들이라는 의미입니다. 조선인(朝鮮人)이나 쥬신(Jüsin)이라는 말과 다르지

않죠." 김운회,《대쥬신을 찾아서》

앞서 부여를 중국어로 '후위'라고 읽는데 이때의 후위는 '해'를 뜻한다. 따라서 위의 주장이 맞는다면 우지의 우, 워지의 워는 후위(부여)와 같은 뜻인 '해'를 의미하고, 뒤에 붙는 말인 '지'와 '쥐'는 앞서 '백제' 부분에서 밝혔듯이 모두 '~ㅅ이'로서 '~한 사람(나라)'의 의미로 해석된다. 결론적으로 '우지'와 '워쥐'는 모두 '휫이', '햇이' 즉 '해의 사람(나라)'을 뜻한다고 해석할 수 있다.

246년 위나라의 침공에 의해 고구려왕이 대피한 '남옥저'가 소백산맥 근처 죽령 부근이었다는 사실은 남옥저와 동예(말갈)가 같은 나라임을 말한다. 즉 옥저는 북옥저와 남옥저로 나뉘어 있었고, 북옥저는 북예, 남옥저는 남예를 말하며 모두 동예(동부여)를 일컫는 말로 볼 수 있다.

또한《삼국유사》에 북, 남, 동 세 개의 옥저가 있음을 기록하고 있는데, 고구려 동명왕에게 망한 북옥저, 신라에 20여 가가 항복한 남옥저, 신라에 좋은 말을 바친 동옥저가 그것이다. 이를 볼 때 옥저는 고구려와 신라 사이에 접해 있던 나라로, 그 영역이 동예를 포함하고 있음을 알 수 있다.

신채호 선생은 이러한 사실을 감안해 이들 남북 동예 국가들을 하나는 동북부여, 하나는 동남부여라 칭하기도 했다. 또한 옥저라는 말은 '왜'와 통한다는 박시인 선생의 주장을 감안할 때 옥저, 왜, 예, 부여(후이)는 모두 같은 민족(예족)을 일컫는 말 곧 '해'임을 알 수 있다.

세상의 아침 '조선'

'조선(고조선)'이라는 국호는 그동안 다양하게 해석되어 왔다. '조선'은 중국 《사기》에 상나라 재상 기자가 상 유민을 이끌고 이주한 곳으로 나온다. 이로 보건대 조선은 최소한 상나라 멸망 당시인 BC 11세기 이전부터 있었던 것을 알 수 있다. 조선시대 이후로는 《삼국유사》를 기초로 이 '조선(고조선)'이 BC 2333년에 세워진 나라로 해석하고 있다.

한민족 최초의 국가 '조선'의 명칭에 대해 처음으로 분석한 사람은 3세기 위(魏)의 장안이라는 사람이다. 그는 '조선'의 국명에 대해 다음과 같이 말한다.

"조선이란 명칭은 열수(洌水)에서 나온 것이다. 조선에는 습수(濕水), 열수, 산수(汕水)라는 3개의 강이 있다. 이 강들이 합쳐서 열수가 되었다. 낙랑과 조선이라는 명칭은 이로부터 나온 것이다."

그는 습수, 열수, 산수를 합한 '습열산', 중국어로 '스리에산'이 조선이라는 명칭의 기원이라고 주장한 것이다.

신라 왕성인 김(金)씨 성을 따라 나라 이름을 정한 중국 왕조가 있다. 바로 12세기 중국 북방을 점령하고 들어선 '금(金, 1115~1234)'나라이다(《흠정만주원류고(欽定滿洲源流考)》). 이 나라는 옛 부여가 있던 만주 송화강, 흑룡강 일대에 살던 사람들(여진족)이 세운 나라로, 그들은 고구려와 발해의 구성원이기도 하다.

만주 지역 사람들(여진족)이 금나라를 세우게 된 계기는 거란족이 발해를 점령하고 세운 요나라가 자신들에게 횡포를 부리자 이에 반발해 요나라를 물리치면서 시작된다(1125). 요나라를 점령한 여진족은 중원의 송나라(북송) 수도(개봉)까지 쳐들어가 송나라를 남쪽으로 몰아내며(1127) 중국 북방에 대제국 금(金)나라를 건설한다.

그런데 여진족이 중원을 장악한 뒤 100여 년 후 다시 몽고고원의 원나라가 침입해 여진족 금나라를 멸망시키자(1234), 여진족은 몽고족 원나라와 그를 이어 들어선 명나라의 세력에 계속 눌려 있게 된다. 그러나 명나라의 억압에 반발한 여진족은 다시 청나라를 세우며(1616) 명나라를 차지하고 국토를 크게 확장해 중국 전역과 주변 국가들을 지배하게 된다.

금나라, 청나라라는 동아시아 대제국을 세운 여진족은 현대 영어로 줄천(Jurchen), 중국어로는 뉘전(Nǚzhēn), 루전(Rǔzhēn), 주천(Ju-chen), 여진어로는 주선(jušen)으로 불리는데, 이는 모두 '조선'과 관계 있는 이름이다. 14세기 한반도에 세워진 '조선' 역시 여진족의 영향이 강했던 한반도 동북 지역의 토호 태조 이성계로부터 국호가 정해진 것은 널리 알려진 사실이다.

그런 여진족의 나라 금나라(1115~1234)의 역사서 《금지(金志)》에는 다음과 같은 기록이 있다.

"금나라의 본명은 주리진(朱里眞)으로, 여진(女眞, 뉘즌) 또는 려진(慮眞, 뤼즌)으로 와전돼 불렸으며, 거란 사람들은 여직(女直, 뉘즈)로 불렀다. 숙신의 후예로, 발해의 일종이다."

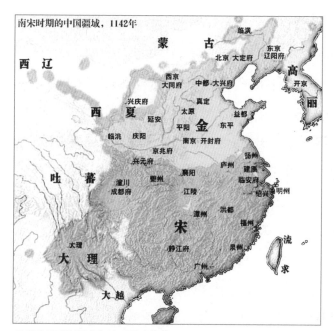

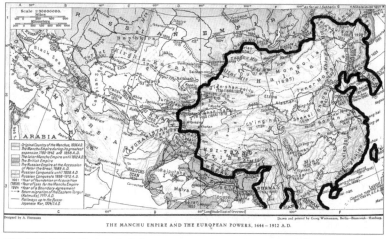

12세기 여진족 금나라 영토(위키백과)

만주제국(여진족 청)과 유럽 파워(1644~1912, The Manchu empire and The European powers): 압록강 북부 만주의 작은 땅에서 시작한 여진족 국가 만주제국(청)은 조선과 명나라를 정복하며 아시아에 파고든 유럽 세력과 대치한다. 지도상에 조선은 1627년 정묘호란 당시 여진족 청나라에 복속되어 1895년 청일전쟁 이후 독립하는 것으로 나온다. Albert Herrmann, 1969.

금나라의 조상인 '숙신'은 주나라가 상나라를 멸할 때(BC 1046) 주나라를 축하한 중국 동북 지역의 고대국가이다.

이 나라는 바로 상나라 유민들이 망명한 중국 동북쪽 '조선'과 같은 나라인데, 왜냐하면 상나라 멸망 당시 상나라 유민이 이주한 곳이 바로 숙신이 있었던 곳, 즉 상나라 유물로 볼 때 발해만 북부 북경에서 요서에 이르는 지역이기 때문이다. 따라서 《금지》의 이 기록은 숙신, 주리진, 여진, 려진 등이 조선과 같은 말임을 알려주고 있다.

조선시대 학자들은 조선(朝鮮)을 해석할 때 한자적 의미를 감안해 '동쪽의 햇빛이 밝은 곳', '아침 해가 선명한 곳' 등으로 해석을 했다. 이후 근대에는 신채호 선생이 만주어 주신(珠申)이 조선을 일컫는 말이며 '소속'이나 '관경', '경계'를 뜻한다고 주장했다.

그러나 필자의 생각으로는 이렇게 '숙신', '스리산', '주리진', '뉘즌(뤼즌)', '뉘즈' 등으로 다양하게 불리던 '조선'은 누구나 인정하듯 고대 동이족 국가로서, 동이족의 풍습에 맞는 국호를 정했을 것으로 짐작한다. 단순히 '강'이나 '경계'를 뜻하는 의미를 갖지는 않았을 것이다.

동이족은 국호를 지을 때 거의 예외 없이 '해'를 국호에 넣는 공통점을 보이는데, 그렇다면 '조선'에도 '해', '아침' 등의 의미가 포함돼 있을 것으로 추정할 수 있다.

그럼 '조선'의 바른 의미는 무엇일까? 필자는 '조선(숙신)'이 원래 '주리진', '뉘즌'으로 불렸다는 기록을 볼 때 조선이 '세상의 아침', 즉 '세상에서 처음 해가 뜨는 곳'인 '누리 아침'이라는 의미로 해석하고 있다.

신라에서 284년 유례이사금이 즉위한다. 그는 과거 신라 3대왕인 유리이사금(24년 즉위)과 이름이 같은데, 한자로는 '유리(儒理)' 또는 '유례(儒禮)'로 기록하고 있다. 두 왕 사이에는 수백 년의 시간차이가 있으나 같은 이름을 쓰고 있는 것이다. 신라뿐 아니라 고구려 역시 제3대 유리(琉璃)왕을 유리(類利), 유류(儒留) 또는 여율(如栗)이라 기록하고 있는데, 이는 '유리', '유례', '유류', '여율' 등이 한자와 관련이 없는 민족 고유어를 음역한 호칭임을 뜻한다. 이 말은 왕의 호칭에 쓰일 만큼 민간에서 장기간 사용된 '고상한' 의미를 지니고 있던 말 중의 하나였다.

한 가지 공교로운 사실은 신라의 유리(儒理), 유례(儒禮), 고구려의 여율(如栗) 등이 중국어로 모두 '루리(ru-li)'로 발음이 되는 점이다. 그렇다면 왕의 호칭에 어울리는 고유어 '루리'의 뜻은 무엇일까? 이에 관한 힌트는 신라의 '루리(유리)'왕을 《삼국유사》에는 '세리지(世里智)'왕으로 기록하고 있는 것에서 찾을 수 있다.

'세리지'의 '지'는 '~한 큰 사람'이라는 우리 고유어이므로, 이를 제외한 '세리(世里)'가 '루리(儒理)'를 한자로 의역한 부분이라고 볼 수 있다. '세리(世里)'의 한자적 의미는 '세상(에서)'이라는 뜻으로, 이는 같은 이름의 고유어 '루리(유리)'가 '누리' 곧 '세상'이라는 의미를 가졌던 것을 뜻한다. 신라 3대 유리왕을 노례왕(弩禮王)이라고도 하는데, 노례의 발음이 중국어로 '누리'인 것 역시 '루리(유리)'가 '누리(세상)'임을 증명한다.

따라서 유리(루리)와 유례(루리), 여율(루리), 노례(누리) 등은 모두 '누리(세상)'를 한자로 기록한 한민족(예맥) 고유어로 만주와 한반도에서 광범위하게 사용되었음을 알 수 있다.

이를 통해 조선(숙신) 즉 주리진(珠里眞)의 의미를 해석할 수 있다. 우선 세리(世里)와 루리(儒理)가 같은 이름으로 불린 것으로 볼 때 여진인들이 자신들의 나라를 호칭하던 '주리진'의 '주리'는 누리, 곧 세상을 뜻한다고 볼 수 있다. '누리(주리, 루리)'는 여러 왕들이 이름으로 사용할 만큼 '큰' 뜻을 가지고 있었기 때문에 그 왕들이 살던 나라의 국호로 사용되기 적당한 말이다. 또한 '조선(주리진)'이 '관경(경계)'을 뜻한다는 주장(신채호) 역시 '조선(주리진)'이 '세상'의 의미를 담고 있음을 말한다.

여진인들은 삼한, 고구려, 백제, 신라의 국민이었으므로(《흠정만주원류고》), 고구려, 신라 왕명에 쓰였던 누리(유리)라는 말이 여진인 사이에서도 보편적으로 통용되었을 것이다.

루리(누리)를 세리로 의역할 수 있었던 이유는 당시 'ㅅ'과 'ㅈ'의 구분이 명확하지 않았기 때문이다. 고구려 소수림왕을 소해주류왕으로 부른 것은 고대 한국어에서 혀끝과 입천장이 마찰해서 내는 음인 ㅅ, ㅈ, ㄹ 사이에 정확한 구분이 없었음을 뜻한다. 따라서 숙신, 조선, 주리진, 루리진, 뉘쥔 등은 같은 고유어를 다양한 한자로 음역한 것으로 결론 지을 수 있다.

주리진의 주리(루리)가 '세상(누리)'을 뜻한다면 뒤의 '진'은 '아침'을 뜻한다.

만주와 한반도 지역에는 대대로 '진'이라는 나라들이 세워진다. 신라에 유입되어 6부를 세우는 진한(辰韓), 위만조선(BC 2세기) 당시 한반도 남부를 다스리던 진(辰), 발해의 별칭인 대진국(大震國, 大振國), 진단(震旦), 여진족의 나라 금(金, 중국어로 진), 금나라에 반기를 든 대

진국(大眞國, 1215~1233), 여진족이 금나라를 이어 세운 청나라[청나라 초기 국호는 진(金)] 등은 모두 '진'을 국호로 했던 옛 만주와 한반도 지역 국가들의 국호이다.

이들 나라들에 공통적으로 들어가 있는 '진'이라는 말은 한자로 '眞(즌), 辰(츤), 震(즌), 振(즌), 金(진)' 등으로 다양하게 표기되고 있다. 이러한 사실은 '진(츤, 즌)'이라는 말이 한자어가 아닌 예맥족(부여족, 단군조선) 고유어를 음이 비슷한 한자로 음역한 말임을 뜻한다.

'세상(누리)'과 어울리는 말로 '진(중국어로 츤, 즌)'의 의미를 찾자면 진한의 '진(辰: 아침, 새벽, 천자)'과 조선의 '조(朝: 아침)'자가 가진 한자적 의미인 '아침'의 뜻을 갖는 것을 감안해 '아침'으로 해석할 수 있다. 중국인들은 고래로 외국어를 음역할 때 본래 의미를 최대한 살려 이름을 짓기 때문에 동방 진국의 원뜻인 '아침'의 의미를 담아 朝(아침 조)와 辰(해와 달을 포함한 모든 별, 새벽 진)을 넣어 조선(朝鮮), 진국(辰國) 등으로 표기한 것으로 본다.

결국 '주리진(루리진)'은 '누리(주리, 루리)의 아침(츤)', 곧 '세상의 아침'이 된다. '아침'을 진(츤, 즌)으로 기록한 것은 중국어로 '침'이라는 발음이 없기 때문에(현대 중국어로 표기 불가함) 의미와 발음을 고려해 편의상 '진(眞, 辰)'을 빌려 표기했기 때문으로 볼 수 있다.

《후한서》에는 한반도 남부 전체가 원래 진국(辰國)이었다고 기록하고 있고, 진국(삼한)의 수령을 진왕(辰王) 또는 고유어로 신지(臣智)라고 기록하고 있다. 이렇게 우리나라에서 '국가', '최고'를 의미하던 '진(辰)'과 '신(臣)'은 모두 중국어로 모두 '츤(chen)'이라 발음되는 것을 볼 때, 한반도 남부의 진국(삼한)은 '아침(태양)의 나라', 이 나라의 왕

이었던 신지(臣智, 츤즈)는 '아침(태양) 나라의 임금'으로 해석할 수 있다.[20]

고대세계에서 '아침'은 생각보다 신령한 시간이었다. 고대인들은 태양(빛)을 매우 숭배했으므로 처음 태양이 떠오르는 시간인 아침은 마치 '하느님(태양)을 맞이하는 시간'처럼 경건하고 성스러운 시간이었기 때문이다.

초기 신라(사로) 왕실은 만주 지역 '진한(조선)'에서 BC 3세기에 이주한 사람들이 다스리던 나라로, 만주의 부여족(예족)과 친연관계가 있던 사람들이었다. 금나라와 청나라를 세운 여진족들은 일본인과 더불어 한국인과 가장 가까운 민족으로서, 모두 알타이어를 사용하는 퉁구스계 예맥 민족에 속한다(원강 교수).

따라서 여진족이 자신들의 국가를 주리진(조선)이라 불렀다는 것은 고대 한국인 역시 자신의 국가를 '주리진(누리 아침)'으로 불렀을 가능성을 말하고 있다. 고구려와 신라의 여러 왕들이 루리(유리, 누리)를 자신의 이름에 사용한 이유 역시 고대로부터 이 말이 만주와 한반도 전역에서 흔히 사용된 흔적이라 하겠다.

이렇게 신성한 아침을 뜻하는 진한과 관련된 고유어 '주리진(세상의 아침)'은 후대에 중국인들이 '조선(朝鮮: 아침의 신선함)'이라는 한자로 음역하게 되는데, 이로 인해 '조선(朝鮮)'은 우리가 좋든 싫든 우리의 대외적 국호로 사용된다.

---

20) 《양서》에 백제가 마한 땅에 설치한 22개 지방 구획을 첨로(檐魯)라고 부른다고 기록하고 있는데, 이 '첨로' 역시 '아침(檐)의 나라(魯)'로 해석할 수 있다. 현재 우리나라에서는 첨로를 '담로(擔魯)'로 번역하여 사용하고 있는데, 첨로(檐魯)로 수정해야 할 것이다.

3
고대 동이 민족의 특징

중국 동북사범대학 이덕산(李德山) 교수는 고대 중국 동부의 동이
족과 만주, 한반도 등지의 사람들 사이에 광범위한 일치성을 보이는
사실에 관해 논문[21]을 발표했다.

그의 주장은 고대 중원 동이족과 동북아시아 고민족들 사이에 광범
위한 일치성을 보이는 이유를 여러 문화적, 역사적 근거를 들어 설명
하고 있다. 그런데 그는 중국의 동부와 내륙에서 문화를 키운 '중국
동이'가 기타 지역 동이의 '모태'인 것처럼 주장하고 있는데, 이러한
관점은 수정의 여지가 있다. 왜냐하면 '중원의 동이 문명' 자체가 그
기원을 중원이 아닌 옛 고조선 영토인 발해만 북부 요하 유역에 두고
있기 때문이다.

중국의 동이 문명은 동북아시아에서 최초로 발달된 문명을 이룬
8,000년 전 '발해만 문명'의 한 일원일 뿐이었다. 동북아시아 동이 문

---

21) 〈동북고민족 동이기원론(东北古民族源于东夷论)〉, 《동북사대학보》, 1995년 제4기.

명은 지역별로 문물의 발전 정도가 조금씩 달랐으나 기본적으로 북방 시베리아에서 남하해 중국 북부와 동부, 만주, 한반도 등에 넓게 퍼져 살던 '북방 아시아인 문명'이었기 때문에 어느 한 국가가 전유(專有)할 수 있는 문명이 아니다.

물론 이들 발해만 유역의 '선진 동이민족' 일부가 약 5,000년 전 중원으로 남하해 그곳에서 이른바 '황하문명'이라는 위대한 문명을 이룩하지만 그들은 결국 내륙 원주민들에 의해 배척받고 '야만인'으로까지 인식되어 왔다. 따라서 중국 내에는 그들이 창조한 문화가 단절되고 왜곡된 경우가 많다. 그러나 중국인에 의해 한반도까지 밀려온 중국계 동이 사람들은 그곳에서 같은 동이계 원주민들(예)과 연합해 자신들의 고유한 문화, 곧 동이 문화를 유지하게 된다.

따라서 중국의 동이 문명은 중국에만 귀속될 수도 없고, 한국에만 귀속될 수도 없는 속성을 가지고 있다. 중국은 현재의 영토 개념으로 동이의 주권을 주장하고 있고, 한국은 혈연(민족) 개념으로 동이의 주권을 주장하고 있다. 그러나 가장 합리적 판단은 두 나라가 '동이'라는 공동의 조상을 가진 형제국이고 '동이 문명'은 중국과 한국, 나아가 일본의 공동 문명이라는 사실을 바로 인식하는 것이다.

여하튼 이덕산 교수는 이렇게 역사의 부침과 더불어 형성된 동이 사람들(북방계 아시아인)의 독특한 문화를 여러 가지 문화적 현상에 근거해 중국의 주요 민족인 화하민족과의 차이를 다음과 같이 정리하고 있다.

동이 사람들의 독특한 '예절'

　동이가 자신들의 독특한 예절을 가졌던 사실은《좌전》기록에 "기 (杞) 환공이 입조해 동이의 예를 취하여……"라고 말하고 있는 것을 예로 들 수 있다. 동이의 예절 중에는 중요한 형식이 하나 있었는데, 바로 쭈그려 앉는 것(무릎 꿇고 앉는 것)을 공손하다고 여기는 것이었 다. 종족의 계통이 다른 관계로 화하 민족은 쭈그려 앉는 것을 무례하 다 여겼다.《논어》〈헌문(憲問)〉에는 "원양(공자의 친구)이 동이의 예를 갖추어 기다렸다."라는 문장이 있다. 이 뜻은 공자의 친구 원양이 마 치 동이 사람처럼 땅에 무릎을 꿇고 공자를 기다리고 있었다는 의미 인데, 이를 본 공자는 그 친구(원양)를 호되게 나무라며 기뻐하지 않 게 된다.

　《황소(皇疏)》라는 책에는 "동이는 쭈그려 앉는다."라고 기록하고 있 고,《주희집주(朱熹集注)》에는 "동이는 쭈그리고 생활한다."라고 주석 을 달고 있다. 그 밖에《가자(賈子)》〈등제편(等齊篇)〉에는 "신발을 짜 서 신고 웅크리고 사는 동이족 사람들"이라는 기록이 있고,《백호통의 (白虎通義)》〈예악편(禮樂篇)〉에는 "동이족은 쭈그리고 앉으며 (화하족 입장에서 보면) 예의가 없다."라고 기록하고 있다.

　이로 보건대 동이족은 화하족(고대 중국 내륙민족)과 종족상 구별이 있고 예의범절 역시 특수했었음을 알 수 있다. 진한(秦漢 BC 221~AD 220) 시기에 산동 지역의 여러 동이민족이 동화되면서 꿇어앉는(쭈그 리고 앉는) 예절은 우리나라(중국) 내부에서 더 이상 존재하지 않게 된다.

고구려족의 경우 《위서》〈고구려열전〉, 《북사(北史)》〈고구려전〉에 모두 "웅크려 앉기(무릎 꿇고 앉기) 잘하고, 식사를 할 때는 제사용 그릇을 사용한다."라고 묘사하고 있다. 《수서》〈고구려전〉에 역시 "웅크리고 앉기를 좋아하고, 청결함을 좋아한다."라고 말하고 있다. 심지어 멀리 일본열도의 왜인들 또한 "쭈그려 앉아 공경함을 표한다."라고 기록되어 있다.

이렇게 동이족만의 독특한 꿇어앉는 예는 (중국)동북 지역에서 매우 오랫동안 계속돼 온 것 것으로, 뒤이은 거란과 여진, 이어서 만주족의 절하는 태도에서 그 흔적을 볼 수 있다.

머리를 납작하게 만드는 풍습

역사 기록 이전의 동이족은 머리뼈를 인공적으로 납작하게 변형시키는 것이 유행이었는데, 이를 속칭 '편두(扁頭)'라고 한다. 중국 산동성 여러 유적지에서 출토된 사람들의 뼈에는 모두 동이족 특유의 편두 풍습이 발견되고 있다.

이 풍습은 중국 동북 지역(한반도 포함 – 필자주)의 고민족들 사이에 광범위하게 유행하던 것이었다. 1980년대 초 길림성(만주 동부)에서는 비교적 완전한 사람 화석이 발견되었는데, '중국 과학원 고척추동물 고인류 연구소'의 감정에 따르면 그중 한 구의 머리뼈가 전형적인 인공 변형 두개골이었다고 한다.

역사서에 이에 관한 많은 기록이 있는데 예를 들면 《후한서》에 보면 진한(辰韓, 고대 경상도 신라 지역) 사람들에 관해 "아들을 낳으면 머리를 평평하게 만들려고 해 그것을 돌로 눌렀다."라고 기록하고 있다.

명·청 시기(1368~1912)에 이 풍속은 (중국 동북 지역에서) 더욱 성행해 이를 '수편두(편두 형태를 만들기 위한 잠)'라 불렀으며, 머리가 평평한 것이 아름답다고 여겼다. 이에 관해 《만주원류고(滿州源流考)》라는 책에는 청나라 고종의 어록이 기록되어 있다.

"무릇 아이를 처음엔 땅에 거꾸로 세우고 돌로 머리를 누르는데, 이 얼마나 이치에 맞지 않는 것인가. 우리 왕조(청나라 여진족)의 옛 풍습에 아이가 태어난 후 며칠 동안 눕는 틀에 끼어 넣는데, 아이를 위로 보게 하고 그 속에 오랫동안 두면 머리가 저절로 평평해지고 머리가 마치 벽에 걸린 현판(扁)처럼 보이게 된다. 이것이 습관이 되어 자연스럽게 되니 이상하다 할 것이 없었다. 진한(辰韓: 옛 신라) 역시 이것과 비슷하지 않았을까? 범위종은 그 이유를 몰라 잘못 해석하고 있으니 심히 어처구니없다."

[이런 말을 한 청나라 황제는 스스로를 중국인이 아닌 '외국인'이라 칭했던 여진족 사람들이었다. 청나라 황제들은 성이 '애신각라(愛新覺羅)'로서, 이를 해석하면 '신라를 사랑하고 기억하자'이다. 한국에서는 청나라 황실 성씨가 '애신각라'인 점을 두고 그들이 신라 왕족의 후예라는 설이 널리 퍼져 있다. 그런 연유에서인지 청나라 황제는 이 글에서 진한(신라)시대부터 존재한 편두(넙적머리)의 풍습에 관해 구체적이고 자세히 묘사하며 친근함을 보인다. 청나라 멸망 이후 청나라 황실의 '애신각라'씨는 신라 왕족의 성씨인 '김'씨로 성을 바꾸었다. - 필자 주]

20세기 초에 이르기까지 동북 지역의 많은 민족들, 예를 들어 '만주

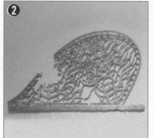

중앙아시아에서 한반도까지 넓게 퍼져 있던 편두 풍습을 알 수 있는 모자(장식). 학자들은 머리를 눌러 납작하게 만든 편두 풍습이 '새'의 머리 모양을 본뜨기 위해서라고 추정하고 있다.

① 중앙아시아 유목민이 쓰던 모자 조우관(鳥羽冠). 앞머리를 눌러 머리 모양이 뒤로 치우친 흔적(편두)이 보인다. 이는 유목민의 조류숭배사상에서 오는 샤먼적 의의가 작용한 것으로 보인다.(김문자: 〈한국 고인돌 사회 복식 고증〉, 한복문화학회, 2009 전재).
② 삼족오(다리가 세 개 달린 까마귀)가 그려진 고구려 모자장식. 이마 부분이 눌려 있는 모습을 하고 있다.(국립중앙박물관)
③ 신라시대 앞부분이 뒤로 넘어간 모습의 금관.(국립경주박물관)

족, 혁철, 몽고, 악륜춘' 등의 민족들은 여전히 이 풍속을 유지하고 있는데, 심지어 이 지역에 사는 한족들 역시 영향을 받고 있었다. 능순성 선생은 "아시아 동북에 있는 많은 민족 중에는 갓난아기를 태어나자마자 유모차에 태우는데 이로 인해 어른들의 머리 안쪽이 평평하다."라고 이야기한다.

중국 최초로 악기를 발명한 민족

고고학적 근거에 따르면 고대의 거문고, 비파 등 손가락으로 튕기는 현악기와, 퉁소(피리)와 흙으로 만든 북 등은 모두 동이족이 발명한 것이라고 한다. 《초사(楚辭)》〈대초(大招)〉에는 이런 글이 있다.

"복희씨가 비파를 만들어 가변이라는 곡을 만들었는데 초나라 사

람들이 이를 따라 로상이라는 노래를 만들었는데, 모두 오묘한 음이
있어 즐겨 들을 만했다."

복희는 바로 역사시대 이전 동이족의 수령이다. 이로 보건대 동이
사람들은 악기를 발명했을 뿐만 아니라 자기들만의 독특한 '오묘한
음', 즉 음악이 있었음을 알 수 있다. 동이족 계열 사람들은 모두 음악
을 좋아하고 춤을 잘 추었다.《고본죽서기년(古本竹書紀年)》에는 "동이
족을 왕문에 초대했는데, 모든 동이족이 들어와 춤을 추었다."라는 기
록이 있다. 결론적으로 거문고와 비파의 발명, 노래와 춤의 출현은 동
이 사람들의 '즐거움(樂)'의 산물인 것이다.

동북 지역의 옛 민족들, 예를 들어 부여, 고조선, 고구려, 오환, 선비,
오락후, 물길, 거란, 여진 등은 모두 음악을 좋아하고 춤을 좋아하기로
세상에 소문이 난 민족이다.《후한서》〈동이전〉에는 다음과 같이 기록
하고 있다.

"(부여 사람들은) 음력 12월에 하느님께 제사를 드렸는데, 큰 모임이
며칠 동안 계속되었다. 음식을 먹고 노래를 부르는데 이를 영고(북치
며 맞이함)라 했다."

"예(동예) 사람들은 10월에 하느님(天)께 제사를 드렸는데, 주야로
음주와 가무를 하며, 이름을 무천(춤추며 하느님을 맞음)이라 한다."

《삼조북맹회편(三朝北盟會編)》에는 "여진 사람들은 60~70명이 춤을

추는데, 평상복에 손을 소매 밖으로 꺼내고 이리저리 돌아가며 춤을 춘다. 임금과 신하가 스스럼없이 서로 손을 잡고 머리를 모으기도 하고 귀를 비비기도 하며, 같은 노래와 같은 춤을 출 때면 존귀한 자와 비천한 자의 구분이 없어진다."라고 기록하고 있다.

(상기 기록에서는 빠져 있지만 고대 한반도 사람들 역시 같은 풍습을 가지고 있었다.《후한서》〈동이열전〉에 보면 한반도 마한 사람들에 대해 이렇게 기록하고 있다. "오월에 밭일을 마치고 신에게 제사를 드린다. 주야로 술 모임을 하고 함께 모여 노래와 춤을 추었는데, 춤출 때는 늘 수십 명이 서로 따르며 박자에 맞춰 땅을 밟았다. 10월 농사일을 마친 뒤에도 역시 이와 같이 했다." - 필자 주)

거북점과 뼈 점을 최초로 발명한 사람들

동이 사람들은 대문구 문화(BC 4300~BC 2500, 중국 산동성과 강소성 일대, 즉 현재 황허와 양자강 하류의 중국 동부 해안 지역에 나타난 문화 - 필자 주) 시기에 처음으로 거북이 껍데기나 동물의 뼈를 사용해 점을 친 사람들이다.

용산 문화(BC 3000~BC 2000, 중원을 지배한 청동기시대 대표적 동이 문화 - 필자 주) 시기에 동이 사람들은 거북이 껍데기와 소, 사슴의 어깨 뼈로 점쳤는데, 이는 당시에 이미 매우 보편적인 풍습이었다.

고인돌 장묘 풍습

고인돌(지석묘)은 지상에 서너 개의 돌판을 세우고 윗부분을 큰 돌판으로 덮어 만든 묘실이다. 산동 용산 문화 시기의 석곽묘는 대략 이런 장례 풍습의 형식을 따르고 있다. 중화민국이 성립된 뒤(1912) 산동반도에서는 이런 유형의 묘지가 많이 발견되었다. 또한 강소성(산동반도 남쪽 성) 북부 연운항 지역에도 역시 상당히 밀집된 분포를 보이고 있다.

동북 지역은 대략 신석기시대 말기에서 춘추전국시대에 광범위하게 고인돌 묘지가 유행했다. 종류 또한 다양한데 돌판을 세워 깎은 묘라던가 돌덩이를 쌓아 올린 묘 등이 있다. 그 분포 범위는 요령성과 길림성 남부, 한반도를 중심으로 한다. 또한, 내몽고 동부와 흑룡강성의 대부분 지역에서도 많이 발견되고 있다. 이 일대의 고구려, 발해 등의 민족은 모두 이런 종류의 장례 풍습이 유행했다. (고인돌 유적의 대표적 지역은 한반도 지역으로, 동아시아 고인돌의 대부분이 한반도에 밀집돼 있다. - 필자주)

순장 풍습

대문구 문화(BC 4300~BC 2500, 중국 산동성에 있던 동이 문화) 묘지 중에는 개를 순장한 흔적이 있으며, 중기 이후에는 돼지를 순장하는 풍습이 성행한 것이 발견되고 있다. 이는 가축 사육의 발달을 뜻하기도 하지만 일종의 원시 신앙이 반영됐다고 볼 수 있다. 생산도구 면에서는 남자 묘에서 돌도끼, 돌자귀, 여자 묘에서는 질그릇, 돌방추차 등이 발견된다.

동북 지역 원시 묘지는 동이족의 순장 풍습과 거의 일치한다. 요령성 중부 서부와 내몽고 동부 지역에는 긴 네모꼴 묘지에서 돼지, 개, 양 등을 주로 한 순장된 동물이 별견되었다.

[순장 풍습은 북방 아시아 사람들인 동이, 흉노 사람들 고유의 풍습으로, 한국에서는 부여시대, 신라시대에까지 이어지며, 신라에서는 502년 공식적으로 폐지된다. 중국에서는 5,000여 년 전 동이 문명인 용산 문명 시기부터 순장이 있다가 상나라 시기에 대규모 순장이 이루어진다. 순장의 풍습은 중국 동북 지역 국가들에서 오랫동안 남아 있었다. 상나라와 풍습을 간직했던 부여, 한반도의 신라와 가야, 선비족의 나라인 요(거란), 몽고족의 원, 여진족의 청 등은 대표적인 순장을 했던 동이족 후예의 나라이다. - 필자주]

- 이상 중국 이덕산 교수의 〈동북 고민족의 동이 기원론(1995)〉 내용 중 발췌 -

4 | 동이와 화하의 유전적, 언어적 차이

동이 문명과 한국

고대 한국은 남부에 비해 선진적 문화를 보유했던 북부 부여와 고구려, 백제, 낙랑(신라) 등의 국가가 문화적, 정치적으로 주도권을 장악하는 과정을 거치게 된다. 특히 고구려, 백제, 신라는 고대 조선(단군조선)의 문화를 바탕으로, 한반도에 BC 3세기에 새롭게 등장한 북방계(흉노계, 상나라계) 문화인 기자조선(낙랑) 문화, 그리고 중국 동부 동이(구이)의 영향을 받아가며 서로 갈등, 융합하게 된다.

이들 '상문명'과 '동이 문명(고조선, 부여문명)'은 한반도뿐 아니라 중원 내륙에서도 고대 문명을 이끈 동아시아 최초의 문명이었지만, BC 11세기부터 점차 화하족이 중원을 차지하자 중원과 다른 독자적인 발전을 이루어가게 된다. 이렇게 중국과 다른 문명을 이루고 살던 사람들을 중국 사서에서는 공통적으로 '예맥'으로 불렸는데, '예맥'은 비단 한반도뿐 아니라 중국과 중앙아시아, 만주, 일본 등지에서 선도적 문화를 창조했던 동아시아 역사의 주인공들이었다. 한국의 역사를 논할 때는 이 '예맥'의 넓은 관점에서 살펴야만 그 흐름을 파악할 수 있고, 현재 국경을 나누고 있는 동북아 국가들 사이에서의 역사적 오해 또한 풀릴 수 있다.

고구려는 비록 다양한 세력들(맥, 흉노, 만이, 예 등)이 연합해 건국한 나라이지만, 건국 이후부터 중국 봉건국가들보다는 한반도 국가들과 밀접하게 역사와 문화를 공유한 국가였다. 고구려의 생활습관이나 풍습, 언어 등을 볼 때 중국과는 상이하나 한반도 국가들과는 유사했던 점을 볼 때 중국보다는 한국과 가까운 나라로 볼 수 있다.

그럼에도 불구하고 중국에서 고구려를 중국 '변방 소수민족 정권'으로 규정하며 중국 역사에 편입하려 노력하고 있는 이유는 고구려가 고대 황하 문명(구리 문명, 상 문명)과 관련이 많으며, 고구려 정권의 성립 시기에 중국의 '한(고구려현, 낙랑)'문화의 영향을 많이 받았고, 고구려를 이루던 사람들인 예맥, 숙신(말갈, 여진), 거란, 선비 등이 중원을 오랫동안 다스렸기 때문이다.

고구려 유민이 유입된 거란과 발해는 고구려와 풍속이 같았다고 한다(《구당서》). 그런데 거란과 발해의 후손들은 중국에서 요나라, 금나라, 청나라 등 대제국을 건설하게 된다. 그로 인해 이들 예맥족(동이족)의 역사는 중국의 역사로 편입된다. 그러므로 이들 나라들과 관련이 깊은 고구려 역시 중국인들 입장에서 보면 자신들의 '조상들의 나라' 중 하나로 볼 수 있는 것이다.

한국은 한중일 삼국의 역사를 현재의 국경이나 민족을 기준으로 판단할 것이 아니라, 넓은 관점에서 바라보아야 할 것이다. 한국과 중국, 일본 사이에는 현재 국경으로 단정할 수 없는 복잡한 역사가 공유돼

있다. 따라서 무조건 '이것은 내 것, 저것은 네 것'이라는 식의 불합리
한 주장은 지양해야 할 것이다. 대신 어떻게 한국이 주변과의 어울림
속에서 현재의 모습이 되었는가를 객관적으로 대중에게 알리고 이웃
나라들과의 불필요한 역사적 오해를 해결해 나가는 것이 역사 분야가
나아갈 바른 방향일 것이다.

동북아 사람들의 유전적 특징

1980년대 유동인구가 지금보다 적었을 당시 세계 각 민족의 유전
적 계통과 유전적 거리, 언어의 계통을 비교한 연구가 있었다. 그 연
구는 인류가 어떻게 갈라져 나왔는지, 각 민족에는 어떠한 유전적 친
밀도가 있는지를 밝히고 있다.

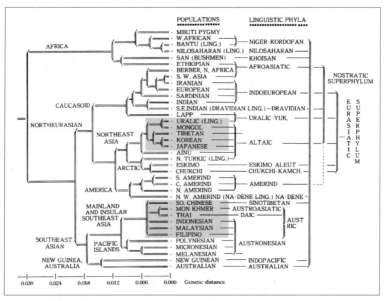

유전적 계통도와 유전적 거리 및 언어 계통의 비교, 이홍규 〈한민족의 뿌리〉, 고려문화재연구
원, 2007

상기 도표를 살펴보면 우선 아프리카 사람들과 나머지 지역 사람들이 처음으로 갈라지게 되는 것을 알 수 있다. 아프리카와 구분되어 유라시아 대륙에 진출한 사람들은 다시 북방 유라시아 사람들과 동남아시아 사람들로 구분된다. 북방 유라시아 대륙에 도착한 사람들은 점차 코카서스 인종, 즉 백인종과 동북아시아 인종으로 나뉘고, 동북아시아 인종은 다시 아메리카 사람들과 우리를 포함한 몽골인종 사람들로 구분된다.

그런데 한 가지 주의 깊게 볼 사실은 동북아시아 인종에 속하는 한국인과 유럽인과의 유전적 친밀도가 중국 남방계 사람들에 비해 더 가깝다는 사실이다. 학자들이 발견한 동아시아의 인류 화석을 보면, 크게 셋으로 구분되는데, 첫째는 한반도, 만주 등지에서 발견되는 동북아시아 형이고, 둘째는 중국 내륙의 황하와 양자강 주변에서 발견되는 중국 형, 셋째는 인도네시아 등지의 동남아시아에서 발견되는 유형으로 나뉜다고 한다.

이를 볼 때 중국 사람들이 동이라고 불렀던 과거 북방계 동북아시아 사람들은 중국 내륙에 진입한 남방계 사람들과 문화적으로, 체질적으로 많은 차이가 있었던 점을 알 수 있고, 이러한 차이가 두 부류의 사람들 사이에 마찰을 일으켜 수천 년 간 분쟁이 끊이지 않게 했음을 짐작하게 한다.

2009년 세계적 다큐멘터리 방송국인 NGC(National Geographic Channel)에서 인류의 전파 과정을 그린 ' 인류 가계도(The Human Family Tree)'를 발표했다. 그 그림은 아프리카에서 시작된 현생인류가 유라시아 대륙으로 이동하는 경로를 그리고 있는데, 그중 동아시아를 보면 크게 세 부류의 서로 다른 배경을 가진 사람들이 도착한 것을 알수 있다.

약 5만 년 전 한반도와 만주, 티베트 등으로 퍼지게 되는 동북아 사람들, 그리고 역시 약 5만 년 전 일본과 연해주 등지에 도착하는 사람들, 그리고 약 1만 년 전 인도, 동남아시아를 거쳐 중국 대륙으로 진출한 사람들이었다. 이들은 훗날 중국 내륙의 화하족, 중국 북방과 한반도, 일본 서부의 예맥족, 한반도 동북쪽의 숙신족(여진족)으로 구분된다. 이렇게 이주한 시기와 지역이 상이한 동아시아 사람들은 서로에 대해 받아들이기 힘든 문화적 차이가 있었을 것이다.

동이 사람들의 신체적 특징

20세기 초만 해도 중국 동북 지역은 사람들이 많지 않은 지역이었다. 여진족 정권인 청나라 지배층은 자신들의 기원지인 만주에 중국인(한족)의 진입을 막아왔기 때문이다. 그러나 청나라가 망하고 중일전쟁(1937)이 일어나자 중국 대륙의 전란과 기근을 피해 중국 동부 산동 지역의 사람들이 대거 중국 동북 지역으로 이주하기 시작했다. 그로 인해 현재 중국 동북 지역에는 산동 출신의 후손들이 많이 살게된다.

따라서 중국 동북지역(만주) 사람들의 신체적 특징은 한국이나 일본과 다른 면이 많이 증가하게 된다. 그러나 여전히 그 지역 사람들 중에는 한국인과 유사한 사람들이 많이 있고, 중국인들의 유입이 적은 몽고 지역으로 가면 한국인과 구분이 안 될 정도로 닮은 사람들이 살고 있는 것을 보게 된다.

얼굴연구소 소장인 조용진 교수는 《얼굴》이라는 책에 '허벅지가 짧은 사람들', '체질이 한반도와 상통하는 사람들'에 대한 연구를 소개한다. 조용진 교수는 그 사람들의 분포지가 한반도와 만주, 일본 서부, 중앙아시아에 걸쳐 있다고 한다. 이를 통해 고대 동이 사람들의 후손들이 현재 어느 지역에 분포해 살고 있는지 유추해 볼 수 있다.

동이 사람들의 언어적 유사성

알타이어계 언어들은 공통적으로 어순이 '주어+목적어+서술어'의 형식을 따른다. 알타이어계 언어들 간에는 어순뿐 아니라 단어의 사용에 있어서도 많은 유사성을 보이고 있다. 특히 한국과 지구 반대편에 있지만 알타이어계 언어를 쓰는 터키 사람들은 아직도 한국을 자신들의 형제국으로 알고 있는데, 이를 증명하듯 두 나라 사이에는 언어상 공통점이 많다.

"한국어와 터키어는 어순이 비슷해서 배우기가 아주 쉽다. 한국인들에게 있어서 세계에서 가장 배우기 쉬운 언어가 터키어가 될 것이다. 문법을 크게 신경 쓰지 않고 기본적인 생활단어 2,000개 정도만 외우고 6개월 공부하면 터키어를 잘할 수 있을 것이다. 마지막으로 한국전쟁에 참전한 터키는 아직까지도 한국이 형제나라라는 인식이 너무나도 깊다. 터키에 가면 한국인들은 터키가 전혀 이방인의 나라가 아니고 자기나라인 것처럼 느낄 수 있을 것이다." 에르한 아타이(전 터키문화원장, 루미포럼 대표), ohmynews.

6세기 북방 아시아를 호령하던 돌궐족의 대제국 한국(汗國, 552~603). 동쪽으로 고구려, 수(隋)와 접하고 있었다.

이러한 한국과 터키 두 나라 사이의 유사성은 역사를 통해 원인을 짐작할 수 있다. 터키인들이 자신들의 조상으로 여기는 중국 북부의 돌궐족은 6세기 중반 고구려가 있던 동북아시아로부터 중동의 페르시아에 이르는 대제국 '한국(汗國)'을 건설한다.

당시 돌궐과 고구려는 중원을 통일한 강력한 선비계 국가인 수나라, 당나라를 같이 견제하고 있었는데, 이러한 동맹의식은 두 나라의 형제의식을 고취하게 만든다. 또한 돌궐과 고구려 사이에는 중원 기층민족과 다른 인종적 공통점이 있었다. 돌궐의 언어는 우리와 같은 알타이어 계통이었고, 고대 돌궐인의 체질은 몽골인이나 한국인처럼 단두형(낮은 머리형)으로 검은 머리에 큰 눈, 보통 키보다 약간 큰 체구를 가지고 있었음이 유골로 증명되고 있다.

이처럼 한국인과 체질적으로 유사했던 돌궐은 당나라에 멸망한 이후 중앙아시아 지역에 자리를 잡게 되며, 이들의 후손인 투르크 사람들은 11세기에 터키 동부에 침입하기 시작한다. 이들은 대포를 이용한 강력한 무력으로 점차 터키 동부를 침입해 들어가 그곳을 점령하게 된다. 이들 투르크족은 이후 이슬람교를 받아들이게 되고, 최초의 무슬림 왕조인 셸주크 제국을 건설하게 된다.

셸주크 제국은 11세기경부터 14세기까지 중앙아시아와 중동 일대를 다스린 왕조로서, 중동에서 투르크 세력의 시조라 할 수 있는 나라이다. 이 셸주크 제국의 투르크족은 이슬람교를 내세워 터키가 있는 아나톨리아(소아시아)와 인도까지 점령한다. 인도를 점령한 소수의 투르크 전사 집단은 광대한 땅의 종교 및 기층문화를 한꺼번에 바꾸기 어려웠다. 이에 비해 현재 터키가 있는 아나톨리아(소아시아) 반도는 이와 대조적으로 언어, 문화, 신앙 등에 있어서 투르크인들이 많은 영향을 미치게 된다.

소아시아를 점령한 투르크인들은 인도를 지배하던 동족 투르크인에 비해 훨씬 엄격한 방식으로 소아시아(아나톨리아)를 통치했는데, 왜냐하면 이 지역은 인도에 비해 상대적으로 면적이 좁고, 여러 세기에 걸쳐 문화적인 통일성이 잘 이루어져 있는 곳이었기 때문이었다.

소아시아에서 투르크 사람들은 자신들의 종교를 따라 개종하지 않는 자들을 처벌하기도 했는데, 그 결과 그들은 훨씬 더 철저하게 현지인들을 이슬람교로 개종시킬 수 있었다. 이러한 이유로 현재 터키의 언어 문화적 요소에는 투르크, 곧 고대 돌궐의 요소가 깊이 반영되어 있으며, 이로 인해 한국과 언어 풍습 등에서 유사한 면을 많아 갖게된다.

아래는 고대 돌궐의 영향을 받은 터키를 비롯해 만주, 한반도 일본에 널리 퍼져 살던 '동이' 사람들의 언어상 유사성에 대해 한 러시아 학자(Sergei Anatolyevich Starostin)가 정리한 내용의 일부이다.

(1) 원 알타이어: 아니

의미: 부정(not), 동사의 부정(negative verb)

- 터키어: 엔
- 퉁구스-만주어: 아(안)
- 한국어: 안
- 일본어: 나, (아)은, 이나

(2) 원 알타이어: 갸루

의미: 고리, 팔찌, 귀중한 보석

- 터키어: 갈
- 퉁구스-만주어: 골디
- 한국어: 골이
- 일본어: 구시러

(알타이어계 문화 특유의 단어임 - 저자 주)

참고로, 고리(ring)를 뜻하는 갸루는 고대로부터 중세까지 중국 동부와 만주, 한반도에 존재했던 동이족 국가들인 九黎(구려), 槀離(고리), 櫜離(고리), 句驪(구려), 古离(고리), 高句麗(고구려), 高驪(고려)와 관련이 있는 말로 '경계(ring)를 이루는 국가 또는 성(城)'의 의미로 사용된 것으로 추정된다.

구려(고구려, 구리) 사람들이 둥글게 쌓은 '성(城)'을 구루(溝婁)라고 불렀다는 기록에서 알 수 있듯이 구려(구리)는 '둥근 성 안에 사는 문명화된 도시민'을 뜻하는 말이었다.

(3) 원 알타이어: 바가

의미: 보다

- 터키어: 박
- 퉁구스-만주어: 바가
- 한국어: 보
- 일본어: 바가ㄹ

(4) 원 알타이어: 갈로

의미: 갈다, 바꾸다, 빌리다

- 터키어: 갈림
- 퉁구스-만주어: 갈마-ㄱ다
- 몽고어: 갈라
- 한국어: 가ㄹ
- 일본어: 가ㄹ

(5) 원 알타이어: 박

의미: 희다, 맑다(하늘, 날씨)

알타이어에서 '박'이 '밝다(희다)'라는 의미를 갖는다는 점은 '밝은 빛(흰 빛)'을 사모하던 동북아시아 사람들(동이)이 이 말을 중요시해 자신들을 대표하는 국호나 자신들 민족을 지칭하는 말로 사용했을 가능성이 높았음을 말한다.

중국 상고시대 정치를 기록한 《상서(尚書)》에는 "화하만맥(華夏蠻

貊)이 주나라 무왕에게 순종하지 않는 자가 없었다."라는 기록이 보이다. 이 기록에 나오는 화(華)는 주나라의 건국지인 중국 서북 지역 사람을 말하고, 하(夏)는 중원에 살던 남방계와 동이계의 연합민들, 만(蠻)은 중국 동남부에 거주하던 사람들, 맥(貊)은 중국 동북 지역에 살던 사람들을 말한다. 그중 중국인들이 '맥'이라 부르던 사람들이 바로 이 '박(밝음)'을 사모하던 사람들이었다.

태양을 상징하는 '밝은 색', 즉 '흰색'은 동이 사람들이 공통적으로 숭상하던 색으로서, 고대 중원을 지배하며 사실상 중국 최초의 왕조를 열었던 상나라(BC 1600~BC 1046) 사람들에게도 이 흰색을 숭상하는 풍습이 있었으며, 상나라와 유사한 풍습을 1,000년 이상 유지하던 만주 지역 부여에도 흰 옷을 입는 풍습이 있었다.

"부여는 장성 북쪽에 있는데, (중략) 나라 사람들은 흰색을 숭상해 흰 천으로 만든 큰 소매, 겉옷, 바지를 입으며, 나라 밖을 나갈 때는 다양한 색깔로 수놓은 비단과 채색 모피를 입는다."《삼국지》

태양을 상징하는 흰색을 사모하던 풍습은 부여의 영향을 깊게 받은 한반도 고대 국가에서도 일반적인 현상이었으며, 조선시대에까지 이어져 한민족은 중국을 포함한 여러 나라에서 '백의민족(흰옷을 입는 민족)'으로 인식되어 왔다.

Ⅲ. 갑골문과 한국 동이 문화

상나라(BC 1600~BC 1046)는 한자의 모태인 갑골문을 대대적으로 발전시킨 나라로서, 중국 동북 지역에서 남하해 하나라를 정복한 동이계열의 나라였다. 현재 중국을 포함한 국내외 학자들은 한자의 모태가 된 갑골문이 처음에 중국 동북 또는 중국 동부의 '동이' 지역에서 개발된 뒤, 중원으로 이주한 상나라에서 크게 발전시킨 것으로 보고 있다. 이들의 문화는 중원의 원주 문화라 할 수 있는 화하계 문화와 구분되는 특징이 있는데, 이러한 특징은 상나라 문화의 영향을 깊이 받은 한국에서도 찾아볼 수 있다.

필자는 갑골문에 드러나는 몇 가지 문화 현상을 통해 고대 중원의 상나라(은나라) 문화와 한국문화의 유사성을 비교하고자 한다.

참고로, 필자는 아래의 내용을 논문으로 작성해 북경어언대학교에 제출했으며(2013년 5월), 중국 학자들 사이에 많은 논란이 있었으나 결국 중국 교수들의 승인을 받아 학위(석사)를 받았다.

1. 해의 사람 '이(夷)'

중국 사람들이 우리를 포함한 동방 민족을 지칭했던 '동이(東夷)'라는 말은 '동쪽의 이(夷) 사람'이라는 말이다.

그런데 동이에서 '夷(이)'란 한자는 한나라 시기 '허신(30 ~ 124)'이라는 학자가 제작한 한자 자전인 《설문해자》에서 '大와 弓이 합해진 글자'라고 풀이한 이후 줄곧 '큰 활을 쓰는 이방 사람들(야만인)'이라 곡해돼 왔다. '허신'이 《설문해자》를 지었을 당시는 한자가 태어난

3,000여 년 전보다 1,000년 이상 지난 뒤였기 때문에, 한자의 원 뜻을 완벽히 해석할 수는 없었다.

현재 일부 학자들은 이 '이(夷)'가 '大와 弓이 합해진 글자'가 아니라 사실은 '大와 人이 결합된 형태'였으며, 그 의미는 '큰 사람(성인)', 또는 '허리 굽혀 인사하는(躬) 큰 사람', 또는 '무릎을 꿇고 인사하는 사람(跠)'이라고 해석하고 있다. 바로 '신체의 일부를 굽혀 예의를 표할 줄 아는 사람'이라는 뜻이 원래의 의미라고 주장하고 있다(김경일). 그러한 의미를 추론할 수 있는 근거는 다음과 같다.

- 현재 발견되는 활을 뜻하는 갑골문은 ß인데, 갑골문에 드러나는 夷의 모습은 ㅊㅓ으로 활과는 관련이 없다. 갑골문의 ㅊㅓ(夷)는 '큰 사람'을 뜻하는 ㅊ(大)와 '허리(혹은 무릎)를 굽힌 사람의 모습'인 ㅓ (人)으로 구성되어 있는데, 후대에 '몸을 굽히다(弓身)'의 의미를 강조하기 위해 人(ㅓ) 대신 굽은 모습을 상징하는 弓(활 궁)을 사용해 夷, 夷모습으로 발전하며, 결국 현재의 夷(오랑캐 이)자의 모습으로 변화한다.

  학자들 중에는 夷(이)의 원형으로 갑골문의 ㅊㅓ 이외에 夷 모습을 '夷(이)'로 해석하고 있지만, 이 글자는 화살(ㅣ)과 이 화살을 감은 끈(ㄹ) 모습으로, 사람을 의미하는 '夷(이)'의 원형으로 보기 어렵다(김경일).

- 중국의 성군이자 공자가 흠모했던 순(舜)임금은 동이(東夷)였고, 동이를 정벌한 주나라 문왕(BC 1152~BC 1056)은 서쪽의 이[西夷]였으

며, 화하족 왕조인 주나라 황제의 이름 중에도 이(夷)로 호칭되던 왕인 이왕(夷王 재위 BC 877~BC 841)이 있었다.

화하족 주왕조가 끝내 정복하지 못했던 나라가 있다. 중국 남방에서 1,000년 가까이 나라를 유지한 동이 왕조인 초나라(?~BC 223)이다. 문명국 초나라의 웅거왕은 중원 제국의 종주국인 주나라 황제에게 당당하게 "나는 만이(蠻夷, 만 땅의 동이)다."라고 밝히고 있다. 만일 이(夷)자가 '전쟁을 잘하는 오랑캐'의 의미였다면 이들 중국 고대 황제들의 호칭으로 쓰일 수 없었을 것이다.

- 공자(BC 551~BC 479)는 어느 날 자신의 옛 친구인 원양을 방문한다. 그런데 고위 관료 출신의 공자에게 원양은 친구이지만 무릎을 꿇고 그를 맞이한다. 그러자 공자는 그의 무릎 꿇은 다리를 지팡이로 때리면서 그를 심하게 비난한다.

이는 원양이 당시 화하계 주나라 사람들이 무릎을 꿇지 않는 상황에서 동이(상나라)의 풍습대로 무릎을 꿇고 공자를 기다린 것에 대한 공자의 강한 반감의 표현이었다.

공자는 말년에 비록 자신이 '상나라(은나라) 사람'이라고 해 동이(상) 출신임을 밝히지만, 주나라의 제후국인 노나라의 관리가 된 이후 동이의 문화와 풍습에 대해 철저히 배척하는 자세를 보인다.

'원양이사(原壤夷俟, 원양이 무릎 꿇고 기다리다)'라는 고사로 알려진 이 이야기에 '이(夷)'라는 글자가 등장한다. 이 '이(夷)'자에 대해 주자는 '오랑캐'가 아니라 '무릎 꿇고 앉는 것(踑)'이라고 해석하고 있다. 이는 夷(이)의 의미에 '신체(무릎)을 구부리다'라는 의미가 담겨 있음을 뜻한다.

• 중국의 시조인 삼황(三皇) 중 복희(伏羲)와 염제(炎帝)가 수도로 삼 았던 하(夏) 문명의 핵심 지역인 진(陳) 지역(회양)을 춘추전국시대 (BC 479년)에 夷(이)라고 불렀으며, 하나라와 관계가 깊은 것으로 추정되는 중국 서남부의 이족(彝族) 역시 20세기 중반까지 스스로 를 이족(夷族)이라 불렀으나, 20세기 중반 신중국 성립 이후 공산당 의 권유로 이족(彝族)으로 호칭을 바꾸게 된다.

하나라의 후예인 이족(彝族)이 스스로를 이(夷)라 불러왔던 것은 고 대 하나라 시기에 '夷(이)'의 의미가 '오랑캐'의 의미로 사용되지 않 았고 오히려 존중의 의미를 담고 있었음을 반영한다.

• 夷(이)라는 한자는 '평화, 온유함, 상냥함, 기쁨'의 의미를 담고 있는 데, 이는 무기인 활(弓)과는 크게 관계가 없는 의미이다.

• 갑골문에서는 인(人)과 이(夷)가 동일한 의미로 사용되고 있으며, 동이 문명을 이어받은 한국에서는 '사람(人)'을 '이(Yi)'라 부르고 있다.

상기 내용들을 볼 때, 그동안 오랑캐의 대명사이자 중국인들이 우 리나라를 비롯한 동방 제국을 비하해 부르던 '夷(이)'는 최소한 주나 라(BC 1046~BC 256) 초까지는 '전쟁을 잘하는 야만인'을 의미하지는 않았고, 오히려 '문명인의 대명사'로 불렸다고 이해해야 할 것이다.

이렇게 夷(이)는 '무례한 오랑캐'가 아닌 '공손하게 허리 또는 무릎을 꿇는 예절 바른 사람들'을 표현한 말이었다. 허리나 무릎을 굽혀 공손함을 표현하는 방식은 고대 화하족과는 다른 이(夷)족의 특징이었는데, 무릎을 꿇고 생활하는 관습은 동이 문화를 이어받은 한국과 일본에서 여전히 유지되고 있는, 고대로부터 이어져 오는 독특한 풍습이라 할 수 있다.

동이 사람들이 중원 화하족과 달리 무릎을 꿇고 생활한 증거를 정리해 보면 다음과 같다.

- 상나라(BC 1600~BC 1046): 상왕조 마지막 수도로 알려진 은허에서 발굴된 유물 중 무릎 꿇은 인형들이 발견되었다.

은허에서 발굴된 꿇어앉은 인형(은허 박물관)

- 부여(BC 3세기~494): 220~280년 간의 역사를 다룬 중국 정사인《삼국지》에는 "(부여에서는) 번역하는 사람이 말을 전할 때에는 모두 무릎을 꿇으며, 손을 땅에 짚고 조용히 속삭이며 말한다."라고 기록하고 있다. 이는 당시 중국에서는 동이족의 멸망(BC 3세기) 이후 보기 어렵던 중국 사람에게 '특이한 풍습'이었다. 그로 인해 이 풍습

은 특별히 사서에 기록이 된다.

- 고구려(BC 2세기?~668):《삼국지》에 "사위될 사람이 밤에 여자의 집
  문 밖에 와서 자신의 이름을 밝히고는 무릎을 꿇고 절을 한다."라
  는 표현이 보이다.

- 신라: 흉노, 낙랑의 영향을 많이 받은
  한반도 동남부 진한과 그를 이은 신
  라에도 무릎을 꿇고 절하는 풍습이
  있었던 것을 토기 인형을 통해 확인
  할 수 있다.

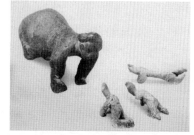

어른과 아이들이 절하는 모습(경주 황남동
출토, 약 1,500년 전)
한국생활사박물관편찬위원회,《한국생활사
박물관 02, 신라 생활관》, 사계절, 2000.

- 조선시대(1392~1910), 한국: 조선시대
  에 어른 앞에서 무릎을 꿇고 앉아 있
  는 풍습이 일반적이었으며, 이러한
  풍습은 한국에서 현재까지 지속되고
  있다.

조선시대 풍속화, 김홍도(金弘道, 1745~?),
조선시대

  그런데 한반도 서남지역에 있었던 마
한 사람에게는 마한 사람에게는 3세기
까지도 어른에게 절할 때 무릎을 꿇고
경의를 표하는 풍습이 없던 것으로 중국 역사서《후한서》에 기록하고
있다. 이러한 마한의 풍습을 통해 알 수 있는 사실은 BC 3세기 중국

동이 세력이 한반도에 대거 유입될 당시 마한은 다른 지역과 달리 중국 동이 사람들의 영향을 거의 받지 않았거나, 유입이 되었어도 지배층이 그런 풍습이 없던 토착민이었음을 뜻한다고 볼 수 있다.

2. 의(衣)

《논어》에는 "옷깃이 왼쪽으로 향하면 이를 좌임이라 한다."라는 기록이 있다. 같은 책에 공자는 "관중이 아니었으면 나는 머리를 풀고 옷을 왼쪽으로 돌려 입었을 것이다."라고 말한 기록이 있다. 이는 중국에서 춘추전국시대(BC 8세기~BC 3세기)에 옷깃을 어느 방향으로 돌리는가에 따라 화하족과 동이족을 구분하고 있었던 사실을 말한다. 이러한 구분은 두 민족 간 민족적 특징을 반영한 것으로, 화하와 동이를 가르는 중요한 지표로 활용되어 왔다.

동이족에 속하는 상나라는 오른쪽 옷깃을 들어 왼쪽 옷깃 위로 올리는 좌임이 일반적이었다. 현재 상나라 문자인 갑골문을 보면 옷을 뜻하는 衣(의)자의 모습 중 동이족의 좌임 형태인 모습이 화하족의 우임 형태인 에 비해 월등히 많은 것을 볼 수 있다.

중국인 손해파(孫海波)가 지은 《갑골문편(甲骨文編)》의 분석에 따르면 衣(의)자 형태의 갑골문이 총 26개 있는데, 이 중 동이족 좌임이 17개, 화하족 우임의 형태가 6개 있고 3개는 확인이 어려운 글자로 분류하고 있다.

이러한 衣(의)자의 좌임 형상은 청동기에 새겨진 금문(金文)에서도 동일하게 발견이 되는데, 금문에서 발견되는 衣(의)자는 대부분 오른쪽 옷깃이 위로 올라간 동이족의 좌임 형태를 하고 있다.

　이러한 전통은 한자에도 그대로 반영되어 서기 100년 한나라 시기에 완성된 자전인《설문해자》에도 역시 좌임으로 그리게 된다.

　따라서 상나라에서는 동이족 전통인 좌임을 주로 했던 것을 알 수 있는데, 이는 오른쪽을 숭상하는 상나라의 전통을 볼 때, 오른손으로 오른쪽 옷깃을 들어 왼쪽 옷깃 위에 올리는 형태인 좌임이 자연스런 습관으로 형성된 것으로 볼 수 있다.

　이러한 좌임의 관습은 동이의 전통이 강한 고대 만주, 한반도 국가

무용총 접객도
왼쪽의 두 사람은 우임을 하고 치마를 입은 외국(중국?) 사신으로 추정되며, 오른쪽의 고구려왕과 하인들로 모두 좌임에 북방 유목민(스키타이)의 전형적 양식인 바지를 입고 있다.

무용총 수렵도
사냥하는 사람의 옷이 동이의 특징인 좌임형태(오른쪽 옷깃이 위로 올려져 왼쪽으로 돌아감)이다.

무용총 무용도
춤추는 사람이나 구경하는 사람들의 오른쪽 옷깃이 왼쪽 위에 올라가 있다

들에서도 드러나고 있다. 고구려 고분인 무용총(4세기)의 벽화를 보면 상류층부터 무사, 평민까지 모두 좌임을 한 옷을 입고 있는 모습이 그려져 있다.

한국의 청동기시대(약 BC 20세기?~BC 4, 3세기) 복장은 일반적으로 몸에 꼭 붙고, 낮은 모자에 하의는 바지를 입은 북방계(스키타이계) 복식이었으며, 상의는 동이계 전통대로 좌임이었던 것으로 추정된다 (김문자). 이는 화하족이 주로 높은 모자에 넓은 허리띠, 큰 천으로 된 옷을 입으며(묵자 공맹편), 왼쪽 옷깃이 위로 올라가는 것과는 차이가 있다.

동이(북방)계 복식 특징

스키타이의 좌임 옷 및 머리 모양(피발좌임), BC 400~350년 Jul-Oba 출토— Treasures from Scytian Tombs, plate 233 김문자, 〈한국 고인돌 사회 복식 고증〉, 2009 전재	청동 인물상, 평양시 상원군 장리 고인돌 무덤 출토, 몸에 꼭 붙은 것을 입고, 뒷면 무늬가 허리 아래, 위로 구분되는 것으로 보아 바지, 저고리를 입은 것으로 판단되며, 이는 대표적인 스키타이계 복식이다. 김문자, 〈한국 고인돌 사회 복식 고증〉, 2009 전재	한국 청동기시대 복장 고증도, 낮은 모자에 좌임을 하고 있다. 김문자, 〈한국 고인돌 사회 복식 고증〉, 2009 전재

화하(중원)계 복식 특징

중국 서주 시기(약 BC 11세기~771) 인형. 높은 모자, 넓은 천으로 된 옷, 우임을 하고 있다. 미국 하버드대 포그(Fogg) 미술관.	중국 서한 시기(BC 202~9) 복장(마왕퇴 1호묘) 왼쪽 깃이 올라간 우임의 형태이며, 넓은 천으로 된 옷이다. 〈한대복식 도안의 장식예술〉, 2008, 중국

위의 고증들을 보면 청동기시대의 상나라는 북방식 좌임을 입었고, 같은 동이 문화권 내의 중국 동북과 한반도에 세워진 국가들에서도 북방식 옷을 입었음을 알 수 있다.

이후 한국은 전통적인 좌임에 중국식 우임을 함께 사용하다가, 국제적 제국이었던 당나라의 복식 영향을 강하게 받은 통일신라시대 (668~935) 이후 현재까지 우임으로 고정되어 한국 전통복인 한복은 우임을 따르고 있다.

3. 곡옥(曲玉)

중국 요령성박물관에 따르면 동아시아에서 발생한 구부러진 귀고리 모양의 옥(옥결)이 처음에 요서지방에서 약 8,000년 전 발생해 7,000년 전에 한국, 일본, 러시아, 중국 동부 지역으로 퍼지고, 지속적으로 중국 내륙에 퍼지다가 최종적으로 2,000년 전 중국 서남 지역까지 퍼지게 되었다고 설명하고 있다.

그러나 요서 지방(홍륭와 문화 지역)에서 최초로 발견된 옥귀고리(옥결)가 요서 지방에서 450Km 이상 떨어진 요동의 수암 지역에서 생산되는 옥으로 만들어졌고, 한국에서 최근 요서 지방(홍륭와 문명)과 시기적으로 비슷하거나 앞선 옥귀고리(옥결)가 발견된 점은 그 기원이 '요서'라고 단정 짓기 어려운 면이 있음을 말하고 있다(우실하).

한국 강원도 고성군 문암리에서 발굴된 8,000년 이상 전에 만들어진 옥결. 우실하 : 《요하문명론》, 소나무, 2007.

요서(홍륭와문명) 지역에서 만들어진 옥결. 우실하 : 《요하문명론》, 소나무, 2007.

중국 최초로 구부러진 귀고리 형상의 옥결이 발굴된 요서 지방에서는 5,000~6,000년 전부터 중국, 한국 문명의 기원과 밀접한 관련이 있는 홍산 문화가 시작되는데, 이때 동물의 머리를 한 구부러진 옥(곡옥)들이 제작된다. 이 동물머리를 한 용(龍) 모습의 옥들은 처음에는 머리 부분이 돼지 같아서 중국 학자들이 돼지용(저룡)이라 부르다가, 이후 곰의 머리로 확인된 후 곰용(웅룡)이라 부르고 있다.

이 곰 머리 모양 곡옥은 이후 상나라(BC 1600~BC 1046)에서 형태를 약간 달리해 발굴되고 있는데, 상나라가 망한 이후에는 한반도와 요령에서 보다 간소한 형태의 천하석(아마조나이트)으로 만든 굽은 옥이 발굴된다.

옥으로 된 곰용(옥웅룡), 신석기시대 후기 홍산 문화(요령성박물관)

상나라 시기 수도 은허에서 발굴된 옥룡(은허박물관)

한국 청동기시대 천하석으로 만든 곡옥(국립중앙박물관)

이 천하석으로 만든 아름다운 곡옥은 BC 7세기경에 제작된 것부터 발굴이 되기 시작하는데, 이는 비파형동검의 요동, 한반도 진출 (BC 6세기)과 관련이 있는 것으로 보인다(김창호). 즉 동이·북방 문화의 복합체인 요서 문화가 요동과 한반도로 진출한 것과 관련이 있는 것이다.

곡옥은 또다시 형태를 약간 달리해 AD 250년 이후 한반도 남부의 국가인 백제와 신라, 가야에서도 다수 발견된다. 특이한 점은 곡옥의 출현 시기가 BC 7세기경부터 BC 300년까지만 출토되고, BC 300년부터 AD 250까지 사라졌다가 AD 250년 이후 다시 나타난다는 것이다

백제 곡옥(국립공주박물관)   6세기 신라 곡옥(국립경주박물관)

(김창호).

　BC 300년경 곡옥이 사라지는 이유는 전국시대 연(燕)나라가 고조선을 2,000리나 빼앗고 요서로 침입한 사실과 관련이 있다고 본다. 당시 연의 침입으로 만주와 한반도에는 급격한 사회적 변동이 있었는데, 이로 인해 곡옥 같은 '사치품'을 만들 여유가 없었을 것이다. 그런데 이렇게 사라졌던 곡옥이 AD 250년 이후 다시 나타난다. 그럼 이때에는 또 어떤 사회적 변동이 요동과 한반도에 있었을까?

　AD 250년경 요동과 한반도 상황은 위(魏)나라 사마의 군대와 고구려가 연합해 요동에 있던 공손연을 토벌하던 시기이다(238). 만주 지역을 장악하고 있던 공손연은 전쟁에 지게 되고 가족, 귀족 70여 명이 참수된다. 그리고 얼마 지나지 않아 위나라는 다시 관구검을 보내 고구려 공격해 크게 물리친다(244). 이 시기 만주 지역은 혼란에 빠지게 되며 만주 서부 지역(요하 유역)의 많은 유민이 남쪽의 한반도와 동쪽의 부여 지방으로 피난하게 된다.

그런데 한 가지 유념할 부분은 공손탁(150~204) 시기 이후로 100여 년간 요동에서 큰 세력을 이룬 공손씨 일가의 성씨가 중국의 시조인 황제(黃帝)와 같다는 점이다. 상나라의 시조였던 황제는 이름이 헌원으로, 상나라와 관련이 깊은 요동의 선비족들이 자신들의 시조로 간주하기도 했던 고대 동이족 출신 임금이다. 중국인은 이 황제를 하나라의 시조인 염제와 더불어 자신들의 시조로 간주하고 있기도 하다.

황제(BC 2697?-BC 2599?)는 성이 '공손씨(公孫氏)'인데 '공손씨' 대신 '유웅씨(有熊氏, 신령한 돕는 곰)'라 불리기도 했던 것으로 볼 때 곰 토템의 사람으로 추정된다. 황제의 성씨인 '공손(公孫)'의 한자적 의미를 직역하면 '귀족의 자손'으로 곰과 관련이 없어 보이지만, 한국어를 통해 '공손'이 곰과 관련이 있음을 유추할 수 있다. 한국에서는 '곰'에 해당하는 한자가 없기 때문에 공(公)자를 대신해 '곰'을 표시한 예가 있다.

요동 공손가와 오랫동안 밀접한 동맹관계에 있던 나라가 한반도 중부에 있었다. 2세기부터 공손가와 사돈을 맺었던 백제이다. 백제는 5세기 고구려에 망해 수도를 웅진(熊津)으로 옮긴다. 이후 웅진은 신라시대에 웅천주(熊川州), 웅주(熊州)로 칭하다가, 고려 태조 때 공주(公州)로 바꾸게 된다(940).

한 지명에 웅(熊)과 공(公)을 사용한 이유는 이 두 글자에 통하는 부분이 있기 때문일 가능성이 높다. 바로 웅(熊)은 곰의 의미를, 공(公)

은 '곰'의 음을 반영한 것으로 해석할 수 있다. 이렇게 곰을 공으로 음역했던 예를 감안하면 공손(公孫)은 '곰의 자손'으로 해석할 수 있을 것이다. 공주(웅진, 熊津)는 백제시대 곰(gom)을 뜻하는 한국어 고마 (固麻, goma)라고 불리면서 한자로는 웅진(熊津)으로 썼는데, 웅진(熊津)의 한국식 뜻을 풀면 '곰 나루'로서, '곰의 나라(gom nara)' 곧 '큰 나라'라는 뜻으로 해석할 수 있다.

이렇게 곰 토템을 가진 사람들은 일반적으로 한반도 북부, 요동, 시베리아 지역 사람들로서, 한반도 남부에 곰 토템 전파는 요동 지역의 공손씨 세력과 그의 연합국인 부여, 그리고 이들 지역에서 남하해 건설된 백제와 관련이 있으며, 이들의 남하는 또한 곰과 관련이 있는 곡옥의 전파와도 관련이 있을 것으로 추정된다.

한국에서는 고대에 이 옥으로 된 구슬을 금이나 은보다 소중하게 여겼으며, 한반도 남부 왕조인 백제(百濟, BC 18~AD660)와 신라(新羅, BC 57~AD935), 가야(伽倻, ?~562) 왕릉의 부장품으로 곡옥을 사용한 목걸이와 금관 등을 흔히 볼 수 있다. 따라서 당시 곡옥은 왕권과 지배계급의 강력한 권위를 나타내는 상징으로 사용되었던 것을 알 수 있다. 일본에서도 같은 형태의 곡옥이 발굴되는데, 이는 일본에서 생산되지 않는 견고한 옥, 즉 경옥(硬玉)으로 만들어진 것으로, 한반도 북부나 중앙아시아 투르키스탄에서만 나며, 369년 부여의 유민이 왜를 정복한 뒤 시베리아식 무속 풍속과 함께 전파된 것으로 보인다(Jon Carter Covell).

4. 고대 욕조(浴槽)

동이 문명을 흡수한 부여는 한반도 중남부로 남하해 백제를 세운다. 백제의 수도 공주와 부여에는 중국 상나라(BC 1600~BC 1046) 귀족들이 주로 제사를 위해 몸을 정결하게 씻었던 용도로 사용했을 것으로 추정되는 욕조와 같은 형태의 석조가 남아 있다.

이 욕조는 백제(BC 18~AD660)시대에 제작되었는데, 현재 그 용도에 대한 정확한 학설은 없으나, 발굴된 지역이 왕궁이 있던 장소이고, 고대 동이 지역(중국 동북, 한반도)에서 일상적으로 사용되던 제사용 그릇인 두(豆)와 형태가 비슷한 것으로 보아 왕의 제사 의식과 관련이 있는 것으로 추정된다.

중국 후한(25~220)의 역사를 기록한 《후한서》에는 중국인이 고대 만주와 한반도에 살던 동이 사람들이 당시 중국에서는 사용하지 않던 제사용 그릇을 사용하고 있는 것을 보면서 '중국보다 훌륭한 점'이라고 부러워하고 있는데, 그 모습이 대체적으로 백제시대 왕궁에서 발굴된 욕조와 유사한 면이 많다.

"동이 사람들은 제사용으로 사용되는 발이 높은 그릇(豆)과 쟁반을 사용하는데, 이는 이른바 '중국이 예(제사)를 잃어버리고 사방의 이(夷) 사람들에게서 그것을 구한다.'라고 하는 말을 일깨워준다. 동이와 부여는 마시고 먹는 데 모두 제사용 쟁반과 그릇인 조두(俎豆)를 사용하는데, 유독 읍루만 그러한 풍습이 없다."《후한서》

이를 볼 때 백제 당시에 고대 상나라의 풍습처럼 '제사용 그릇'을 보편적으로 사용한 것을 알 수 있다. 그러한 풍습의 형태 중 하나가 왕이 제사할 때 높이 올려진 커다란 '제사용 돌그릇'에 들어가 자신의 몸을 씻는(바치는) 의례로 볼 수 있다.

갑골문에 나오는 욕(浴)자(🜂, 🜄)와 백제 석조(石槽)

물에 젖은 사람( )이 오른쪽 욕조와 같은 형태의 욕조( )에서 몸을 씻고 있다.	백제시대 석조. 충청남도 공주시 (국립공주박물관)

물에 젖은 사람( )이 오른쪽 형태와 같은 욕조( )에서 몸을 씻고 있다.	백제시대 석조. 충청남도 부여군 (국립부여박물관)

굽다리 접시 '두(豆)'의 이동: 동이 사람들이 제사용으로 썼을 뿐 아니라 일반 식기로도 사용했던 그릇. 중국에서는 동이 문명이 사라진 뒤 없어졌으나 한국에서는 현재까지도 이러한 형태의 그릇으로 제사를 지낸다.

① BC 24세기~BC 14세기 신석기시대 요령 지방의 두(豆). (요령성박물관)
② BC 16세기~BC 11세기 청동기시대 중원 상나라의 청동 두(豆). (은허박물관)
③ BC 2세기?~AD 3세기? 한반도 동북 옥저지역(함경북도) 두(豆) (국립중앙박물관)
④ AD 1세기~ AD 3세기 한반도 남부(경남) 왜(倭)식 두(豆) (국립중앙박물관)
⑤ 신라시대 두(豆)(국립경주박물관)
⑥ 백제시대 두(豆)(국립부여박물관)

5. 윷놀이

한국 민족의 대표적 전통 놀이인 윷놀이 역시 갑골문의 '학(學)'자, '교(敎)'자와 관련이 있을 것으로 추정된다.

갑골문에 나오는 학(學) , 과 교(敎)

(學)

두 손을 뜻하는 와 점치는 도구를 뜻하는 네 개의 나무토막 (爻, 효 – 점 괘를 만드는 획)로 이루어져 있으며, 나무토막 네 개를 들어 던지는 형상을 하고 있다.

(敎)

손에 회초리를 들고 (攵) 아이에게 (子) 네 개의 점치는 나무토막 (爻)에 대해 가르치고 있다.

한국에서는 윷놀이의 기원을 상나라와 풍습이 유사했던 부여에서 시작된 것으로 보고 있다(한국민속대백과사전). 윷놀이와 관련된 기록은 《북사》에 돌궐과 백제가 윷놀이와 비슷한 저포를 했다는 기록이 있기도 하다. 백제는 고구려와 같이 부여에서 갈라져 나온 나라이며, 곡옥에서 보듯 신라 역시 백제와 풍습이 비슷했으므로, 한반도에서 삼국시대에는 부여에서부터 시작된 윷놀이가 널리 퍼졌을 것으로 짐작할 수 있다.

앞서 밝혔듯이 부여는 갑골문을 창제한 상나라 문화의 영향을 많이 받은 나라로, 갑골문을 볼 때 상나라 때(BC 1600~ BC 1046)에도 나무토막 넷(爻)을 이용한 점복의 풍습이 있었던 것을 알 수 있다.

윷놀이의 기능은 현재는 놀이의 형태로 남아 있지만, 한국 고대의 연중행사와 풍습을 설명한 책인 조선시대(1392~1910) 《동국세시기(東國歲時記)》에는 다음과 같이 기록하고 있다.

"제야(음력 12.30)와 설날(음력 1.1)에 윷을 던져서 괘(卦)를 보아 새 해의 길흉을 점친다. 그 점치는 법은 64괘로 나누어 각각 주사(繇辭, 점괘에 따르는 말)가 있다."

이 기록으로 볼 때 윷놀이가 한 해의 운수나 풍흉(豊凶)을 점치는 풍속이었음을 알 수 있다. 고대인에게 점을 친다는 것은 단순히 '놀이'가 아닌 신과의 대화하는 수단이므로 수천 년 전 윷놀이(윷점)는 우리가 상상하는 것보다 더욱 신중하고 진지한 행사 중 하나였음을 알 수 있다.

또한 윷놀이(윷점)의 점괘가 64개나 있었고, 그 하나하나에 점을 풀이한 말(주사)이 있었다는 것은 윷놀이가 단순히 놀이가 아니라 복잡하고 오묘한 철학이 담긴 고대세계 철학의 집대성으로, 대대로 '가르치고' '배워야 할' 하나의 '학문'이었음을 뜻한다.

6. 기타

갑골문과 한국 문화 사이의 관계는 다른 여러 가지 유물로도 증명이 된다. 갑골문에 나오는 𩓥(復, 다시 부) 이라는 글자는 밖에서 안으로

들어가는 모습을 상징하는 발바닥 모양인 ᚠ(夊 천천히걸을쇠발)와 🖬
모양의 '땅을 파서 만든 집'으로 이루어져 있다. 사각형의 땅 속 집과
통로를 그린 이 모습은 뜻밖에도 현재 한반도 중부에서 자주 발견되
고 있다.

고대 한반도에 방문했던 중국인들은 한반도와 만주 사람들이 이러
한 집에 살았다고 기록하고 있다.

"(마한 사람들은) 흙으로 집을 만들었는데, 마치 무덤과 같았고, 문은
위로 나 있었다."《후한서》

"(읍루 사람들은) 평소에 땅을 파고 그곳에 산다. 큰 집은 계단(사다
리)을 땅 속으로 아홉 칸이나 놓을 정도로 깊은데, 계단이 많을수록 좋
은 집으로 여긴다."《삼국지》

이러한 상나라의 갑골문과 한반도 지역의 문화적 공통점은 새끼줄
로 자손을 표현하는 풍습을 통해 다시 한 번 확인할 수 있다. 한국에
서 아들을 낳았을 때 새끼줄을 집 앞에 걸어 두어 '자손이 이어졌음'
을 외부인에게 알리거나, 장례식에 자손들이 새끼줄을 머리와 허리에
두르는 풍습이 있다. 바로 '새끼줄'이 '대대로 이어지는 자손'을 의미
하기 때문으로 해석할 수 있는데, 이는 고대 갑골문 속의 孫(손자 손)
이 만들어진 원리와 같아서, 孫(손)자는 자손(子)이 마치 길게 이어진
새끼줄(糸)처럼 끊임없이 이어지는 모습을 반영하고 있다.

| 결어 |

동이로 불리는 '태양족' 즉 '해족'의 흔적은 동북아시아 3국(한국, 중국, 일본) 이외에도 헝가리를 포함한 동유럽, 중앙아시아, 몽고, 아메리카 등에도 찾을 수 있다. 잘 알려져 있지 않지만 아메리카 원주민과 한국 사이에도 믿기 어려울 정도의 문화적, 언어적, 인종적 유사성이 있음이 여러 학자들에 의해 밝혀지고 있다. 몽고반점이나 윷놀이 풍습, 해를 숭상하고 편두를 했던 풍습, 새를 숭상했던 풍습, 유사한 언어 등 두 지역 사람들 사이에는 많은 유사성이 있으며, 현재 유전학적으로도 아메리카 원주민들은 동북아시아에서 건너간 사람들의 후예임이 증명되어 있다.

고대 한국인과 북아메리카 원주민 사이의 공통점에 관해 한 가지 예를 들면 자신의 등가죽을 뚫어 용기를 과시했던 풍습이다. 이 '불가사의(不可思議)'한 풍습은 고대 한반도 국가인 마한에서 이루어진 풍습인데, 북아메리카 인디언 역시 축제를 할 때 자신의 등가죽을 뚫어 동아줄을 연결해 자신을 높은 곳에 매달며 용기를 과시했다.

"(마한) 사람들은 크고 용감한데, 젊은 사람들이 건물을 지을 때에는 자기를 과시하느라, 등가죽을 뚫어 새끼줄을 연결한 뒤 나무를 끌면서 즐겁게 소리 지르는 것을 자랑으로 여긴다."《후한서》

중국 학자들은 고대 동이 국가였던 '상나라(BC 1600~BC 1046)' 문화와 아메리카 원주민 문화 사이에 유사점이 있음을 오래전부터 발견하고 연구 중에 있다. 그들 가운데는 아메리카 원주민이 중국에서, 특히 고대 상나라에서 이주한 사람들이라 주장하는 사람이 많다. 최근 한국에서는 아메리카 원주민 언어와 한국어 사이의 유사성에 관해 연구하고 있기도 한다.

한자를 창제한 상나라 사람들은 고대 고조선 지역, 즉 만주 서부에서 중원으로 남하한 사람들이고, 이들의 문명은 상나라뿐 아니라 고대 동북아시아 동이 사람들이 가지고 있던 동북아시아 공통 문명이다. 따라서 중국 학자들의 주장대로 상나라 문명이 '중국에서 아메리카로' 이주한 것은 옳지 않고, 중국 동부와 만주, 한반도 일대의 해족(이족, 예족) 가운데 일부가 아메리카로 이주한 것으로 이해하는 것이 옳다.

동이 문명의 중심축 가운데 하나인 '갑골문의 나라' 상나라(은나라)는 중원에서 멸망하여(BC 1046년) '조상의 땅' 조선(고조선)으로 이주했다. 그들의 영향력은 처음에는 한반도에 직접적으로는 미치지 못했으나 긴 세월을 두고 서서히 한반도에 깊이 뿌리내리게 된다. 그러나 그 과정이 순탄치만은 않아서 '삼국 분열'이라는 갈등의 씨앗이 되며, 고대 한반도 역사를 소용돌이 속으로 몰아넣게 된다. 이렇게 고대세계 역사의 주역이었던 동이 문명의 흐름을 넓은 관점에서 살펴보면 동이의 후예인 한국, 중국, 일본 간 여러 역사적 미제(謎題)를 해결할 수 있다.

중국 문명의 양대 축이었던 화하 문명과 동이 문명은 화하족의 중원 지배 이후 줄곧 화하족 입장에서 역사를 기술해 왔기 때문에 동이족이 중원에서 이룬 찬란한 문명이 현재 제대로 평가받지 못하고 누락되거나 왜곡되어 전해지고 있다. 한국 역시 BC 11세기 이후부터 시작된 중국계 동이족(상족, 구이)의 중국 동북과 한반도로의 이주를 그동안 부인해 왔고, 그들의 문명이 한반도 미친 영향에 대해 외면해 왔다. 일본도 예외가 아니어서 한반도에서 이주한 사람들(부여족, 예족, 왜족)이 BC 3세기 이래로 창조한 문명을 축소, 왜곡해 기술하므로 후대에 바른 역사관을 심지 못하고 있다.

한중일 역사에 필요한 점은 현재의 자문화 중심적 가치관에서 벗어나 역사에 대해 솔직해져야 한다는 점이다. 동아시아 문명을 이끌었던 주요 문명인 동이 문명은 어느 한 국가나 민족의 문명으로 단정 지을 수 없는 복합적 문화이다. 동이 문명은 과거에서 현재까지 전 동아시아 사람들의 문화에 지대한 역할을 하는 살아 있는 문명이다. 또한 향후 한중일 삼국을 화해시킬 수 있는 중요한 열쇠가 될 것이다.

현재 세계에서 한중일 삼국의 정치적, 경제적 위치가 날로 증가하고 있다. 새로운 세계의 중심축으로서 삼국의 역할이 강조될 것으로 예상되는 상황에서 상호 과거의 오해를 풀고 미래를 향해 매진하는 일은 비단 한중일 삼국뿐 아니라 세계를 위해 필요한 일이다.

동이 한국사

동이(東夷): 해 뜨는 곳에 사는 큰 사람(大人)

| 서문 |

우리는 지금까지 스스로를 '단일민족'이라고 여기고 유사 이래로 한반도를 터전으로 삼아 살아왔다고 여기고 있다. 그러한 생각은 한편으로 강한 민족적 집중력을 가져와 빠른 경제성장을 이루게 했지만, 한편으로는 주변 민족과 구분 짓고자 하는 '자문화 중심주의'를 양성한 것도 부인할 수 없는 사실이다.

이 글을 통해 필자는 그러한 고정된 생각의 틀을 넓혀 보고자 한다. '우리'의 범위에 대해 다시 한 번 생각해 보고, '우리'가 누구이고 어떻게 형성되었는지를 같이 고민해 보고자 한다. 이러한 노력은 '우리'의 참 모습을 찾아가는 의미 있는 노정이자 이웃 국가들에 대한 존중과 상호 역사적 오해를 풀 수 있는 지름길이 되리라 믿는다.

고대로부터 한반도는 생각보다 왕성한 문화의 집결지였다. 신석기시대 4대 문물이 모두 한반도와 그 주변에서 발견되는 사실은 그만큼 많은 외부 사람들이 한반도를 종점으로 하여 모여들었음을 뜻한다.

한국 고대 삼국의 역사 역시 이렇게 외부에서 유입된 세력과 선주(先住)세력 사이의 갈등과 연합에 의해 이루어지게 되는데, 특히 중국의 정치적, 사회적 혼란은 한반도 국가들에게도 심대한 영향을 미쳐왔다. 이러한 사실은 우리 역사학계에서 그동안 소홀히 여겨왔던 부분이기도 한데, 그 이유는 주변과 구분되는 문화와 언어를 지닌 한민족이 외부와 상관없이 수 천 년 동안 만주와 한반도에 국한되어 살아왔을 것이라는 '편견'때문일 것이다. 삼국의 역사적 인과를 해석하기 위해서는 이러한 편견을 넘어서서 중국과 일본을 포함하여 넓은 관점에서 바라보아야 할 것이다.

고대 사서를 보면 청동기시대 이후로 중국이 전란이 있을 때마다 많은 사람들이 한반도로 밀려왔던 것을 알 수 있다. 그렇게 한반도로 이주해 온 사람들은 한반도 원주민과 함께 새롭고 창의적인 문화를 창조하여 왔다. 한반도에서 일본으로 이주해 간 사람들 역시 일본의 원주민과 연합하여 일본의 문화를 만들어갔다. 따라서 동양 삼국의 역사는 서로 떼어놓을 수 없는 연결고리를 가지고 있다고 할 수 있다.

필자의 소원은 이 책을 통해 이제는 사람들이 '역사'를 '아(我)'와 '비아(非我)'의 '투쟁'으로 보지 말고, '아(我)'와 '비아(非我)'를 '상생'시킬 수 있는 주인공으로 여겼으면 하는 것이다.

역사 비전문가로서 제도와 틀을 넘어서 자유로운 상상을 펼치며 이 책을 쓸 수 있었다. 그래서 곳곳에 견강부회(牽强附會)하는 듯한 부분이 있을 수 있다. 그러나 제도권 밖에서 좀 더 새로운 관점으로 역사를 보다 보면 의외로 우리가 풀지 못한 역사의 미스터리가 풀릴 가능성이 있으리라는 신념을 가지고 책을 끝까지 완성했다.

부디 이 글을 읽는 독자 여러분께서 넓고 열린 마음으로 이 책을 보고 우리 스스로에 대해서 다시 한 번 생각해 보는 계기가 되기를 바란다.

〈고조선 멸망(BC 108) 이후 한반도 주변 국가들〉

〈삼국 왕조 계보〉

구분	신라				고구려		백제	
세기	왕명	즉위	성	왕호	왕명	즉위	왕명	즉위
BC 1	혁거세	BC 57	박	거서간	추모(주몽)	BC 37	소서노	BC 42
					유리명	BC 19	온조	BC 18
1세기	남해	6	박	차차웅	대무신	18	다루	28
	유리	24	박	이사금	민중	44		
	탈해	57	석	이사금	모본	48		
	파사	80	박	이사금	태조	53	기루	77
2세기	지마	112	박	이사금	차대	146	개루	128
	일성	134	박	이사금				
	아달라	154	박	이사금	신대	165	초고	166
	벌휴	184	석	이사금	고국천	179		
	나해	196	석	이사금	산상	197		
3세기	조분	230	석	이사금	동천	227	구수	214
	첨해	247	석	이사금	중천	248	사반	234
	미추	262	김	이사금	서천	270	고이	234
	유례	283	석	이사금			책계	286
	기림	298	석	이사금	봉상	292	분서	298

세기								
4세기	흘해	310	석	이사금	미천	300	비류	304
							계	344
	내물	356	김	이사금	고국원	331	근초고	346
					소수림	371	근구수	375
					고국양	384	침류	384
					광개토	392	진사	385
							아신	392
5세기	실성	402	김	이사금			전지	405
	눌지	417	김	마립간	장수	413	구이신	420
							비유	427
	자비	458	김	마립간			개로	455
							문주	475
	소지	479	김	마립간			삼근	477
					문자명	492	동성	479
6세기	지증	500	김	마립간	안장	519	무령	501
	법흥	514	김	왕	안원	531	성	523
	진흥	540	김	왕	양원	545	위덕	554
	진지	576	김	왕	평원	559	혜	598
	진평	579	김	왕	영양	590	법	599
7세기	선덕	632	김	왕	영류	618	무	600
	진덕	647	김	왕				
	무열	654	김	왕	보장	642	의자	641
	문무	661	김	왕				

중국 역대 왕조

하 BC 2070?~BC 1600?
상(은) BC 1600?~BC 1046
주 BC 1046~BC 256
　　서주 BC 1046~BC 771
　　춘추전국 BC 770~BC 221

진(秦) BC 221~BC 206
한 BC 206~220
삼국(위촉오) 220~280
진(晉) 265~420
　　서진 265~317
　　동진 317~420
　　오호십육국 304~439

남북조 420~589
수 581~618
당 618~907
오대십국 907~960
　　요 916~1125
송 960~1279
　　북송 960~1127
　　서하 1038~1227
　　남송 1127~1279
　　금 1115~1234
원 1271~1368
명 1368~1644
청 1616~1912

▷ 본서는 국사편찬위원회의 연구를 많이 참고했다.

I. **신라**의 성립과 발전

1. 신라에 유입된 진한 유민과 진(秦) 유민

경상도 지역의 진한은 충청도, 전라도 지역의 마한과 마찬가지로 북방의 조선이 멸망하면서 그 유민이 한반도로 남하하여 세워진 국가임을 여러 사실로 알 수 있다. 후대 신라로 통일되는 한반도 동남부의 진한, 변한 지역은 원주민과 북방에서 밀려온 고조선인(예족), 그리고 중국에서 난리를 피해 도피해 온 사람들(맥족)이 모여 살던 곳으로, 동시대의 마한과 달리 말을 탈 줄 아는 등 북방 유목민의 특징을 많이 가지고 있었다.

기록들을 보면 진한에는 기원전에 크게 두 번의 대규모 외부 세력의 유입이 있었다. 첫 번째 유입은 요서에 있던 조선(기자조선)이 BC 3세기 연나라 공격으로 한반도로 위축되면서 있었다. 조선 유민이 요동과 한반도 북부로 밀려들자 만주의 진조선(진한) 기층민 예족이 한반도 남부로 이주하여 새로운 진한(辰韓)을 세운다. 한반도 동남부로 이주한 이들 북방 조선(진한) 유민들은 6촌을 세우고 신라 원주민들과 함께 살아간다.

둘째는 중국 서쪽 끝에 위치한 진(秦, BC 221~BC 206)나라 사람들을 포함한 맥족(호)의 이주다. 진나라는 중국을 최초로 통일한 진시황의 나라인데, 신라와 거리상으로 1만 리나 떨어진 두 지역 간의 교류는 선뜻 이해하기 어렵다. 하지만 중국 역사서에는 신라 사람들이 진(秦)나라 사람들이었음을 말하고 있다.

"진한(辰韓)은 마한의 동쪽에 있는데, 스스로 말하기를 자신들은 진

(秦) 나라에서 도망 온 사람들로서, 부역을 피해 한(韓) 나라로 왔는데, 한(韓)나라에서 동쪽 지역에 거하도록 떼어 주었다고 한다. 성과 목책을 세우며, 언어는 진(秦)나라와 유사하여, 혹자는 그 나라를 진한(秦韓)이라 부르기도 한다. 소를 부리고 말을 탈줄 안다."《진서(晉書)》

이렇게 기원전에 현재 경상도 지역(진한)은 출신이 다른 여러 부류의 사람들이 섞여 살았다. 이들 경상도 지역에 살았던 사람들을 정리하면 신라 원주민 외에 진한, 변한, 낙랑(조선), 왜(부여, 동예) 등이 있다. 이와 관련하여《삼국사기》에는 다음과 같이 기록하고 있다.

"38년(BC 20) 봄 2월에 진한에서 호공을 마한에 보내 예방했다.(중략) 호공은 '진한(辰韓) 유민들로부터 변한, 낙랑, 왜 사람들까지 경외하지 않는 사람들이 없게 되었지만 우리 왕은 겸손하시어 신을 보내 예방을 하게 하셨습니다.'라고 말했다. (중략) 이 일에 앞서 중국 사람들이 진(秦)나라의 난리에 고통 받다가 동쪽으로 온 사람들이 많았는데, 그중 많은 사람들이 마한의 동쪽에 있으면서 진한(辰韓) 사람들과 섞여 살았다."《삼국사기》

상기 기록 중에서 "진한(辰韓) 유민들로부터 변한, 낙랑, 왜 사람들까지"라는 표현은 중요하다. 왜냐하면 신라 지역 원주민 입장에서 보면 이들이 모두 '외래인'이기 때문이다. 그중 '진한(辰韓) 유민'은《삼국사기》에 '조선의 유민'이라고 표현되고 있는데, 구체적으로 BC 3세기 연나라의 공격으로 만주에서 내려와 한반도 동남부에 정착하여 신라의 기초를 쌓은 고조선 사람들을 말하고 있다.

여기에서 알 수 있는 사실은 진한(辰韓)이 처음부터 한반도 동남부에 있던 나라가 아니라 한반도 북부에서 만주 지역에 폭넓게 분포해 살던 국가로, 진조선(진한)[1]을 의미하고 있다는 점이다.

중국을 정복하여 청나라를 세운 만주인(여진인)들이 자신들의 기원지인 만주에 대해 풍속, 지리 등을 기록한 책이 있다. 1739년에 편찬된 《흠정만주원류고》라는 책이다. 만주인(여진인)들은 사실 고구려, 발해의 구성민들로 우리와 혈연적, 문화적으로 가까운 사람들인데, 그들은 자신들이 살던 땅에 대해 다음과 같이 이야기한다.

"첫째로 부족에 관하여 말하자면, 숙신씨(BC 11세기 주나라가 상나라를 멸했을 때 하례한 고대 중국 동부 민족) 이후로, 한(漢)나라 시기에는 삼한(三韓)이었고, 위진 시기에는 읍루였다. 위나라 시기에는 물길이었고, 수당 시기에는 말갈, 신라, 발해, 백제 등의 나라였다."

즉, 한나라(BC 202~ AD 220) 시기에 만주와 한반도는 세 개의 한국(삼한)이 있었고 이들의 땅에 말갈, 신라, 발해, 백제가 들어섰다는 이야기이다. 따라서 '조선 유민'의 나라 '진한'은 원래부터 경상도 지역의 작은 부족연합이 아니라 여진족이 살던 지역, 즉 후대에 진국(震國,

---

1) 《선우씨기씨(鮮于氏奇氏)족보》에는 다음과 같은 기록이 있다. "기자(箕子)의 아들 송(松)이 처음 주나라 명을 받아들여 조선후(朝鮮侯)가 되었는데, 한후(韓侯)라고도 한다. 한(韓)은 방언으로 '크다'는 뜻이다." 이는 '조선'과 '한'이 서로 같은 나라임을 뜻한다.

振國 = 발해)이 세워지는 만주 지역이라고 볼 수 있다.

신라 지역에 유입된 진한(조선) 유민을 BC 2세기 평양에 있던 위만 조선이 한(漢)나라에 멸망(BC 108)했을 때 남하한 사람들로도 해석할 수 있다. 그러나 당시 위만조선이 있던 땅은 과거 '마한'이 있었던 평양이 중심이었기 때문에 위만조선이 망하면서 '진한'유민이 내려왔다고 기록하진 않았을 것이다. 위만조선 당시 한반도 주변에는 '진한'이라는 나라에 대한 기록이 없고 요동 만주에는 부여가, 한반도 북부에는 위만조선이, 한반도 남부에는 진국(辰國)이 있었다.

또한 "진(秦)나라를 피해 온 중국 사람이 동쪽으로 이주해 와서 진한(辰韓) 사람들과 섞여 살았다."라는 내용은 진한 사람들이 중국 진(秦)나라 유민들이 유입되기 이전에 먼저 살았음을 말한다. 따라서 이 내용은 진(秦)나라 멸망(BC 206) 이전에 있었던 사실을 기록한 것이지 위만조선이 멸망할 당시(BC 108)의 기록이 아니다.

그러므로 '진한(辰韓) 사람들'과 '진(秦)나라를 피해 온 중국 사람들'은 모두 BC 3세기 중국의 대규모 혼란으로 인해 한반도 동남부로 이주한 것을 알 수 있는데, 요동의 진한(진조선) 사람들이 먼저 연나라의 공격으로 남부로 이주해 왔고, 그 뒤 진(秦)나라가 중국을 통일하고 백성들을 억압하자, 폭정과 곳곳의 난리에 못 이긴 중국 북방 사람들(맥, 흉노)이 진나라 멸망(BC 206) 이전 신라에 유입된 것을 알 수 있다.

신라 지역에는 진한, 진(秦)나라 유민 외에도 이후 여러 차례 외부 세력이 유입되는데, 특히 중국 북부의 흉노계, 선비계 사람들의 이주가 두드러진다. 그들은 신라 역사를 이끌어가는 주역이 되는데, 이렇게 유독 신라에 흉노계(선비계) 이주민이 많이 유입되는 이유는 한반도 남서부에 강력한 국가인 '마한'이 자리하고 있어서 그곳을 피해 정착했기 때문이었다.

2. 신라에 유입된 '낙랑' 사람들

진한 유민과 진(秦)나라 망명인들이 신라 지역에 유입된 뒤 시간이 흘러 박혁거세가 왕이 될 당시(BC 1세기) 신라 지역은 급격한 사회적 변동을 겪게 된다. 바로 이 시기(BC 1세기)에 신라에 평양 지역 위만조선(낙랑)의 철기문화가 본격적으로 유입되는데, 이러한 북방 문화의 유입은 다음과 같은 은유적 표현으로 기록된다.

"(BC 53년) 봄 정월에 용이 알영정에 나타나 오른쪽 옆구리로 여자 아이를 낳았다. 시조(박혁거세)가 이를 듣고서 맞이하여 비로 삼았다. 행실이 어질고 안으로 잘 보필하여 당시 사람들이 이들을 두 성인(聖人)이라 불렀다.《삼국사기》

역사서에 '용'의 등장은 집권층 내부의 정권 교체나 국가적 재난을 상징한다. 용이 알영정에 나타났다고 하는 것은 박혁거세가 집권할 당시 '용'으로 대변되는 '외부 세력'이 유입되어 '두 성인'으로 비유되는 두 부류의 지배층이 병립했던 것을 뜻한다. 이 외부에서 유입된 세력은 위만조선이 멸망하면서(BC 108년) 남부로 이주한 북방계(흉노계)

낙랑 사람들 세력으로 추정된다.

BC 6년 백제 온조왕은 "(백제의) 동쪽에 낙랑이 있고 북쪽에 말갈이 있다."라고 말한다. 위만조선을 물리친 한나라 군현 '낙랑'은 한강 유역 백제의 북쪽인 평양 지역에 있었다. 그런데 백제의 온조왕은 "백제의 동쪽에 낙랑이 있다."라고 말하고 있는 것이다.

그렇다면 온조왕이 말한 백제 동쪽에 있다는 낙랑의 실체는 무엇일까? 낙랑 사람들은 위만(기자)조선 사람들과 같은 사람들로 북방 흉노계(기자조선계) 사람들이다. 위만조선이 한나라에 공격을 당하자(BC 108) 위만조선 사람들 중 많은 사람들이 피난할 적당한 곳을 찾는다. 그런데 평양 근처의 위만조선 사람들은 남부의 강력한 라이벌이자 적국이었던 '마한(백제는 마한 연방국임)'으로 갈 수 없었다. 따라서 마한을 피해 충청북도, 경상북도 일대로 이주하게 된 것으로 보인다.

이러한 위만조선인(낙랑인)의 이주는 위만조선을 물리친 한나라 '낙랑군'의 영토를 한반도 중북부에서 한반도 동남부로 확장시키는 역할을 한다. 이 낙랑인(위만조선인) 세력은 경상도 일대에까지 진입하여 《삼국사기》에는 '말갈(맥)'이라는 이름으로 자주 등장한다.

후대 신라의 지배층으로 등장하는 이들 '낙랑(위만조선인, 말갈인, 맥인)' 사람들은 중국 사신에게 자신들(신라인)이 '낙랑인'과 같은 사람들이라고까지 이야기한다. 따라서 이들 낙랑(위만조선) 이주민은 진한(단군조선) 이주민과 더불어 신라 지역에 등장한 선진 문화를 가진 강력한 두 세력 중 하나였고, 이 두 세력은 '두 성인'으로 비유된 박씨(진한계)와 김씨(낙랑계) 세력이었음을 알 수 있다.

3. 고구려에서 도망 온 '석탈해'

서기 3년, 박혁거세와 알영정에서 태어난 왕비(낙랑계 조선인)의 치세로 안정을 찾아가던 신라(진한)에 또다시 용이 등장한다. 이는 신라에 무엇인가 변란이 있었음을 의미하는데, 이 시기 신라에 나타난 용은 어떤 세력이었을까?

서기 3년은 고구려에서 대보(大輔)의 관직을 맡았던 고구려의 재상 협보(陜父)가 왕(유리왕)에게 간언을 하다 관직을 박탈당하게 되자 분하여 남한(南韓)으로 달아난 해이다. 남한이란 남쪽의 한국으로서, 삼한(마한, 진한, 변한)을 말한다.

'남한'으로 도망간 '협보'는 고구려 시조 동명왕(주몽)과 함께 동부여에서 이주하여 고구려를 건국한 건국 시조로 고구려에서 대단한 권력가였다. 그런 그가 '남쪽 한(남한)'으로 망명했다면 남한지역에 커다란 정치적 변동이 있었을 가능성을 제기한다. 그렇다면 '고구려 건국 시조' 협보가 이주한 '남한'은 마한, 진한, 변한 중 어디였을까?

협보가 남한으로 달아난 이 시기(AD 3년)에 경주 지역 신라(진한)에는 큰 변란이 일어난다. AD 4년 시조 박혁거세가 사망하고 왕비도 죽으며(4년), 낙랑이 수도까지 침입해 온다(4년). 이후 새로 등극한 왕(남해)이 외부에서 이주해 온 석씨 탈해(석탈해)를 발탁해 딸을 주며 사위로 받아들인다(8년). 석탈해는 왕의 사위가 되자마자 신라에서는 없던 관직이자 고구려의 협보가 맡았던 관직인 '대보'라는 직함을 신라로부터 받게 된다(10년).

이러한 사건들을 볼 때 석탈해는 고구려 협보일 가능성이 크며, 그가 고구려를 탈출해 신라에 망명한 뒤 점차 진한을 장악하여 정계에 진출한 사람으로 볼 수 있다.

신라에 망명한 고구려 재상 협보의 이름을 풀어 보면 '협(陜) 어르신'이라는 말로, 신라에서 비슷한 시기에 재상에 오른 석탈해의 성씨인 '석(昔)씨'와 관련이 있어 보인다. 협(陜)과 석(昔)은 중국어로 '샤', '시'로 읽히는데, 모두 동이족이 숭배하던 '새'와 관련이 있는 말이다. 협보가 처음 신라(진한)에 도착했을 때, 까치가 날아 울면서 따랐기 때문에 까치 작(鵲)자의 한자 오른쪽에 있는 석(昔)으로 성씨를 정했다는 《삼국사기》의 기록은 석탈해가 '새'와 관련이 있는 사람임을 말하고 있다.

또한 석탈해의 이름인 '탈해(脫解)'의 뜻은 '해(解)로부터 벗어나다(脫)'라는 말로 당시 그(협보)를 쫓아낸 고구려 유리왕의 본래 성씨가 '해(解)'씨였음을 감안할 때 '탈해'는 '해씨(유리)로부터 탈출했음'을 의미하는 이름으로 해석할 수 있다.

4. 석씨의 세력 확장과 김씨의 등장

이렇게 신라 석씨 왕가의 시조가 된 탈해(협보)는 신라 역사에서 중요한 인물 중 하나이기 때문에 그와 그의 일가가 어떻게 이주하게 됐고 신라에 적응해 갔는가를 살펴볼 필요가 있다. 협보(석탈해)는 부여 사람으로서 주몽을 도와 고구려를 건국했으며, 이후 주몽의 아들 유리가 부여에서 찾아와 고구려의 왕이 되자 유리의 신하가 되어 '대보

(큰 보좌관)'로서 역할을 충실히 한다. 그러나 세월이 흘러 유리왕이 사냥에 나가 오랫동안 정사를 돌보지 않자 협보(탈해)는 충언을 하게 되고, 이에 화가 난 유리왕은 그의 관직을 박탈한다.

이로 인해 협보는 유리왕을 떠나 배를 타고 남쪽 가야(금관)에 이른다. 그러나 그들에게서 환영받지 못하고 결국 진한 땅 서나벌국(신라) 인근의 영일만 근처에 이른다. 그는 고구려의 고위 관료 출신이었기 때문에 신라 왕 남해는 그를 사위로 삼고(8년) 그의 정치적, 지리적 경험을 인정하여 그의 고구려 당시 원래 관직인 '대보'를 회복시키면서 진한 최고의 관리로 임명한다(10년).

'대보(큰 보좌관)'라는 관직명은 당시 신라(진한)에서 일반적으로 짓던 관직명과는 다른 성격의 호칭이다. 탈해가 대보가 된 뒤 진한에서 관직명을 정하는데(32년), 모두 진한 토착어인 '이벌찬, 이척찬, 파진찬' 등으로 이름을 정한다. 관직명에는 '대보(큰 보좌관)'와 같은 '중국식' 관직명이 보이지 않는다. 따라서 대보 탈해는 일본열도나 한반도 남부 사람이 아닌 한사군의 영향을 받은 한반도 북부 사람임을 알 수 있다.

탈해(협보)는 대보가 된 서기 10년 이후 47년이 지난 서기 57년에 신라에서 박씨를 대신해 왕이 된다. 그런데 이때 탈해(협보)의 나이는 이미 100세 가까이 되기 때문에 고구려를 탈출했던 탈해(협보)가 직접 왕이 되었다고 볼 수는 없다. 대신 그의 석(샤, 새)씨계 후손들이 진한 정권에 공을 많이 세웠기 때문에 '해씨로부터 벗어난(탈해)' 석씨 일족에게 왕권을 물려주었거나 혹은 석탈해와 기원지가 같은 세력이 신라를 장악하고 석탈해를 잇는 의미에서 '석씨'를 성으로 삼았다고 보아야 한다.

그렇다면 신라에서 왕이 '박씨'에서 '석씨'로 바뀌는 서기 57년 당시에 한반도의 정치적 상황은 어떠했을까? 석탈해가 왕이 되기 1년 전인 서기 56년 고구려가 한반도 동북 지역의 옥저와 그 남쪽(동예, 동부여)을 공격한다. 이 사건은 한반도 동북부의 동예(동부여) 사람들 중 일부가 한반도 남부 신라 지역으로 유입되는 계기가 된다. 이들 신라에 유입된 사람들이 바로 '석탈해'를 시조로 삼은 사람들로 추정되는데, 이들이 석탈해를 시조로 삼은 이유는 출신지가 모두 '부여(동부여, 옥저)'였다는 점과 모두 고구려에 의해 쫓겨난 점이 공통점이었기 때문이다.

이들 석씨 동부여(동예, 옥저) 사람들의 남하는 한반도 중부에도 영향을 미치게 된다. 한반도 중부에는 말갈로 불리던 맥국(낙랑세력)이 있었는데 그들은 55년 백제 침략 이후 갑자기 역사에서 사라진다. 그들이 다시 나타나는 시기는 이로부터 53년 뒤인 서기 108년 백제를 다시 공격하면서이고, 이후 125년 신라도 처음으로 공격한다. 따라서 서기 55년 이전의 '말갈'과 108년 이후의 '말갈'은 서로 다른 세력으로 볼 수 있다. 말갈, 즉 백제와 신라 북쪽 민족(기자조선, 낙랑유민, 동예)이 55년 이후 갑자기 사라진 이유 역시 56년 고구려의 옥저(왜, 동예) 공격에 의한 것으로 추정된다.

고구려에 의해 밀려난 동부여(동예, 왜) 세력은 남쪽으로 내려와 서기 57년 신라를 정복하며 박씨로부터 왕의 지위를 빼앗았을 뿐만 아니라(석씨 신라 등장), 한강 유역으로 남하하여 말갈(낙랑)을 포섭한 것으로 보인다. 왜냐하면 한강 유역의 백제가 이 시기 말갈과 대립을 멈추고 말갈 대신에 석씨(동예, 동부여)가 집권하기 시작한 '신라'와 대립했기 때문이다. 이는 '말갈'이 사라진 것이 아니라 말갈이 신라(동예 신라, 석씨 신라)의 영향권에 들어섰음을 뜻한다.

서기 63년 백제는 충북 지역에서 기존의 말갈 대신 '신라(낙랑계 신라, 맥)'와 담판을 짓고자 시도하며, 이들과의 담판에 실패하자 그들을 공격한다(64년).

석씨 유입 이전 경주 지역의 '박씨 신라(사로국)'는 경상도 지역 20여 개 국가 중 하나인 소국으로서 충북 지역까지 영향력을 행사하지 못했다. 그런데도 《삼국사기》 기록을 보면 이 한반도 중부(충북 보은, 괴산)의 '신라'가 백제의 견제를 받기도 하고, 백제와 전쟁도 벌이면서 역사에 등장한 것이다.

사실 이들은 비록 '신라'는 아니었지만 백제와 고구려의 압박 이후 '석씨 신라(동예계 신라)'와 연합한 '낙랑계 사람들(말갈)'로서, 이후 역사서에 '신라'로 등장하게 되는 것이다.

서기 64년 백제의 공격으로 충북 지역에서 입지가 좁아진 '북쪽 신라(낙랑, 말갈)'는 결국 65년 경상도 지역으로 남하한 후 사로국(신라)과 연합하여 백제에 대항한다. 이때 석씨 신라(동예 신라)와 연합한 세력이 바로 낙랑의 김알지를 시조로 하는 흉노계 세력(말갈)으로서 신라 김씨의 시조가 된다.

이렇게 낙랑-말갈 세력이 동예계 석씨 신라와 연합한 뒤 백제는 수십 년 간 '말갈'의 공격을 받지 않게 된다. 대신 백제는 당시 국호도 확정되지 않았던 '신라'라는 나라와 전쟁을 벌이는데, 이때 백제와 싸웠던 세력은 사실은 '신라'가 아니라 충북 일대를 장악한 '석씨 신라'

와 연합한 '낙랑 유민 세력(김알지 세력)'이었던 것이다.

당시 백제가 마한을 배경으로 국가를 유지했듯이, 고구려와 백제의 공격으로 위축된 말갈(낙랑)은 진한과 동맹을 맺음으로써 백제의 위협에서 벗어나야 했다. 결국 낙랑 김알지 세력은 조선(기자조선) 이후로 '하나의 나라'처럼 지내던 신라의 새로운 석씨 세력(동예)과 연합하게 되어(65년 김알지 탄생) 신라의 기틀을 세우는 동시에, 경상도 지역에 북방 흉노 문화(기자조선 문화)를 다시 한 번 유입시키게 된다.

충북 지역 말갈(낙랑)인들이 '석씨 신라(동예 신라)'에 내려와 '신라'와 하나의 나라가 되는 과정을 중에는 왜(동예)인 호공의 중재가 결정적으로 묘사되고 있다.

호공은 '왜'에서 '표주박'을 허리에 타고 진한에 온 사람으로 기록돼 있는데, 이는 호공이 넓고 파도가 거친 대한해협 너머 일본에서 이주한 사람이 아니라 한반도 동해안 또는 남해안의 얕은 바닷가를 따라 남하한 사람임을 뜻한다.

그러므로 그의 원 거주지 '왜'는 '동예(옥저, 동부여)' 또는 가야 지역을 뜻한다고 볼 수 있다. 그런데 그는 '마한 언어'에 능통했고(마한에 사신으로 파견됨), 말갈(낙랑)과의 협상에도 결정적 역할을 했음을 볼 때(65년 호공의 김알지 발견), 마한과 말갈의 인근국, 즉 동예 사람일 가능성이 높다.

이렇게 동예(동부여)인으로 추정되는 '왜인'호공은 같은 부여(예) 출신 왕인 석탈해가 신라에서 왕이 되는 과정에 큰 역할을 했을 것으로 보는데, 그의 중재로 신라(동예 신라)는 말갈의 영토까지 병합하여 북쪽으로 국경이 크게 확대되고 국력이 커지게 된다.

65년 김씨 세력(김알지 세력)이 신라에 유입된 이후 신라에서는 67년에 주군을 나누었고, 80년에 처음 서울(경도)에 관해 언급하기 시작한다. 주군을 나누고 서울이 있다는 말은 그만큼 신라의 지배 영토가 '사로국'이 있던 경주를 벗어나 넓어진 것을 뜻한다.

이후 신라는 북방에서 이주해 온 두 세력 곧 석씨(동예, 왜)와 김씨(낙랑, 말갈)가 진한계 박씨를 대체해 주도권을 쥐게 되고 끊임없이 함경도 지역 동예 및 한강 이북 낙랑 지역에 대한 회복을 시도하게 된다.

5. 흉노계 '김알지' 세력의 신라 유입 과정

서기 65년 경주 진한 지역에 새로운 '외부 세력(낙랑)'이 등장한 사실을《삼국사기》에는 다음과 같이 은유적으로 기록하고 있다.

"탈해 이사금 9년 봄 3월(65년) 밤에 왕이 금성(경주) 서쪽의 시림(始林) 나무들 사이에서 닭이 우는 소리를 들었다. 날이 밝자 호공을 보내 살펴보니 금색의 작은 궤짝이 나뭇가지에 걸려 있고 흰 닭이 그 아래에서 울고 있었다. 호공이 돌아와 고하니, 왕은 사람을 시켜 궤짝을 가져와 열게 했다. 작은 남자아이가 그 안에 있었는데, 자태가 뛰어나게 훌륭했다. 왕이 기뻐하며 좌우에 일러 '이는 어찌 하늘이 내게 내려준 아들이 아니겠는가!'라고 하고 거둬 길렀다. 자라면서 총명하고 지략이 많아 이름을 알지라 했다. 그가 금궤짝에서 나왔기 때문에

성을 김씨(金氏)라 했고, 시림의 이름을 계림(雞林)으로 고치고 이것으로 국호를 삼았다."《삼국사기》

이 기사는 AD 65년경 '금(金)'과 '새(雞)'를 숭배하는 세력, 즉 북방 알타이 지역의 흉노계(낙랑계) 김알지 세력이 신라에 유입된 사실을 말하고 있다. 그들의 유입과 더불어 당시 수도인 금성 대신에 그들이 거주하던 '시림'지역을 '계림'으로 바꾸고 그것을 국호로 삼게 되는데, 이 말은 '김알지'가 처음 정착한 '시림' 지역에 기존의 금성을 넘어서는 막강한 세력이 등장했음을 뜻한다.

또한 (김)알지가 태자가 되었다는 말은 외부 출신 탈해 임금(이사금)이 같은 '외부 출신 알지'를 지도자로 세워 연합하게 된 것을 뜻한다. 그렇다면 이 '외부에서 온 강력한 세력'의 대표자 '(김)알지'는 누구일까?

최근 일부 학자들은 '김알지'가 '김일제(BC 134년~BC 86)'라는 중국 북방의 '흉노 왕자'라고 주장하고 있다. 신라 문무왕을 비롯한 귀족들이 이 '김일제'를 자신들의 시조로 여겼던 사실이 밝혀지면서 이 흉노 왕자 '김일제'와 '김알지'를 동일 인물로 간주하고 있는 것이다. 그렇다면 이들 중앙아시아 흉노계 사람들(김일제 후손)이 어떻게 한반도 남단까지 이주한 것일까? 이를 이해하기 위해서는 당시 신라 주변에서 벌어진 사건을 보아야 할 것이다.

신라에 '외부 세력'이 유입되는 AD 65년 이전 한반도 북부에는 고구려와 낙랑 간의 전쟁이 있었다.

"(37년) 고구려 왕 무휼이 낙랑을 습격하여 멸망시켰다. 그 나라사
람 5,000명이 (신라에) 와서 투항했으므로 6부에 나누어 살게 했다."
《삼국사기》

이 기사를 보면 신라로 이주한 '김알지' 세력이 평양 지역 '낙랑' 사
람들일 가능성이 높다는 점을 시사한다.

'김알지'가 경주 지역 신라와 연합한 시기가 AD 65년으로, 낙랑 유
민 5,000명이 신라(진한)에 유입된 AD 37년보다 28년이 지난 뒤이다.
그 이유는 낙랑이 멸망하면서 낙랑 유민이 모두 신라(진한)에 투항하
지 않고 일부(5,000명)는 먼저
신라(진한)에 투항하고, 나머지
는 낙랑의 동맹국인 말갈(함경
도, 강원도, 충북, 경북) 일대에서
독립적으로 세력을 이루었기
때문일 것이다.

그후, 말갈 지역에 남아 있던
낙랑은 고구려가 한반도 동북
을 공격하자(56) 한강 유역 백
제와 가까운 지역까지 남하하
며 백제를 자극한다. 그러자 백
제는 64년 낙랑(말갈)을 공격하
게 되고, 백제의 공격을 받은 낙
랑 김알지 세력은 65년 신라와

충북 보은

신라와 백제가 66년 이후 뺏고 빼앗기던 보은. 당시 경
주 남쪽 인근의 가야도 점령하지 못한 신라(진한)가 백
제와 보은에서 전쟁을 벌인 것은 불가능하다. 보은에 있
던 세력은 낙랑(위만조선) 흉노계 세력의 잔여 세력(말
갈)이었다. 이들은 65년 경주 진한 세력과 동맹을 위해
남하한 뒤 66년 잠시 백제에 와산성(보은)을 빼앗기지
만 신라와 연합한 뒤 곧바로 다시 회복한다.

연합한 뒤 '신라가 되어' 백제에게 빼앗긴 충북 지역을 되찾게 된다 (66).

그런데 왜 신라와 연합한 '김알지' 세력이 기원전에 한나라에 귀화했던 흉노 왕자 '김일제'를 시조라고 했을까?

'낙랑'은 한나라에 의해 고조선(위만조선)이 멸망한 뒤에(BC 108) 평양 근처에 세워진 한나라 군현이었다. 그런데 그 땅 주민들은 BC 3세기 연의 공격으로 요서 지역에서 밀려나 평양 근처로 이주해 온 '기자조선(스키타이, 흉노)' 유민이 주로 살던 곳이었다.

기자조선(위만조선)을 물리친 한나라는 그 땅(서북한 지역)을 '낙랑'이라 명명하고 본격적으로 '군현제'를 실시해 나간다. 그런데, 문제는 그곳을 다스릴 만한 적당한 인재를 고르기가 쉽지 않았다는 점이다.

낙랑은 '한(漢)나라 정권'이었기 때문에 한나라에서 관리를 파견해야 했는데, 흉노계 낙랑 사람들을 다스리는 관리를 파견할 때 가능하면 흉노의 풍습을 잘 알고 있는 사람을 보내야 했다. 그러나 당시 흉노와 한나라는 적국이었기 때문에 이는 쉽지 않은 일이었다.

그런데 한나라에서 낙랑에 관리로 보내기에 적합한 사람들이 일부 있었다. 그들이 바로 '김일제'의 후손들이었다. '김일제'는 비록 흉노족 왕자 출신이지만, 흉노가 한나라에 망한 뒤 한나라 황실에 충성하는 의미로 아들까지 죽인 사람이다. 황제는 그런 그의 충정을 가상히 여겨 그가 죽은 뒤 그의 후손들을 중국 동쪽 산동성 책임자(투정후)로 봉하게 된다.

산동성은 한반도와 가까이 있는 곳으로, 중국 서쪽 내륙 깊이 장안(서안)을 수도로 한 한나라에서 동쪽 끝 산동성으로 흉노계 '김일제 후손'을 파견할 때, 이 김일제 세력 중 일부를 좀 더 동쪽에 있는 '낙랑'으로도 파견했을 가능성이 있다. 왜냐하면 이들이야말로 한나라에 충성을 바치면서도 기자, 위만조선의 '흉노' 문화와 산동과 요동 지역 구이(구려) 문화에 정통한 사람들이었기 때문이다.

이렇게 중국 동부와 한반도에 들어온 김일제 후손들은 낙랑의 고위층을 형성하다가 결국 고구려의 공격이 지속되자 오래전부터 흉노계(낙랑계) 사람들의 유입이 잦았던 신라(진한) 지역으로 망명을 하게 된 것으로 보인다.

낙랑 '김일제(김알지)' 세력은 신라와 연합한 후 꾸준히 세력을 키워 결국 신라에서 기존 진한(진조선)계 박씨와 동예(왜)계 석씨 세력을 누르고 3세기부터 왕이 된다.

이렇게 '낙랑' 세력의 근거지가 되는 신라는 종종 '낙랑'으로 불리게 된다. 565년 북제의 황제는 신라의 왕을 '낙랑군공'으로 임명하며, 이후 594년 수나라의 황제도, 624년 당나라의 고조도 왕을 낙랑군공으로 책봉한다. 심지어 고려 태조는 신라 경순왕(김부)에게 자신의 딸을 시집보내며 '낙랑 공주'라고 호칭하며, 목종 11년(1008년)에는 신라의 수도였던 경주를 '낙랑군'이라 명명하기도 한다. 이는 경주가 고대로부터 '낙랑'세력과 밀접한 관계를 유지했음을 의미하는 것이다.

참고로, 37년 고구려에 멸망한 평양 지역 '낙랑'은 다시 한(漢)나라 광무제에 의해 회복되어(44년) '새로운 낙랑'으로 313년까지 유지되다 고구려에 병합이 된다.

6. 한반도 왜는 예

고대 사로국(신라)과 AD 1세기부터 대립을 보이던 한반도 남부 '가야'는 한반도 남부의 '예족(왜족, 부여족)'국가로 볼 수 있다.

학자들은 '한(韓)'의 고대 음이 가라(kara), 가나(kana)였음을 밝히고 있는데, 가라, 가나는 가야의 다른 이름 중 하나이므로, 마한과 가야(변한), 진한이 모두 원래는 '가야(가라, 가나)'였음을 뜻한다. 가야의 '야(倻, 중국어로 yae)'는 '예(왜, 부여)'를 뜻한다고 본다. 후대에 한반도 삼한을 장악한 맥계 백제, 신라, 고구려의 지배 세력은 그들을 '예(왜)'로 부르며 그들과 구분하며 갈등하게 된다.

한반도 '예족(왜족, 부여족)'국가들의 공통점은 그들의 땅을 침략한 외부 세력인 '기자조선, 위만조선, 낙랑, 한(漢)' 세력에 강한 적개심을 보이고 있었다는 점이다. 이들과 대립한 대표적인 국가로 마한, 가야, 왜(예)를 들 수 있다.

마한은 한군현(현도)과 직접적으로 대립했고, 왜(예)와 가야는 낙랑 세력이 유입된 신라(진한)와 수백 년 간 대립했다.

이 예족(진조선) 공동체인 한(韓), 가야, 왜(예) 사람들 중 특히 '왜(예)'는《삼국사기》에 건국 초부터 신라(사로국)를 지속적으로 괴롭히고 있는데, 이 '왜'는 지금도 학계에서 그 출처가 불분명하여 반드시 일본열도 사람을 의미하지 않는다고 한다.

그렇다면 '왜'가 일본열도가 아닌 한반도에 있었을 가능성이 높은데, 이는 여러 가지 역사적 사실과 고고학적 사실로 미루어 유추해 볼 수 있다.

① 현재 발견되는 갑골(점복용 뼈)의 이동 경로를 보면 BC 3000년 이전 동이족의 기원지인 발해만 지역에서 발생하여 BC 25세기 중원 동이지역(치우의 용산 문명)로 이어지다가 BC 11세기경 상나라를 거쳐 BC 6세기를 전후로 한반도 동북부(부여, 동예, 왜) 지역으로 퍼진다. 이후 기원 전후로 한반도 남부로 퍼졌다가 마지막으로 기원 1세기경에 일본으로 이동하는 것을 볼 수 있다. 이는 '왜(예, 해, 이)' 사람들의 이주 경로를 설명하며, 한반도 동부 해안 지역의 동예(동부여)와 가야, 그리고 일본이 하나의 '예족 문명권'을 이루던 '왜'임을 뜻한다. 조선 시대에 왜(倭)를 '예(Iee)'로 발음했던 것 역시 '왜(倭)'와 '예(濊)'가 같은 나라임을 암시한다.

② 중국 최고(最古) 지리서인《산해경(山海經)》2)에 따르면 왜(倭)는 연나라에 속하고, 조선(고조선)은 연나라에 속하지 않는다고 기록돼 있는데, 이는 '왜'가 북경 근처 연나라 주변에 있으면서, 요동에 있던 고조선 북쪽에 BC 3세기 이전부터 존재했던 '부여'라고 해석할 수 있다.

③《논형(論衡)》〈유증(儒增)〉편에 "주나라(BC 1046~BC 771) 시기 천하가 안정을 찾았을 때 월(越)은 자주 흰 꿩을 바쳤고, 왜인(倭人)은 향초를 바쳤다."라는 기록을 보면 '왜'가 기원전에 중원의 주나라와

---

2) 고대 중국의 신화와 지리, 동식물과 종교, 민속 등을 기록한 책으로, 대략 전국시대 초부터 한나라 초기(BC 4세기~BC 2세기)까지의 내용이 기록돼 있다. 서한 시기(BC 206~BC 9) 유향과 유흠 부자가 기존 내용을 편집했다.

인접한 국가이지, 당시 신석기시대를 살고 있던 일본열도 사람들이 아니었음을 알 수 있다.

④《열녀전(列女傳)》3) 〈명덕마후(明德馬后)〉조에 서기 1세기에 살았던 명덕마후가 "강호왜월의 모범이 되었다(率皆光胡倭越)."라는 표현이 있는데, '강호왜월'은 한나라 당시 서쪽, 북쪽, 동쪽, 남쪽으로 펴져 있던 민족을 말한다. 이때 '왜(倭)'는 '동쪽' 민족으로, 한나라 당시 동쪽에 국경을 접하고 있으면서 한나라와 갈등과 교류가 빈번하던(부여에서는 49년 이후 매년 한나라에 사신을 파견하였고, 111년에 한나라 군현인 낙랑을 침입하였으며 120년 왕세자를 파견함) '부여'임을 짐작할 수 있다.

⑤《삼국지》〈부여전〉 기록에는 부여 왕의 호칭이 '예왕(濊王)'이었음이 기록돼 있는데, 이는 부여 사람들이 자신들의 국가를 한자로 표기한 공식 국호가 '예'임을 뜻한다. 따라서 '부여(중국어로 후위)', '예(중국어로 후이)'는 중국인들이 외국어를 음역할 때의 '가차음(假借音)'으로 인한 혼동에서 구분된 국호일 뿐이지, 원래는 하나의 나라였음을 알 수 있다.

⑥《삼국사기》에 등장하는 '왜'는 BC 57년 신라의 시조 박혁거세가 경주지역에서 최초로 왕이 되었을 때 신라를 공격하지 않다가, '흉노계(위만조선계, 낙랑계)' 이주민으로 추정되는 '알영 부인'이 유입되자

---

3) 중국 전한 시기 유향(BC 77년~BC 6년)에 의해 기록된 책으로, 여성의 모범이 되는 인물들을 소개하였다.

마자 신라를 침략하기 시작한다(BC 50). 왜는 이후 신라와 수백 년 동안 큰 이유 없이 '원수'처럼 지내면서 공격을 한다. 이는 예족(왜족)의 땅인 진한에 외부 정권인 한나라 낙랑 사람들이 유입되어 국가를 이루어가는 것에 대한 토착민(왜)의 반발로 해석할 수 있다.

⑦ 〈고구려본기〉에는 132년 가을 7월에 태조왕의 동생 수성이 왜산(倭山)에서 사냥하고 좌우에 있는 사람들과 잔치를 열었다는 기록이 있다. 고구려 지역에 왜산(倭山)이 있음을 볼 때 '왜(倭)'는 반드시 일본을 지칭하는 고유 호칭이 아님을 짐작할 수 있다.

⑧ 《삼국사기》에 탈해(협보)가 태어난 곳이 본래 왜국의 동북쪽 1,000리 되는 곳에 있었다고 한다. 탈해(협보)는 고구려 시조 주몽을 도와 고구려를 건국한 사람인데, 그는 원래 북부여 출신으로 주몽과 함께 고구려로 남하한 사람이다.

따라서 그의 고향인 북부여 지역과 서남쪽 1,000리 정도 거리가 되는 곳에 '왜'가 있다는 이야긴데, 그렇다면 '왜'는 한반도 압록강 유역의 고구려 또는 함경도 지역의 옥저나 동예로 볼 수 있다.

⑨ 중국 역사서에는 '왜'가 등장하는 곳에 부여의 별칭인 '예'가 등장한다. 즉 '왜'와 '예'를 같은 나라로 보고 있는 것이다.

"요동 태수 제융의 위세가 북방에 떨치고 있었기 때문에 명성이 바다 건너까지 이르게 되어, 예맥(濊貊)인들의 나라인 왜한(倭韓)이 1만 리 밖에서 조정에 공물을 바쳤고, 이로 인해 서로 사자를 보내며 왕래

하게 되었다."《후한서》

"건안 연간(196~220)에 공손강은 군사를 일으켜 한예(韓濊)를 정벌했다. 그러자 도망갔던 백성들이 다시 돌아왔으며, 이 이후에 왜한(倭韓)은 대방에 속하게 된다."《삼국지》

상기 기록을 보며 예(동예, 동부여)가 왜와 동일시되는 것을 알 수 있다. 여기서 예맥은 민족명이고, 왜한은 이 예맥이 건국했던 나라들로 볼 수 있다.

⑩ 193년 6월 왜인이 크게 굶주려 먹을 것을 구하러 1,000명이 진한(신라)에 들어온다. 만일 왜인들이 일본열도에 있었다면 먹을 것이 없는 사람들이 1,000명이나 배를 타고 넓은 바다(대한해협)를 건너 신라까지 오는 것은 쉽지 않은 일이다.

또한 마한에 사신으로 갈 정도로 마한 언어에 익숙했던 '왜인' 호공이 단지 허리에 표주박을 차고 바다를 건너 왜에서 신라에 왔다는 기록 역시 왜가 일본이 아니라 마한과 가깝고 해변을 따라 신라에 접근할 수 있는 곳임을 말하고 있다.

따라서 '왜'는 신라와 산맥 등으로 막혀 육지로 접근이 어렵고 해변을 따라 신라에 바로 접근할 수 있던 나라였음을 알 수 있다. 육지와 연결되어 바다로 들어온 세력을 추정하면 경주와 해변으로 연결된 지역, 곧 동북쪽 동예, 혹은 그 위에 있는 옥저, 읍루, 또는 한반도 남부의 가야를 말한다고 볼 수 있다.

⑪ 왜(倭)는 사실 위(委, 웨이)나라의 사람(人)이라는 뜻으로, 委(위, 웨이)는 중국에서 왜(倭) 이전의 '국호'로 호칭하던 말이다. 중국 동한 시기(AD 57년)에 이 위(委, 왜)나라에서 중국에 사신을 파견하는데 국호를 委奴(위노)라 부르고 있다. 위노는 '국호' 위(委)와 '나라'를 의미하는 예맥 고유어 노(奴, 那)가 합쳐진 말로 '위(해, 부여) 나라'라는 뜻으로 풀이된다. 후대에 왜(倭)로 불리는 이 委奴(위노)국에 관한 첫 기록은《후한서》에 등장한다.

> "건무 중원 2년(57년)에 왜노(倭奴)나라에서 공물을 바치고 하례를 했는데, 사신이 스스로를 대부(大夫)라 불렀다. 왜노나라는 왜(倭)나라의 가장 남쪽에 있다. 광무 임금은 왜노나라에 도장을 하사한다. 안제 영초 첫 해(106)에, 왜노나라 왕 수승 등은 160여 명의 사람을 바치며 알현할 것을 요청했다."

위 기사에는 위노(委奴)국을 왜노(倭奴)국으로 바꿔 부르고 있다.《후한서》가 기록되던 5세기에는 위(委)라는 국호는 없었고 대신 당시 왜(倭)나라가 일본의 공식 국호로 사용되던 때였기 때문이다. 위노(委奴)국이 왜노(倭奴)국 이전에 불리던 호칭이었던 사실은 한나라에서 왜왕에게 주었다는 '도장'이 일본의 한 농부에 의해 발견되면서 밝혀진다.

한나라 광무제가 왜왕에게 하사한 금으로 된 도장은 1784년 일본 구주(九州) 최북단 복강현(福岡縣)의 북부 한 섬[志賀島]에서 농부에 의해 우연히 발견되는데, 한동안 진위의 논란이 있었으나 지금은 유사한 도장이 중국에서 발견되면서 진품으로 간주되고 있다. 그 도장에는 '한위노국왕(漢委奴國王)'이라 적혀 있는데, 그 뜻은 '한나라에 속한 위노국의 왕'이란 뜻으로, 도장에 왜노(倭奴)가 아닌 위노(委奴)로 적혀 있다.

그러므로 상기《후한서》기록의 왜노(倭奴)는 위노(委奴)라는 국명을 후대에 폄하하여(왜노는 '왜소한 노예'라는 뜻) 기록한 것으로 볼 수 있다.

상기 기록에서 또 한 가지 중요한 사실은 이 위노국이 위(委, 倭)나라의 가장 남쪽에 있다고 기록한 점이다. 즉, 위노국은 위(委)라는 큰 나라의 가장 남쪽에 있던 작은 나라라는 이야기이다. 도장이 발견된 위치가 왜의 근거지 중 하나인 구주(九州) 최북단인 점을 고려할 때 이 위(委)나라는 한반도로 비정된다. 즉, 당시 강성했던 동부여(예, 휘) 세력이 한반도 남부와 일본열도까지 영향을 미치고 있었음을 알 수 있다.

예(동예, 동부여)와 왜(위)가 같은 정치체에 묶여 있었던 상황은 아래 두 기록을 비교해 볼 때 알 수 있다.

  "한(漢) 나라 환제, 영제 말년에, 한(韓) 사람들과 예(濊) 사람들이
  강성해져서 중국 군현을 유지할 수 없게 되자, (중략) 군사를 일으켜
  한(韓) 나라와 예(濊) 나라를 정벌했다. 이 이후에 왜(倭) 나라와 한
  (韓) 나라는 대방에 속하게 된다.《삼국지》

  "환제(147~167), 영제(156~189) 시기에 왜 나라는 큰 난리가 일어나

서로 공격을 했고, 오랫동안 임금이 없었다."《후한서》

두 기록을 비교해 보면 한나라 환제 영제 말년(2세기 말)에 예나라와 왜(위)나라가 공교롭게도 동시에 큰 혼란에 빠져 있었음을 알 수있는데, 이는 두 나라가 같은 운명에 있던 예족 공동체였음을 말한다.

⑫ 한반도 동북부 여진족의 나라인 '물길(勿吉: 중국어로 우지)'이 '해뜨는 곳(日本)'을 의미하며, 알타이 연구 전문가인 박시인 선생은 이말이 옥저(沃沮)나 '왜(倭)'의 어원이라고 분석하고 있다(김운회). 또한일본 학자 목하례인(木下禮仁)에 따르면 적어도《삼국사기》의 왜인이나 왜병이 일본열도에 본거지를 두고 있었다는 증거는 전혀 발견되지않는다고 한다. 이러한 사실들은《삼국사기》에 등장하는 '왜'가 신라인근에서 신라와 적대 세력인 동예 또는 가야를 뜻한다고 볼 수 있다.

⑬ 광개토대왕비문에 391년 '왜'가 백제와 신라를 공격한 기록이있다.

"왜가 신묘년(391년)에 건너와 백잔(백제)을 파하고 신라 …… 하여신민으로 삼았다."

이 당시 왜(동부여, 동예)는 중심지가 한반도에서 일본열도 서부 지역으로 옮겨간 상태였다. 346년, 369년 두 차례에 걸쳐 요동에서 한반도로 남하한 북부여 세력이 한반도 중부와 남부의 '왜'를 공격하자 이들 한반도 중부 이남의 '왜'는 세력이 크게 약화되어 일본열도로 이주하여 정착하게 된다.

그런데 백제(왜 백제)를 장악했던 북부여인 근초고왕이 죽고 백제가 고구려에 의해 국력이 약해지자, '왜(일본 부여)'는 백제와 신라를 다시 장악하고(391) 북부여(요동 부여)와 왜(동부여, 동예)의 숙적인 고구려와 신라에서 전쟁을 한다(400년).

이렇게 일본열도의 '왜'가 필사적으로 한반도를 회복하기 위해 노력한 것은 단순히 영토 확장이라는 목적에서가 아니라 과거 왜(동예, 동부여)의 영토를 회복하기 위한 것으로 해석할 수 있다.

⑭《후한서》에 보면 진한(신라)은 주변국인 '예(동예)'와 활발한 교류가 있었던 것을 알 수 있다.

"진한에서는 철이 생산되어 예왜(예 나라, 왜 나라), 마한 나라 사람들이 모두 그들에게서 철을 사간다."

그런데 이렇게 중국 기록에 자주 등장하는 '예(동예)'라는 나라가 《삼국사기》에는 거의 등장하지 않는다.《삼국사기》〈신라본기〉에 보이는 '예'에 관한 기록은 서기 19년 북명 (강원도 안변) 사람이 밭을 갈다가 예왕(濊王)의 도장을 얻어 바쳤다는 기록과 548년 고구려가 예와 함께 백제의 독산성을 공격하자 백제가 구원을 요청했다는 기록이 전부이다.

그런데 진한(신라)과 인접해 있던 예국(동예)이 진한과 600 년 이상한 번도 갈등이 없었다는 것은 이해하기 힘든 일로,《삼국사기》에서는 이 예(동예)를 '말갈'또는 '왜'라는 다른 이름으로 대치시켜 부르고 있음을 알 수 있다.

⑮ 뒤에 자세히 밝히겠지만,《삼국사기》의 저자 김부식은 '동예'를 '신라의 영토'로 간주하고 있음을 알 수 있다.《삼국사기》에는 245년 고구려가 '신라 북쪽 변경'을 침입하여 빼앗았다고 기록돼 있지만, 중국 정사인《삼국지》에는 고구려가 '신라'가 아닌 '예(동예)'를 점령했다고 기록하고 있다.

또한, 예(신라 북부)를 지키지 못하고 고구려에 빼앗긴 신라장수 '우로'는 '왜인'에 의해 살해된다(249년). 왜인이 신라에 침입했다는 이야기는 없고 단지 "왜인이 우로를 죽였다."라고《삼국사기》에 기록하고 있는데, 이는 '왜인'이 당시 신라 중심 세력이었던 석씨계 '예인'이었음을 말한다.

이들이 우로를 살해한 이유는 '예(왜)' 땅을 빼앗긴 '우로'에 대한 석씨계 '왜인(예인)'의 강한 반감을 보여 주는 것으로 왜인은 그를 화형시켰다고 전해진다.

상기 사실들을 종합해 볼 때 '부여'의 별칭인 '예'는 최소한《삼국사기》에서만큼은 '왜'로 보아도 무방할 것 같다. 신라를 수백 년 간 괴롭혀 온 왜는 한반도 동부와 남부로부터 일본 서부에 퍼져 있던 예족(부여족) 사람들이었던 것이다. 이들은 요서에서 유입된 맥계(흉노계) 국가들인 기자조선, 위만조선, 낙랑, 사로국에게 적대적이던 고조선

(단군조선, 해부루 부여, 동예)의 후예들이었으며, 부여, 동예, 마한, 진한 (사로국 제외), 가야(변한 제외), 왜(예)라는 나라들을 세우고 '침입자'인 맥계 사람들을 공격했던 것으로 보인다.

특이한 것은 이 '바다의 적' 왜가《삼국사기》기록을 볼 때 맥계 국가인 백제는 전혀 침범하지 않고 있는 점이다. 이는 '왜(동부여)'가 백제를 공격하지 않았다기보다는 북동 지역 육지로부터 공격해 왔으므로 '왜' 대신 '말갈'로 기록됐기 때문이다.

기자조선이 한반도로 이주한 이후(BC 3세기)로 한반도 중부 이북 지역은 '조선(고조선)'이라는 정치체에 묶여 있었으며 모두 이 '예족 (왜족)'의 땅이었다.

- 예(동예)와 옥저, 구려(고구려)는 원래 모두 조선의 영토였다(후한 서).
- 예의 노인들이 말하길 자신들과 고구려 사람들은 같은 민족이라고 한다(삼국지).
- 단단대령(낭림산맥?) 서쪽은 낙랑에 속해 있는데, 고개 동쪽 일곱 현은 도위가 관할한다. 이 두 지방은 예 사람들 말이 자기들과 같은 민족이라고 한다.《삼국지》

이렇게 맥족(흉노) 중심의 고조선(기자조선) 평양 지역을 제외한 지역은 모두 예(왜)족 중심으로서, 예(왜)가 한반도와 만주에 넓게 분포해 있었음을 알 수 있고, 이들이 기자(위만)조선, 한나라 침입 이후 남부로 축소된 뒤, 북쪽에 남아 있던 예인(왜인)들은 말갈로 불리게 된 것을 알 수 있다.

말갈이란 명칭은 6~7세기경 사용된 명칭으로 4~5세기에 당시에는 말갈이란 호칭이 없었다. 따라서《삼국사기》에 기원전부터 등장하는 '말갈'은 단순히 '북방의 적'을 의미하는 대명사로 사용하고 있는 것을 알 수 있다. 같은 이치로 '왜' 역시 '남방의 적'또는 '바다로부터의 적'을 의미하는 대명사로 볼 수 있다.

《삼국사기》를 저술한 고려시대 '김부식'은 자신의 생존 당시인 고려시대(918~1392)를 기준으로 북방의 적인 '여진'과 남방의 적인 '일본'이 고대세계에도 한반도의 적국이었던 것으로 간주하고 이들의 전신인 '말갈'과 '왜'를 신라의 적으로 간주하고 있다.

역사는 승리자의 눈으로 기록되게 마련이다. 말갈과 왜는 모두 고대 만주와 한반도의 주인들이었지만 BC 3세기 이후 요서나 산동 등 동이지역에서 이주한 사람들에게 점차 통치권을 빼앗기면서 마치 '외국인'처럼 역사에 기록이 된다.

이는 중국에서도 마찬가지로 위대한 용산 문명의 창시자인 구려(九黎)와 그의 후손인 '군자의 나라' 구이(九夷), 중국 최초의 국가로 여겨지는 상나라, 상나라와 관련이 깊은 동호, 예맥 등은 사실 중원 문명의 창시자이나 이들이 화하에 밀리면서 마치 '외국인, 야만인'으로 여겨지고 있다.

중국에서는 그러한 오류를 바로잡기 위해 현재 동이 문명을 다시 자신들의 고유 문명으로 포용했고, 이 동이와 관련된 국가인 고조선(기자조선), 고구려 역사에 대한 소유권을 주장하고 있다. 그러나 한국에서는 말갈과 왜를 여전히 '여진'과 '일본'으로 간주하여 한국사에 포함시키지 않고 있는데, 이는《삼국사기》의 김부식의 관점과 같이 '정복자 중심'으로 기록된 '정통 역사서'에 근거를 둔 역사관이 아직 유지되기 때문이다.

한국은 지금이라도 한국민의 뿌리인 중국 동부의 동이(구이, 만이), 중국 북부의 맥(흉노, 선비, 거란, 동호, 고구려, 낙랑), 한반도와 일본의 예(한, 왜), 만주의 여진(숙신, 발해) 등의 민족에 대해 넓은 관점에서 '우리' 또는 '우리의 형제'로 포용해야 한다. 이러한 관점은 주변국과의 역사 소유권에 대한 갈등을 해소시키고 형제라는 인식을 확산시켜 서로를 존중하는 계기가 될 것이다.

7. 신라를 정복한 왜(부여, 예)

신라를 침범하며 적대 관계에 있던 낙랑 세력(말갈)은 왜(예)인 호공의 중재로 신라(사로)와 연합한 뒤(65년) 신라에 대한 공격을 멈추게 된다.

그런데 그 뒤로 60년이 흘러 그동안 신라를 공격하지 않았던 북방의 적 '말갈'이 다시 나타나 대대적으로 신라를 침략하며 관리와 백성을 죽이고 사로잡아가는 사건이 발생한다(125년). 그 뒤로도 말갈은 계속해서 신라를 공격한다(137년, 139년).

당시 새롭게 등장한 이 '말갈'은 신라를 공격하기에 앞서 백제도 53년 만에 공격한다(108년). 백제는 다시 등장한 말갈을 물리치기 위해 신라를 돕기도 한다(125).

그럼, 이렇게 신라와 백제를 침공하며 왕성한 활동을 보이던 한반도 중부의 '새로운 말갈'은 누구일까? 당시 한반도 중부 국가들을 공격한 나라는 《삼국사기》에는 '말갈'로 표현되지만 중국 측 기록을 보면 '부여'로 기록돼 있다.

"안제영초 5년(111년)에 부여 왕이 7,000~8,000인의 보병과 기병을 이끌고 처음으로 낙랑을 침범하여 관리와 백성을 죽이거나 다치게 했으나, 이후에 다시 화해했다."《후한서》

부여가 평양 지역의 '낙랑'을 공격했다는 것은 한반도 중부를 공격했음을 말하며, 그 주변 동예(동부여)나 백제, 그리고 신라지역까지 침입했음을 말한다. 당시 부여는 세력이 강성하여 한군현(낙랑)을 공격하기도 하고(111년), 반대로 한군현(현토)을 도와 고구려를 물리치기도 한다(121년). 또한 한나라와도 돈독한 관계를 유지하며 착실하게 국력을 키운다.

"영령 첫 해(120년)에, 부여 왕이 왕세자 울구이(울구태)를 파견하여 조정에 공물을 진상하자, 천자(황제)는 울구이에게 관직을 임명하는 도장과 황금, 그리고 채색 옷감을 하사했다. 순제영화 첫 해(136년)에 부여 왕이 수도(낙양)에 와서 알현했고, 천자는 부여 왕을 위해 황색 문을 만들고 음악과 씨름 놀이를 보여 준 뒤 그를 보냈다."《후한서》

2세기 전반 한(漢)나라와 전략적 관계를 유지하던 부여는 2세기 후반인 167년에는 부여의 왕 부이(夫台)가 2만 명을 이끌고 만주의 한 군현인 현토를 공격한다. 한나라를 공격할 만큼 부여는 국력이 강했던 것이다. 이렇게 부여(예, 말갈, 왜)가 세력을 키우던 2세기 후반에 신라에는 또다시 용이 출현한다(164년).

"11년(164) 봄 2월에 용이 서울(경도)에 나타났다."《삼국사기》

신라의 수도에 용이 나타난 것은 신라 지배층에 새로운 세력이 유입된 사실을 암시한다. 이러한 사실은 용이 등장한 다음해 아찬 길선이 반란을 도모한 것으로 짐작할 수 있다. 아찬 길선은 알 수 없는 이유로 신라 왕실에 반란을 일으키려 했으나 발각되어 백제로 도망가게 되는데, 신라는 그를 받아들인 백제를 공격하기 시작한다. 그런데 이상한 것은 167년 백제를 친 신라왕이 '경주'가 아닌 '한강(한수)'으로부터 백제에 이르러 공격한 사실이다.

"(167년) 8월에 일길찬 흥선에게 명하여 군사 2만을 거느리고 그들을 치게 했다. 왕이 또한 기병 8,000을 거느리고 한수(漢水)로부터 그곳에 다다랐다. 백제가 크게 두려워하여 잡아갔던 남녀들을 돌려보내고 화친을 청했다."

'한수(한강)'는 한반도 중부를 가로지르는 강으로서 신라가 차지하지 못한 지역이었다. 당시 신라(진한)는 경주 근처의 국가들도 제압하지 못한 약소국이었는데 한강 유역에서 백제로 공격한 것은 불가능한 일이었다.

'진한의 소국 신라'는 이렇게 '백제를 징벌'하기에 앞서 소백산맥을 가로질러 두 개의 길을 내기도 한다. 하나는 156년 조령(계립령)에, 다른 하나는 158년 죽령에 각각 길을 내게 되는데, 이로 인해 '신라(경상북도)' 지역과 '말갈(충청북도)' 지역 사이에 이동이 편해지게 된다.

학자들 사이에는 이 당시 소백산맥에 길을 낸 집단에 대해 경주 근처의 소국 '신라(사로국)'라기보다는 북쪽(말갈, 동예)에서 남하하는 '석씨족'으로 보기도 하고(천관우), 또는 신라(사로국) 부근의 유력한 집단의 정치, 군사적 활동으로 이해하기도 한다(이형우).

당시 한반도에서 강성하던 나라는 한(漢)나라 군현인 낙랑, 대방(경기 북부)이 아니라 한반도 남부의 한(韓)과 동북부의 예(동예)였다. 따라서 164년 신라에 등장한 '용'은 이들 두 세력 중 하나를 은유한다고 할 수 있다.

"환제, 영제 말년에(146~189, 한(韓) 사람들과 예(濊) 사람들이 강성해져서 중국 군현을 유지할 수 없게 되자, 한(漢) 나라 군현(낙랑, 대방)에서 많은 백성들이 한(韓)나라로 이주를 했다."《삼국지》

상기 중국 측 기록은 당시 예(濊)로 불리던 한반도 동북부 부여(동예, 왜, 말갈)의 활동으로 한반도 서북부의 많은 한군현(낙랑, 대방) 사람들이 남쪽 마한의 북부 국가인 백제로 이주했음을 말한다. 이 시기 백제는 대방계 초고가 왕으로 등극하며(165년), 신라에는 외부 세력을 의미하는 용이 등장하고(164년) 이에 반대하는 세력이 신라에서 반란을 일으키며(167년), 박씨 왕이 석씨 왕으로 바뀌게 된다(184년).

이러한 사실을 토대로 분석해 보면,《삼국사기》에 기록된 '백제'와 '신라'의 전쟁들은 사실 백제로 유입된 '낙랑-대방 세력'과 신라를 장악한 '부여(동부여, 말갈, 예, 왜) 세력'의 한반도 주도권 싸움으로 볼 수 있다. 이들의 활동은 이후 '백제'와 '신라'의 역사로 재편되어 사서에 기록된다.

8. 석탈해를 시조로 삼은 왜(동예)인 벌휴왕

신라에서는 부여 사람 석탈해가 왕이 된 이후 다시 박씨가 집권하게 된다(80년). 그런데 이들 박씨의 집권은 또다시 '부여(동부여, 예, 왜)'에 의해 끝나게 되며(184년), 이후 진한계 박씨는 부여계 석씨에 왕위를 물려 준 뒤 더 이상 왕을 배출하지 못하게 된다.

부여(예, 왜)계 석씨가 왕이 되는 과정을 보면 다음과 같다.

"(172년) 2월에 시조묘(始祖廟)에 일이 있었다. 서울(경도)에 돌림병이 크게 돌았다."《삼국사기》

시조묘에 어떠한 일이 있었다는 이 기록은 신라 건국 세력인 박씨와 '외부 세력' 석씨 사이의 왕권교체를 뜻한다(천관우). 소백산맥 북부에서 신라 지역으로 길(조령, 죽령)을 내던 석씨 세력(동부여, 말갈, 동예)이 이 시기에 와서 왕권을 장악한 것이다. 신라를 장악한 부여(동예, 왜) 세력은 박혁거세 이래로 신라를 주도한 박씨 왕계를 끊고, '석탈해'를 기원으로 한 '석씨'인 벌휴왕(재위 184~196)을 왕으로 세운다.

1세기 박씨를 대신해 처음으로 왕위에 올랐던 석탈해(재위 57~80)는 고구려 재상이긴 하지만 원래 부여에서 주몽과 같이 압록강 유역으로 남하하여 고구려를 세운 부여 사람이었다. 따라서 2세기 말 신라를 장악한 '부여(예, 왜)' 세력은 자신들의 지배를 정당화하기 위해 과거 부여계 왕이었던 '석탈해'를 시조로 삼고 자신들의 성씨를 '석'씨로 정하게 된다.

신라를 장악한 부여(동부여, 동예, 왜)계 석씨 '벌휴'는 신라에서 군주(軍主)라는 관직을 처음 두고, 소문국을 정벌하여 경상도 일대로의 영역 확장 사업을 본격화한다. 그리고 자신들(예, 부여)의 적이 된 한나라 '대방계 백제'와 충북일대에서 치열한 전쟁을 자주 벌인다.

이 부여계 석씨 왕조는 그동안 신라와 원수처럼 지내던 경남 일대의 '가야(한, 왜)'와도 화친을 맺는다. 가야는 석씨 왕조(동예, 말갈, 왜)가 한참 신라를 공략하던 시기인 2세기 초(116년)를 마지막으로 신라에 대한 공격을 중단한다.

다시 역사에 나타난 '가야(왜?)'는 이전의 신라에 대한 적대관계를 청산하고 새로운 '석씨(부여) 신라'에 화해의 손을 내밀고 있다. 이는 부여(동부여, 왜)에 의해 장악된 신라의 국력이 이 시기(2세기 말) 가야를 압도했음을 의미하는 동시에 같은 부여(왜) 연맹으로서 유대감을 느꼈기 때문이었을 가능성이 높다. 이제 신라(예 신라)는 한반도 동북부에서 남하한 석씨(부여) 일파에 의해 '한반도 중부와 동남부'를 장악한 강국이 되었으며, 과거 신라를 괴롭히던 가야는 왕자를 볼모로 보내며 신라의 속국이 된다(212).

1990년 경남 김해시 대성동 고분군에서 가야의 유물이 발굴되는데, 이 유물은 요령성에서 발굴된 유물과 유사한 것이었다. 이와 관련해 한국방송공사(KBS)의 프로그램인 〈역사스페셜〉에서는 다음과 같이 소개하고 있다.

"고대국가 부여는 사라졌지만 그 흔적은 한반도 남부에서까지 발굴되고 있다. 금관가야의 수도였던 김해. 이곳 대성동 고분은 지난 1990년 발굴 조사를 통해 금관가야 왕족과 귀족들의 집단 묘역임이 드러났다. 그런데 놀랍게도 이곳에선 청동 솥을 비롯해 북방 유목민족이나 부여 계통으로 보이는 유물이 출토됐다. 특히 북방 유목민의 필수품이라고 알려진 동복(銅鍑: 고기를 삶는 데 사용된 것으로 보이는 화분 형태의 청동 그릇)은 많은 사람들의 관심을 끌었다. 어떻게 해서 이런 동복이 김해에서 출토된 것일까? 학계 일각에선 부여가 한반도 남부까지 영향을 미쳤다는 증거로 볼 수 있다고 한다." 2010. 1. 16 방송 (KBS1)

"출토된 부속품들은 주로 말(馬)과 관련이 있다. 같은 무덤에서 발견된 3구의 시체는 순장 풍습을 보여 주고 있다. 모두 북방 유목민족의 고유 문화로, 중국 선비족의 무덤에서 이와 유사한 형태를 확인할 수 있다는 것이 현재 학계의 정설이다. 과연 가야인과 선비족은 무슨 관계일까? 역사스페셜 제작진은 선비족의 발원지인 중국 알선동과 라마동으로 향했다. 제작진을 통해 최근 발굴된 대성동 유물을 처음 확인했다는 요녕성 고고학 연구소의 전립곤(田立坤) 교수는 뜻밖에도 다른 해석을 내놓았다. 기존의 학설을 뒤엎는 파격적인 주장이었다.

대성동 고분과 유사성을 보이는 중국 (요서) 라마동 고분군은 지금 껏 선비족의 무덤이라고 알려져 왔다. 그러나 전립곤 교수는 라마동 고분군이 부여인의 무덤이라고 주장한다. 그렇다면 라마동과 유사한 대성동 고분의 주인공 역시 부여인이 아닐까?

2~3세기 경 전성기를 맞은 부여는 지금의 중국 길림성과 흑룡강성 일대인 중국 평원의 대부분을 차지하고 있었다. 그러나 3세기 말부터 선비족에 밀려 세력이 약해지기 시작한다. 이때 부여인이 한반도 남단 으로 내려와 지금의 김해에 정착해 가야의 지배층이 되었을 가능성이 크다."2012. 10. 18. 방송(KBS1)

이 기사는 부여(석씨) 세력이 2세기 말 이미 신라뿐 아니라 가야를 점령했음을 말하고 있다. 이렇게 한반도 남부를 점령한 '왜(부여, 예)' 세력은 이후 근초고왕에 의해 한반도에서 밀려 4세기 중반 일본(왜) 으로 이주한 것으로 보인다.

"발굴 직후, 이례적으로 수십 명의 일본 고고학자들이 대성동을 찾 았다. 일본 언론의 취재도 뜨거웠다. 이번 발굴에 대해서 큰 관심을 보이는 이유는 일본 고유의 유물이라고 알려졌던 파형동기가 출토됐 기 때문이다. 파형동기는 바람개비 모양의 청동제품으로 4세기 일본 대화(大和, 야마토) 정권의 왕들이 방패의 장식품으로 사용했던 것이 다. 일본 지역을 제외하고 대성동 고분군에서만 유일하게 확인되는데 이번에는 무려 12점이 발굴됐다. 한국과 일본 양국을 통틀어 한 고분에서 가장 많은 수가 발견된 것이다." 2012. 10. 18. 방송(KBS1)

이러한 사실은 2세기 말 부여에서 남하한 가야의 부여계 왕들이 4세기 중반 선비족에게 쫓겨 온 근초고왕 세력에 밀려 일본(왜)으로 이주하여 그곳의 왕이 됐음을 뜻한다. 따라서 이 시기 이후 '왜'는 '부여', '예(동부여)'와 같은 의미로 사용되었을 가능성이 높다.

부여(예)계 석씨 세력이 신라를 장악하던 시기(AD 222년 경) 신라의 북쪽 영토를 보면 강원도 춘천 일대(우두주), 함경남도(옹곡) 지역까지의 넓은 지역으로, 석씨 세력 유입 이전 신라와는 비교할 수 없을 정도로 영토가 넓어진다. 이는 그 지역 세력(석씨, 부여, 동예, 말갈, 왜)이 신라를 장악했기 때문에 가능한 일이었다.

참고로, 학자들은 동예(동부여, 왜)를 만주의 '부여국'과 별개의 독립국으로 보기도 하지만, 일반적인 견해는 동부여(동예)가 부여의 동부지방을 뜻한다고 보고 있다(서병국).

이 동부여(동예, 말갈)계 석씨 세력은 고구려에 의해 낙랑이 멸망하고(313), 선비족에 의해 북부여가 붕괴(346)되면서 새롭게 신라를 장악하는 '김씨'에 의해 대체될 때(356)까지 150여 년간 신라에서 세력을 유지하게 된다.

진(晉)나라의 학자 진수(233~297)가 편찬한 《삼국지》에는 3세기 말 신라를 장악한 왜(예, 동부여)의 세력에 대하여 다음과 같이 기록하고 있다.

"(변한, 진한에서) 큰 나라에는 4,000~5,000가구가 살고, 작은 나라에는 600~700가구의 사람들이 살며, 총 4만~5만 가구가 살고 있다. 그 스물네 나라 중 열두 나라가 진왕(辰王)에 속해 있는데, 진왕은 항상 마한 사람에게 그 나라들을 맡겨 대대로 세습하게 했다. 진왕은 그 사람들이 독립하여 왕을 세우지 못하게 한다.《위략》에는 이주해 온 사람들이기 때문에 분명히 마한의 지배를 받았을 것이라고 기록하고 있다."《삼국지》

상기 기록은 3세기에 '왜(부여, 동예)'의 왕이 변한, 진한, 마한을 다스리며 스스로 '진왕'이라 부르던 사실을 기록하고 있다. 진왕은 진한의 왕을 항상 마한 사람에게 맡겼다고 하는데, 이는 진왕이 진한의 왕이 아니라 삼한을 아우르는 진국(辰國, 臣國)의 왕으로서, 마한을 중심으로 한 '봉건국가 황제'의 위치에 있었음을 뜻한다.

3세기 '부여(왜, 예)'가 한반도 삼한을 장악하여(백제는 304년 장악) 왕명을 '진왕'으로 했다는 말은 당시 삼한의 국호가 '진(辰)'이었음을 뜻한다. 이 '진(辰)'이란 국호는 예족(단군족, 부여족)들이 대대로 자신들의 국가를 일컫던 말로, 한반도 남부의 고대 국가인 진국(辰國), 요동의 진한(진조선), 발해의 국호인 대진국, 금나라에 반발해 세운 대진국(1215~1233) 등에서 공통으로 사용한 '진'과 통하는 말이다.

3세기 한반도를 다스리던 진국(辰国)은 3세기에만 있던 것이 아니라 삼한이 정립되기 이전부터 고대 한반도 남부를 다스리던 나라로 기록돼 있다. 진국(辰国)에 관해《사기》에 평양 근처에 있던 '진번국(기자조선, 낙랑) 옆에 진국(辰國)이 있다'는 표현과,《삼국지》에 '조선

(위만조선) 동쪽의 진국(辰國)'이라는 표현이 있다.

《한서》에는 위만조선(BC 194~BC 108)이 가로막아 그 나라에서 중국 천자를 알현할 수 없었다는 내용이 기록되어 있고,《후한서》에는 예나라(동예) 남쪽에 접해 있다는 기록과, 마한, 진한, 변진이 모두 고대 진국에 속한다는 내용이 있다. 이 기록들을 볼 때, 진국은 삼한 이전에도 한반도 남부 전체를 다스리던 예인(왜인)들의 나라였던 것을 알 수 있다.

9. 신라 석씨의 기반인 '부여 정권'의 쇠락

부여계 석씨의 지배가 끝나고 262년 신라왕으로는 처음으로 김씨 성을 가진 미추왕(262~283)이 등장한다. 미추왕 이후로 다시 석씨가 정권을 잡게 되나, 약 70년이 흐른 356년 이후로는 또다시 김씨가 왕이 되어 신라를 완전히 장악하게 된다. 김씨가 석씨를 대신해 왕이 된 것은 부여계(석씨)와 계열이 다른 낙랑계(김씨) 세력의 신라장악을 뜻한다.

부여계(말갈계, 석씨계) 사람들을 대신해 신라의 중심부를 차지한 새로운 '김씨' 세력은 어떻게 신라로 오게 된 것일까? 이는 당시 만주지방과 한반도 북부에 불어 닥친 중국과의 전쟁의 소용돌이 속에서 이루어진다. 100여 년 동안 만주와 한반도에서 강한 세력을 유지하던 부여는 3세기 초에 힘이 크게 약화된다.

"읍루는 한(漢) 왕조 이래로 계속 부여에 속해 있었는데, 부여에서 세금을 무겁게 부담시켜 황초 연간(220~226년)에 부여를 배반한다. 부여에서는 수차례 읍루를 정벌했는데, 비록 사람은 적지만 험준한 산에 살고 있고, 주변 나라 사람들이 모두 그들의 활과 화살을 두려워했기 때문에 결국 굴복시키지 못했다."《삼국지》

부여에 오랫동안 복속돼 있던 읍루는 만주 동부 지역(연해주)에 살던 사람들로, 예맥의 동진이 있던 BC 11세기경 중국 동북 지역에 살았던 고대 숙신(조선)과 관련이 있는 나라이다. 그들은 인종적으로는 동이(예맥)와 같지만, 오랫동안 서로 떨어져 살다 보니 언어나 풍습에 있어서 예맥 국가들(부여, 고구려, 백제, 신라)과는 다른 면이 많았다.

"읍루는 고대 숙신 나라이다. 사람들 모습은 부여 사람들과 비슷하지만 언어는 서로 통하지 않는다. 동이 사람들과 부여 사람들은 음식을 담을 때 모두 제사용 그릇을 사용하지만, 유독 읍루 나라만은 그 그릇을 사용하지 않는다. 법률과 풍습이 가장 무질서하고 기강이 없는 나라다."《후한서》

그들은 비록 예맥과는 다른 문화적 배경을 가지고 있었지만, 예맥 국가들(부여, 고구려, 백제, 마한, 신라)이 한반도와 만주에서 중국의 공격으로 힘을 잃고 난 뒤에 그 유민들이 유입되면서 강성해진다. 이렇게 예맥의 문명을 받아들인 그들은 점차 중원을 차지하고 금나라, 청나라 등의 대제국을 세우며 중국을 지배하게 된다.

《후한서》에서 이 나라가 고대 중원과 가까운 동쪽에 있던 숙신(조선)이라고 한 이유는 숙신이 중국 동부와 북부의 예맥 국가들(부여, 동부여, 고구려 등)에 의해 밀려 동진했기 때문으로 풀이된다.

한편, 예맥계 부여가 숙신계 읍루마저 빼앗기고 쇠락의 길을 걷고 있을 때, 설상가상으로 부여와 사돈관계를 맺고 있던 요동의 공손가문마저 망하게 된다. 공손씨 가문은 한나라 시기 한반도와 만주의 한군현을 다스리며 요동 지역의 실세로 성장했는데, 한나라를 멸하고 중원을 차지한 위(魏)나라에 반기를 들었다가 커다란 타격을 받게 된다.

238년 조조의 나라인 위(魏)나라는 고구려의 도움을 받아서 요동을 다스리던 공손연을 토벌한다. 이로 인해 공손연과 연합했던 부여 역시 타격을 입게 된다. 공손씨 세력을 평정한 위나라는 요동군을 지배하에 두었고 한반도 서북부의 공손씨 세력에 있던 낙랑군과 대방군마저 차지한다. 이로 인해 공손씨와 연합한 부여의 국력은 축소되고, 대신 고구려가 점차 강성해지게 된다.

한편 강해진 고구려는 위나라 세력이 요동과 한반도에 깊이 개입하자 이에 불만을 품고 242년(고구려 동천왕 16년) 위나라가 차지한 요동지방을 공격한다. 고구려는 이에 더하여 부여가 약해진 틈을 타 한반도 동북부에 있던 석씨 신라의 세력권이던 동부여(동예)마저 점령한다(245년).

이렇게 부여가 약해지고 고구려가 강해지자 부여계 석씨가 주도하던 신라는 새로운 전기로 맞이하게 된다. 이 시기에 유사 이래로 한번도 침략한 적이 없던 고구려가 신라의 '북쪽 변경(동예, 동부여)'을 침입하는데 신라는 이를 막지 못하고 후퇴한다.

"16년(245) 겨울 10월에 고구려가 (신라) 북쪽 변경을 침범했다. 우로가 군사를 거느리고 나가 싸웠으나 이기지 못하고 물러나 마두책을 지켰다."《삼국사기》

《삼국사기》에는 이때 고구려가 '신라'를 침략했다고 기록하고 있지만 사실은 동부여(동예)를 공격한 것이었다. 당시 동예와 신라는 하나의 나라였기 때문에 후세에 신라가 고구려의 침략을 받은 것으로 기록된 것이다. 신라가 고구려에 빼앗긴 영역이 '동예(동부여)'였음은 다음 중국 측 기록으로 확인할 수 있다.

"(위나라) 정시 6년(245년)에 낙랑태수 유무, 대방태수 궁준이 고개 동쪽의 예(동예) 사람들 땅이 구려(고구려)에 넘어감에 따라 그 땅을 정벌하게 되며, 불내 지역 제후 등의 사람들이 항복하게 된다."《삼국지》

한편 중국 북방의 강국이 된 위나라는 고구려가 자신들을 공격하고 부여(동부여)의 영역을 조금씩 차지해 가자 이에 위협을 느끼고 고구려를 공격한다.

"(246년) 가을 8월에 위(魏)가 유주 자사 관구검을 보내 1만 인을 거느리고 현토로부터 침략해 왔다. (고구려 왕이) 철갑기병 5,000을 거느리고 나아가 공격했다. 관구검이 방진을 치고 결사적으로 싸우므로 아군(고구려군)이 크게 패배하여 죽은 자가 1만 8,000여 인이었다. 왕

이 기병 1,000여 기를 거느리고 압록원으로 달아났다."《삼국사기》

"(246년) 겨울 10월에 관구검이 환도성을 공격하여 함락하고 사람을 죽이고 장군 왕기를 보내 왕을 추격했다. 왕이 남옥저로 달아나 죽령에 이르렀는데, 왕이 군사를 세 길로 나누어 빠르게 공격하니, 위나라 군대가 시끄럽고 어지러워져서 싸우지 못하고 드디어 낙랑에서 퇴각했다."《삼국사기》

위나라의 공격으로 고구려는 왕이 한반도 남부 소백산맥 인근(죽령)까지 퇴각하고, 이후 수도까지 옮기는 큰 타격을 받게 된다. 위나라는 고구려를 대파하고 한반도 서북부 낙랑, 대방 등지에서 건재했으며, 고구려가 잠깐 차지했던 동예(신라 북부 영토)를 자신들의 세력하에 두었고, 이어 한반도 남부의 한(韓, 삼한)과 전쟁을 벌여 세력을 넓히게 된다.

"(246년) (위나라) 부종사(중국 관리명) 오림은 낙랑이 본래 한(韓, 삼한) 나라를 통치했었다고 여기고, 진한(신라) 여덟 나라를 떼어 낙랑의 관할하에 두려고 했다. 이때 번역하는 관원이 번역을 제대로 하지 못하자, 신지(삼한최고 관리)가 고의로 한(韓) 사람들을 격분시켜 한(韓) 나라 사람들이 대방군 기리영 지방을 공격하게 한다. 당시 대방군 태수였던 궁준과 낙랑태수 유무는 이에 출병하여 한(韓) 나라를 정벌하는데, 궁준은 전사하고 두 군은 한(韓) 나라를 멸망시킨다."《삼국지》

위나라 관리가 진한(신라) 지역이 원래 한나라 군현(낙랑)에 속해있었다고 이해한 것은 낙랑 유민이 신라에 많이 유입되었고 실제 낙랑 세력(김씨)이 신라에서 석씨 지배 이전, 즉 중국 한나라 시기에 주요 세력이었기 때문에 그렇게 이해하게 된 것이다.

그러나 마한을 중심으로 한 삼한(진국) 사람들은 이에 강하게 반발해 위나라 군현이 된 평양 주변 낙랑과 전쟁을 벌이게 되는데, 한국 측 기록에는 당시 삼한이 패했다는 기록은 없지만, 동예(동부여)는 위나라 낙랑, 대방의 영향하에 들어가게 되고(247년), 신라(진한)는 부여(동예)계 석씨가 쇠락하는 대신 낙랑계(흉노계) 김씨 세력이 득세하게 된다(262년 미추왕 등극).

한편, 마한과 마한에 속해 있던 백제는 중국 측 사서에 중국이 멸망시켰다는 기록과 달리《삼국사기》에는 위나라(낙랑군)에 낙랑 포로를 돌려보내며(246년) 화해하고 건재한 것으로 나온다.

그러나 이 시기를 기점으로 신라(진한)에는 왕권교체와 같은 여러 사건들이 일어나게 된다. 신라는 부여계 석씨(동예, 동부여) 세력이 약화되면서 갑자기 친고구려 정책을 쓰게 되는데, 이는 신라가 자신들의 주요 기반이었던 동부여(동예)를 위나라(낙랑, 대방)에 빼앗기자 부여계 석씨 세력이 약화되었기 때문으로 볼 수 있다. 진한은 한반도 북부 위나라를 견제하기 위해 북방의 고구려와 연합해야 할 필요를 느꼈을 것이다. 246년 이후 신라는 왕이 죽고 고구려와 화해하며, 고구려에 빼앗긴 예(동부여, 예)의 책임자였던 '우로' 또한 '왜인'에 의해 죽는다.

"(247년) 여름 5월에 (조분)왕이 죽었다."

"(248년) 2월에 사신을 고구려에 보내 화친을 맺었다."

"(249년) 왜인이 서불한 우로를 죽였다."《삼국사기》

249년 '왜인'에게 죽임을 당한 '우로'는 245년 신라 북쪽 변경(함경도 지역 동예)을 지키지 못하고 고구려에 패한 장군으로, 신라를 장악하고 있던 그 지역 사람들(석씨계 부여인, 예인, 왜인)에 의해 원망을 사서 신라 왜인(동예인)들에게 죽임을 당한 것으로 해석된다. 이 사실은 '동예'가 '왜'였음을 증명하는 단서이기도 하다.

이렇게 아직 석씨 예(왜) 세력이 신라에서 정권을 쥐고 있을 때 신라에 용이 나타난다(253년). 이는 이 시기에 지배층이던 부여(동예, 왜)계 석씨를 대신해 낙랑계 김씨 세력(미추왕)이 정권을 장악한 사건으로 볼 수 있다. 이를 반증하듯 결국 김씨 세력은 262년 김씨 미추왕을 왕위에 오르게 하는데, 미추왕이 왕이 되던 262년에 궁전 근처에 또다시 용이 등장한다. 이렇게 김씨 미추왕의 등장에 용이 여러 번 등장하는 것은 그의 왕권 장악에 정치적 갈등이 있었음을 의미하고, 쿠데타 식의 비정상적 집권이었음을 뜻한다.

미추왕의 아버지 구도는 여러 전쟁에서 큰 공을 세웠지만 백제와의 전쟁에서 패하여(170년) 부곡성주로 좌천된 사람이었다. 따라서 그는 신라 석씨 왕실에 불만이 있었을 수 있고, 마침 석씨 왕조가 동예(동부여)의 멸망으로 쇠락하자 그의 아들 미추왕은 부곡성주로 좌천된 아버지를 대신해 김씨 세력(낙랑 세력)과 연합하여 쿠데타를 일으켜 세력을 잡은 것으로 해석할 수 있다.

10. 신라를 장악한 '김알지(김일제)' 후손들

김씨 미추왕이 재위하던 3세기경 지배층을 차지했던 낙랑(위만조선, 흉노) 사람들은 이미 신라 중앙의 요직을 차지했던 것으로 보인다. 이들은 당시 신라를 찾아온 중국 위나라 사신에게 자신들은 낙랑에서 이주해 온 사람들이라고 말한다.

> "그들은 낙랑 사람들을 '아잔(阿殘)'이라고 부르는데, 동쪽 사람들은 '我(wo)'를 '아'로 발음하므로, '아잔'이라는 말의 뜻은 낙랑에 '자신들이 남겨두고 온 사람들'이라는 뜻이다."《삼국지》

이 글이 기록된《삼국지》는 AD 220 ~ AD 280년간의 역사를 기록하고 있는데, 이 기사는 위나라가 신라 북부 영역이었던 동예(동부여)를 점령한 247년 이후, 즉 김씨 미추왕이 왕으로 있던 시기로 볼 수 있다. 이 시기는 바로 신라에서 동예(부여, 왜)계 석씨가 몰락하고 낙랑계 김씨 후손들이 대외적으로 힘을 얻던 때였다.

당시 신라 사람들이 평양 지역 낙랑 사람들을 자신들이 남겨두고 온 사람들이라고 부르고 있는 이유는 낙랑이 과거 큰 전란을 겪었으며, 그로 인해 낙랑 지역 사람들 중 다수가 신라(진한)로 피난을 왔기 때문일 수 있고, 또는 246년 위나라 낙랑과 대방의 공격으로 신라 지역 왜(예, 석씨 신라)가 무너지면서 낙랑, 대방 출신 사람들이 대거 신라에 유입됐기 때문일 가능성도 있다.

신라(진한)는 고구려나 백제에 비해 유독 낙랑(흉노, 기자조선)의 영향을 많이 받았는데, 이렇게 낙랑과 신라와의 관련성은 문헌과 고고학 자료로 꾸준히 확인되고 있다. 특히 경주의 여러 고분에서 낙랑계 유물이 발굴되어 두 세력 간 교류가 증명되고 있다.

11. 왜(동부여, 동예)의 부활

김씨계 미추왕(재위 262~284)이 잠시 신라 정권을 장악한 뒤 신라는 다시 부여계 석씨가 정권을 되찾는다. 그 배경에는 석씨의 기반인 동예(동부여)의 부활이 있었다. 이 시기에는 잠시 위나라의 지배를 받았던 동예(왜, 동부여)가 위나라의 멸망(265년)과 더불어 다시 독자적으로 세력을 키우던 시기이다. 위나라의 지배에서 벗어나 54년이 지난 287년부터 동예(왜)는 '신라'를 다시 괴롭히기 시작한다.

"(287년) 여름 4월에 왜인(倭人)이 일례부를 습격하여 불을 놓아 태우고 1,000명을 사로잡아 갔다."《삼국사기》〈신라본기〉

그러자 신라왕은 당시 자신들과 '원수'였던 백제에게 손을 벌려 그들을 물리치려 한다.

"12년(295) 봄에 왕이 신하들에게 말했다. 왜인(倭人)이 자주 우리의 성읍을 침범하여 백성들이 편안하게 살 수가 없다. 나는 백제와 함께 도모해서 일시에 바다를 건너 그 나라에 들어가 공격하고자 하는

데 어떠한가?"《삼국사기》〈신라본기〉

상기 기록들 역시 신라를 공격한 '왜'가 '동예'라는 사실을 증명하고 있다. 그 이유는 먼저, 287년 신라를 침입한 '왜인'이 1,000명을 사로잡아 갔다는 기록은 한반도에서 먼 일본열도로 잡아갔다기보다 인근으로 잡아갔음을 뜻한다. 당시 선박 기술로 1,000명을 일시에 배로 멀리 이동하는 일은 쉽지 않았기 때문이다.

또한 중국 기록을 보면 당시 백제는 마한의 한 소국으로서, 한반도 중부 한강 유역에 있었기 때문에 일본열도의 '왜'와 갈등을 일으킬 이유가 없는 국가였다. 따라서 신라가 백제에게 '왜'를 같이 치자고 할 때 '왜'는 일본에 있던 왜가 아니라 백제와 신라 주변에서 두 나라를 함께 괴롭힌 '공공의 적'이었다는 사실을 말하고 있다. 그렇다면 당시 신라와 백제를 동시에 공격했던 세력은 누구일까?

285년 요동 지역에 있던 부여(북부여)가 선비와 고구려로부터 타격을 받아 동쪽 두만강 근처까지 이주한다. 전쟁에서 패한 북부여인들이 동예(동부여) 북부 옥저 지방을 침입하자 동예 사람들은 남쪽으로 세력을 넓히게 된다. 이때 고구려가 낙랑의 연합국인 대방을 공격하며 압박하자(289년), 낙랑은 한반도 중부로 밀려온 동예(동부여)와 힘을 합해 백제를 침략한다(298). 한반도 중부의 동예(동부여, 왜), 낙랑, 대방은 고구려를 견제하기 위해 서로 연합하여 고구려에 비해 상대적으로 약했던 백제와 신라를 확실하게 자신들의 통제에 두어야 했던 것이다.

"(298년) 13년 가을 9월에 한(낙랑국)이 맥인을 이끌고 와서 침략했다. (백제)왕이 직접 나가서 방어하다가 적병에게 살해되었다."《삼국사기》

상기 기록의 맥(貊)은 강원도 함경도 지방의 '동예'를 뜻한다(이병도). 뒤에 밝히겠지만, 백제를 지속적으로 괴롭힌 '맥' 곧 당시 강원도 함경도지방 동예(동부여, 왜)는 304년 백제를 장악하고 '왜(예)' 정권을 백제 지역에 세우게 된다. 이렇게 동예(동부여, 왜, 맥)가 강성해지자 신라와 백제는 3세기 말 비록 서로 원수지간이었지만 강력한 북방의 적인 '동예(동부여, 왜)'를 함께 견제해야 하는 절박한 공동의 숙제가 있었던 것이다.

백제와 신라의 적인 '동예'를 치기 위해서 백제는 한반도 중부 내륙을 통해 함경도 지역으로 북진을 해야 하며, 신라는 소백산맥, 태백산맥 등으로 막힌 육로 대신 동해 바다를 타고 북진하여 본거지(함경도)에 다다라야 한다. 따라서 295년 신라왕이 백제와 연합하여 공격하려 했던 '왜'는 당시 신라와 백제를 동시에 자주 공격하던 '예(동예, 동부여)'임을 알 수 있다. 이는 신라왕이 '일본열도의 왜'를 왜(일본)의 공격도 받지 않던 백제와 연합하여 치려고 했다는 이치에 맞지 않는 이야기를 대체하는 합리적인 설명이라 할 수 있다.

《삼국사기》를 지은 김부식(1075~1151)은 자신의 생존연대보다 1,000여 년 전에 신라를 괴롭혔던 '동예(예, 동부여)'를 모두 '왜'라고 표현하고 있다. 이는 친신라 경향을 가졌던 김부식이 '동예'가 원래부터 신라의 영토였다는 편견을 가지고 있었기 때문인 것으로 보인다.

그는 신라(동예)가 신라(진한)를 공격했을 수 없다는 생각으로 바다를 통해 신라에 침입한 적(해적)을 고려시대 바다 건너 적이었던 '왜(일본)'로 대치한 것으로 보인다.

또는 김부식이 '왜(일본)'와 '동예'가 원래 같은 부류인 예족 사람들이 세운 나라임을 알고 이 두 '바다의 적'들을 《삼국사기》에 모두 '왜'로 표현한 것일 수도 있다. 김부식은 신라 왕성인 김씨로 친신라 성향이 짙은 인물이었다. 신라에서 낙랑계 김씨는 대대로 석씨 예(왜) 세력과 갈등했기 때문에 석씨 예(왜)를 고의적으로 신라의 '속국', '적국'으로 간주한 것이 아닌가 한다.

12. 낙랑국의 멸망과 새롭게 태어난 '신라'

서기 300년을 기점으로 신라는 '새로운 나라'가 된다. 서기 300년 신라는 다시 자신들을 괴롭히던 북방의 왜(동예)와 사신을 교환하여 우호관계를 회복하고, 왜(예, 맥)와 동맹관계에 있던 한반도 북서부의 낙랑국과 대방국의 '항복'을 받게 된다(《삼국사기》).

이는 신라가 갑자기 국력이 커져서라기보다는 거꾸로 신라가 '왜(동예)'의 세력하에 넘어갔기 때문으로 해석된다. 낙랑과 대방이 항복했던 나라는 사실 '신라'가 아니라 '신라'를 장악한 석씨 왜(동예) 사람들이었다.

당시 신라는 과거 고구려와 위나라에 빼앗겼던 함경도 지방(비열홀)을 다시 회복하는 것으로 나온다(300). 그런데 신라의 국력으로 낙랑, 대방의 연맹국인 함경도 지방의 동예(왜, 동부여)를 정복하는 것은 사실 불가능에 가까웠으므로, 신라의 영토가 함경도에 이른 것은 동예가 신라를 장악했기 때문으로 해석하는 것이 옳다.

'예(왜, 동예)'가 신라를 정복한 시기는 백제와 연합하여 예(왜)를 공격하려 했던 유례이사금이 사망한 298년경으로 추정된다. 그의 대를 이은 기림이사금이 유례금의 아들이 아니라 과거 신라 주변의 소국들을 정복한 예계(동예계) 조분이사금(재위 230~247)의 손자라고 한 점은 조분이사금이 유례이사금과 달리 예(왜)와 관련이 깊은 사람임을 암시한다. 이렇게 신라가 예(왜)의 세력하에 넘어가자 낙랑국과 대방국은 신라를 흡수한 강국 '예(왜, 동예, 동부여)'에 항복하게 된 것이다 (300).

중국 한나라 군현이었던 낙랑과 대방은 잠시 위나라(220~265)의 관할하에 있다가, 위나라 멸망 이후 고구려 서쪽의 선비족 모용씨가 강성해지면서 중국과의 관계가 끊어지게 된다.

낙랑, 대방은 중국을 기댈 수 없게 되자 자신들에게 복속관계에 있던 동예(왜)와 함께 북쪽 고구려의 공격에 대비해야 했다. 이러한 위기 상황은 낙랑, 대방, 왜(동예) 연합으로 하여금 신라와 백제를 지속적으로 공격하여 세력을 확대하게 만드는데, 왜(동예)가 먼저 신라를 장악하자 낙랑과 대방은 신라(동예 신라)에 '항복'하며 세력을 유지할 수밖에 없었다.

낙랑과 대방의 우려는 현실로 드러나 300년 이후 고구려의 공격에 시달리다가 결국 313년 낙랑이, 314년 대방이 고구려에 멸망한다. 이로써 기자조선 이후 1,300여 년 동안 지속된 '흉노계(기자조선계)' 정권은 마감이 된다.

그러나 이들 낙랑, 대방, 왜(동예) 정권은 사라지지 않고 그 세력이 백제와 신라로 유입되어 새로운 백제(왜)와 새로운 신라(낙랑)를 건설하게 된다.

서기 300년 낙랑과 대방이 신라(동예, 왜, 동부여)에 '항복'한 뒤, 평양 지역의 낙랑은 고구려의 공격을 버티지 못하고 멸망하자(313년) 낙랑인들은 크게 남북 두 지역으로 흩어지게 되는데, 한 부류는 북쪽으로 요서 지역 선비족 모용씨 세력으로 편입되고, 다른 한 부류는 남쪽 신라에 편입된다.

> "요동의 장통(위나라시기 관리)은 낙랑, 대방 두 군을 다스렸는데, 고구려왕 을불리(미천왕)와 서로 해마다 다투었다. 낙랑의 왕준은 그 백성 1,000여 가를 이끌고 모용씨에 투항하여 낙랑군을 (요서에) 세운다. 이로써 태수가 되어 군사에 참여한다."《자치통감》

이렇게 낙랑 지배층은 313년 고구려에 망하면서 한반도에서 요서로 이주하여 선비족 모용씨를 돕게 된다. 이 낙랑을 흡수한 요서의 선비족 모용씨는 이후 전연(337~370)을 세워 중원을 정복하고, 5세기 중엽(453)부터는 한반도에서 신라, 백제, 왜를 장악하는 역사의 중심 세력으로 떠오르는데 이에 관해서는 추후 설명하겠다.

한편 고구려의 방해 속에 요서로 피난갈 수 있는 낙랑인은 많지 않아 고작 1,000여 가 정도에 지나지 않았다. 낙랑인들은 고구려의 위협에 의해 국가를 유지하기 어렵게 되자 자신들이 항복한 신라로 다수 유입되는데, 이러한 사실은 이 시기 신라 사회에 그동안 겪지 못한 격변을 겪는 것으로 알 수 있다.

그 대표적인 예가 '신라'라는 국호를 확정한 것이다. 300년 낙랑과 대방이 항복한 이후 신라(동예)는 307년 국호를 기존의 '사라', '사로' 등의 고유어 국호에서 중국 한자를 사용한 국호인 '신라'로 확정한다. 중국식 국호를 선택한 것은 이 시기에 낙랑계(흉노계) 사람들의 이주와 영향력이 확대됨을 뜻한다.

13. 한반도 '왜' 연맹과 김씨 왕의 출현

307년 신라의 국호 확정 이후 고구려의 공격으로 낙랑과 대방이 멸망하자(314) 당시 신라를 지배하던 부여(왜, 동예)계 석씨 세력이 점차 힘을 잃게 되고, 대신 낙랑(흉노, 선비)계 왕조인 '김씨' 세력이 다시 힘을 얻어 356년에는 새로운 김씨 왕인 나물왕(내물왕)이 즉위하게 된다. 4세기 초 신라를 장악했던 동예(왜)계 석씨 세력이 4세기 중엽 신라에서 또다시 힘을 잃게 된 이유는 석씨의 기반인 한반도 예(왜) 연맹이 쇠퇴한 것과 관련이 있다.

석씨 세력은 신라를 장악한 이후 서기 300년에 사신을 적국이었던 왜(동예)에 교환하며 화해했고, 312년 신라는 왜왕(동예 왕)의 요청에 따라 신라 중신의 딸을 시집을 보내게 된다. 또한, 신라는 그동안 전쟁이 끊이지 않았고 수교도 허락하지 않았던 '원수국' 백제에 사신을 보내 예방한다(337년). 신라가 이렇게 원수국 왜(동예), 백제와 화해할 수 있었던 것은 당시 이들 나라가 '왜(예)' 세력에 의해 장악되었음을 뜻한다.

신라가 백제에 예방을 한 배경에는 백제에 '왜(동예, 동부여)' 왕국을 세운 비류왕(재위 BC 304~344)이 있었기 때문이었다. 백제 비류왕이 '왜(동예, 말갈)' 출신임은 그가 집권한 뒤 영서 지역 말갈(동예) 세력을 복속한 사실과, 두만강 유역으로 이주한 북부여에 쫓긴 '말갈(동예, 왜)' 세력이 한반도에 유입됐을 가능성이 높은 점을 감안할 때 알 수 있다.

백제의 '평민 왕' 비류왕은 구수왕의 '둘째 아들'이라고 《삼국사기》에 기록돼 있는데, 《삼국사기》에 장자가 아닌 '둘째' 또는 '장자가 아닌 계승자'는 정변 내지 비정상적인 과정을 통해 왕이 된 것을 암시한다. 구수왕과 비류왕은 시기적으로 100년 가까운 차이가 있으므로 부자지간이 될 수 없다. 따라서 비류왕이 정상적으로 왕이 된 사람이 아니라 정권을 찬탈한 사람임을 알 수 있다. 따라서 백제의 평민 왕 '비류'는 선비족의 동진으로 인해 부여의 일부 세력 또는 동부여(동예, 왜) 세력이 남하하여 한강 유역의 백제로 유입된 세력의 일원이었던 것이다(이기동).

비류왕이 집권하던 3세기 초 백제(왜 백제)의 영토는 비약적으로 확대된다. 그는 중국에서 인정할 만큼 강했던 마한을 크게 몰아내고 금강 유역, 호남평야 일대까지 장악하게 되며, 그동안 백제가 차지하지 못했던 '말갈(동예, 왜)' 영역이었던 영서 지방까지 차지하게 된다. 이는 백제에 새로운 북방 세력(동예, 왜)이 유입되었기 때문에 가능한 일이었다. 이로 인해 당시 왜(동예), 신라(석씨계), 백제(왜) 삼국은 모두 왜(예, 부여) 동맹체가 되었으며, 이 시기에 삼국은 서로 혼인하거나 (312년) 예방을 하는 등 이전과는 전혀 다른 관계를 유지한다.

그러나 그들의 4세기 초 동맹은 4세기 중반 만주 지역 부여(북부여)의 혼란과 더불어 금이 가기 시작한다. 만주 지역에 있던 부여(북부여)는 왜(예) 세력의 기원지로서, 한반도 동북 지역(함경도)에 있던 동부여(동예, 왜)와는 친연관계가 있었지만, 이 두 나라는 마치 현재의 연방제 국가와 같이 서로 일정 부분 독립성이 있었다. 동부여(동예, 왜)는 요서 맥인의 동진이 있던 BC 3세기 고리국 출신 해모수 세력에 의해 동쪽으로 쫓겨났던 아픈 기억이 있기 때문에 북부여와 관계가 친밀하진 못했다. 이는 동예(동부여, 왜)가 4세기 초(비류왕이 재위한 304년경) 백제를 장악한 뒤, 자신들의 근거지인 한반도 동북부 동예 지역으로부터 북부여 본거지인 만주 지역을 '동쪽에서' 공격하여 세력을 넓히는 것으로 알 수 있다.

4세기 초 백제(왜, 동예)가 북부여를 공격했다는 내용이《자치통감》에 기록돼 있다. 그런데 이 기록에 대해 학자들 사이에서는 한강 유역의 소국 '백제'가 아닌 '고구려의 공격'으로 간주하기도 한다. 하지만 《자치통감》에 기록된 대로 고구려가 아닌 백제(왜)가 부여(만주 부여)를 '동쪽에서' 공격했음이 분명하다.

왜냐하면 부여(북부여)가 당시 선비와 고구려가 있던 서쪽에서 공격을 받은 것이 아니라 '동쪽'에서 공격을 받아 '서쪽'으로 이주했으며, 결국 요서 지역 선비족 왕조인 연나라 근처까지 쫓겨나 근거지로 삼았기 때문이다. 당시 '동쪽'에서 공격한 백제는 이미 동예(왜)와 같은 나라였기 때문에 함경도를 통해 북진하여 요동 지역을 공격한 것이다.

그런데 이렇게 백제(동예, 왜)에 의해 서쪽 선비족 근처(요하 근처)로 밀려간 부여(북부여)는 더 큰 시련을 당하는데, 바로 선비족 사람들이 자신들 옆으로 이주해온 부여를 공격한 것이다. 346년 선비족 모용씨의 연나라는 자신들 근처로 이주해 온 부여에 대해 대대적인 공격을 하여 왕을 포함해 5만여 명을 포로로 잡아가면서, 부여를 사실상 멸망 직전까지 이르게 만든다.

이렇게 부여가 선비족에 의해 궤멸되는 시기인 346년은 만주 지역뿐만 아니라 한반도, 일본에 이르는 거대한 역사적 전환이 있던 시기이다. 346년 백제에서는 그동안 백제를 다스린 왜(동예) 정권이 무너지게 된다. 원인은 그해에 그들을 대체해 새로운 세력, 즉 선비족에 의해 붕괴된 부여(북부여) 일파가 남하하여 정권을 장악하기 때문이다(근초고왕 즉위 346년).

4세기 초 백제(왜, 동예)의 공격으로 모용 선비족의 연나라 근처까지 밀려났다가 선비족의 대대적으로 공격으로 붕괴된 북부여는 한반도로 남하하여 과거 자신들을 서쪽으로 몰아냈던 백제(왜)를 몰아내게 된다. 이로써 북부여는 과거 백제(동부여, 왜)에 당한 원수를 갚는 동시에 한강 유역에 새로운 부여 정권(부여 백제)을 세우게 된다.

이렇게 백제에서 왜(동예) 세력이 힘을 잃자, 신라에서도 역시 그동안 자신들을 지배하던 왜(예)에 반기를 들며 저항하게 된다. 북부여의 공격을 받은 백제(왜 백제)는 한강 유역을 빼앗기고 한반도 북동부와 남부로 밀려난다. 근초고왕의 북부여가 한반도로 중부 백제를 정복한 346년, 왜(예 백제)는 신라를 '급하게' 공격하여 신라의 수도 금성(경주)까지 포위한다.

그전까지 왜와 신라는 서로 혼인관계를 맺으며 좋은 관계를 유지했는데, 346년에 무슨 이유에서인지 신라를 '급하게' 공격하기 시작한 것이다. 이는 당시 '왜(동예?, 왜 백제?)'가 어떤 급박한 사정으로 인해 신라를 장악할 필요가 있었음을 말하고, 그 급한 사정은 바로 그해 백제(왜 백제)를 정복한 북부여 세력으로 말미암았음을 추정할 수 있다.

그러나 신라는 왜(동예?, 가야?)의 공격을 막아내고 당시 동북아시아의 강국이 된 모용 선비족 연나라와 관계가 깊은 세력, 즉 예(왜)계 석씨에 눌려 있던 김씨 세력을 전면에 내세우게 된다(나물왕 즉위 356년). 요서의 모용 선비족과 신라의 낙랑계 김씨는 모두 북방 흉노(연나?, 환나?) 사람들과 관련이 깊은 사람들로서, 낙랑이 멸망할 당시(313) 일부는 모용 선비 나라로, 일부는 신라로 이주해 왔기 때문에 두 나라 사이에는 유대감이 있었음을 짐작할 수 있다. 그런데 마침 부여(동예)가 약해지고 모용 선비의 나라인 연(전연)이 강성해지자 신라에서는 모용 선비와 관계 깊은 김씨가 전면에 등장하게 된 것이다.

전연(337~370) 요하 유역의 선비족 모용황이 세운 나라로 부여를 격파하고 중원을 차지하며 강국이 된다. 선비족은 부여, 고구려, 삼한과 같은 민족인 예맥족에 속한다.

14. 동아시아 고대 역사의 주인공 선비족

　낙랑과 부여를 흡수한 '선비족'은 알타이계 '예맥'민족 중 하나로서 한국 민족과 가까운 사람들이다. 그들은 기원전부터 고구려에 속해 있으면서 고구려와 함께 한나라를 물리치기도 한다(121년). 이렇게 고구려와 관계가 깊었던 그들은 북중국을 통일한 뒤에도 고구려에 대한 특별한 대우를 한다. 중국 학자들에 의하면 선비족은 그 기원이 고대 중원의 동이족으로서, 한자를 만든 상나라와 문화적, 인종적으로 같은 사람들이었다고 한다. 그들은 상나라 멸망(BC 11세기) 이후 지속적으로 북쪽으로 이주하여 흑룡강과 대흥안령산맥 사이에서 유목생활을 하게 된다.

　학자들은 '선비'라는 이름이 선비족 고유어 중 '대제사장', '성스러움'을 의미하는 '사비(Sabi)'에서 시작된 것으로 추정하고 있다. 이 '사비'는 원래 '성스러운 동물'을 의미하던 말이었는데 고대 세계에서 신에게 바쳐지던 최고의 제물이 '소'였으므로 '사비'는 '소ㅂ이' 즉 '소의 사람'이 아닌가 한다.

　5세기 말 선비계 모씨가 장악했던 백제의 마지막 수도 역시 이름이 사비(부여)였는데, 사비

선비족은 BC 11세기 상나라 멸망 이후 중원에서 밀려나 대흥안령산맥과 흑룡강 사이에 정착했다.

고대 양이나 소의 뿔 모양의 관을 썼던 제사장(왕) 모습. 왼쪽은 美(아름다울 미)의 갑골문 원형으로 제사장이 양뿔을 쓰고 있다. 오른쪽은 전국시대 제사 지내는 왕(제사장)모습으로 제사장이 뿔 모양 장식을 머리에 쓰고 있다.

는 '소부리'라고도 불리던 도성이었다. 사비성의 모습은 반달을 닮아서 반월성으로도 불렸는데, 반달은 소뿔과 유사한 형태를 하고 있다. 이로 미루어 보아 볼 때 소부리(사비)는 '소뿔의 고을'로 해석할 수 있지 않을까 한다.

　한나라 당시 북방의 강국 흉노가 한나라의 공격으로 흩어지게 된다(서기 1세기). 이때 많은 흉노 유민이 선비로 유입되면서 선비족이 강해지게 되고 이후 멸망한 흉노를 대신해 선비족은 중국을 지속적으로 압박한다. 선비족 가운데 탁발 선비족은 점차 세력을 키워 북위(北魏 386~557) 왕조를 건국하여 북중국 전체를 통일하게 되며(439), 이들에 의해 밀려난 연나라 모용 선비는 고구려에 유입된 뒤 한반도와 일본을 하나의 왕국 '왜'로 통일시킨다. 선비 왕조 북주(北周)를 이어 건국된 수나라, 당나라 집권층 역시 선비(흉노)와 가까운 사람들이었다. 이들은 자신들처럼 흉노의 영향을 많이 받은 신라를 도와 부여(왜)계 나라인 고구려와 백제를 멸망시킴으로써(7세기) 부여(왜) 세력을 한반도에서 사라지게 하기도 한다.

선비족 사람들은 요하 북부를 근거지로 하여 3세기부터 중원에 진출하여 북위, 수나라, 당나라 등 대제국을 세우고 이어서 중국 북방에 요나라(916~1125)를 건국하며 세력을 이어가게 된다. 요나라는 선비족 일파인 유연부족의 후예인 거란족의 나라이다. 따라서 선비족은 3세기 이후 요나라가 멸망할 때까지(1125) 동아시아를 1,000년 가까이 지배했던 고대 동아시아 고대 역사의 주인공이라 할 수 있다.

15. 선비 문화의 유입

선비족이 중국의 강자로 떠오른 4세기에 선비(흉노)와 가까운 사이인 신라 김씨 세력은 선비족과 깊은 유대를 가지며 신라 사회를 이끌어가게 된다. 당시 왕들은 왕의 칭호를 부여계 이사금에서 선비계(흉노계) 호칭인 마립간으로 바꾸게 된다. 마립간의 마립은 중국어로 마리(mari)로 '머리'를 의미하는 것으로 보인다. 그리고 간(干)은 '한(汗)', 가한(可汗), 칸' 등으로도 불리던 북방민족의 왕호로 그 뜻은 '신령함, 하늘'을 뜻한다.

BC 1세기 북방 진한(조선)의 유민들이 한반도 남부로 남하한 뒤 왕으로 박혁거세를 세운다. 그의 호칭은 고유어로 거서간(居西干) 또는 거슬한(居瑟邯)으로 불렸는데, 이는 간(干)과 한(邯)이 같은 '왕'의 의미로 사용되었음을 뜻한다. 박혁거세 이후로 신라에서는 이 왕호 대신 '이사금'이라는 왕호를 사용한다. '간, 한'은 예맥인(알타이어인) 중 북방 민족들이 사용하던 호칭으로, 중국 기록상에는 처음에 선비족 사람들이 3세기부터 사용하기 시작한 것으로 나온다(《송서(宋書)》).

알타이어계 유목민인 선비, 거란, 돌궐, 몽고, 여진 사람들은 이 '한'이 다스리는 '한국'을 세운 적이 있고, 거란과 풍습이 같던 고구려는 별신과 태양신, 기자신 외에 하늘 신인 '가한(可汗)신'을 숭배했었다 《구당서(舊唐書)》). 그런데 신라에서 이 시기(4세기)에 들어 과거 400년 동안이나 사용한 '이사금' 칭호를 버리고 당시 선비인들이 사용하던 왕호인 '간'을 왕호로 삼게 되는데, 이는 그만큼 신라와 당시 북방민족과의 밀접한 관계를 설명한다.

또한 신라에서는 나물왕(재위 356~402)때부터 기존에 없던 적석목곽분(積石木槨墳)이 제작되는데 이 적석목곽분은 북방계 무덤 형식으로서, 그 무덤들에서는 선비(흉노, 낙랑)계 유물이 다량 발견된다. 주목할 점은 이들 무덤에서 발굴된 황금장식이나 유리제품 등이 중앙아시아나 심지어 유럽까지 관련이 있다는 점이다. 이러한 사실들은 신라가 4~5세기 당시에 중국 북방의 선비족과 밀접한 관계를 가지면서 교류했고 교류의 범위가 매우 광범위했음을 뜻한다.

신라가 북방 흉노계(선비계) 문화를 이렇게 극적으로 받아들이게 된 원인으로는 흉노인(선비인)의 직접적인 유입도 예상할 수 있다. 나물왕이 등극하기 전 만주 지역에서는 선비족들과 고구려가 세력을 다투고 있었다. 선비족은 요하 북부 대흥안령산맥 근처에 살던 예맥족(알타이어족)으로서, 단석괴(?~181)가 부족장으로 선출 된 후 동서 1만 4,000리, 남북 7,000리에 이르는 대제국을 건설하며 과거 흉노의 세력 범위를 아우르게 된다.

그러나 단석괴가 사망한 이후 선비족은 다시 분열되고 중앙아시아에서 만주에 이어졌던 선비 영역 중 동쪽(요하 유역)에는 단씨, 우문씨, 모용씨 선비 부족이 들어서게 된다. 그들은 그곳에서 고구려와 더불어 강한 세력을 유지하게 되는데, 이들 중 요서 지역(난하~조양)에 있던 우문씨 부족이 344년 모용 선비에 의해 패망한 뒤 흩어진다. 우문씨는 319년 고구려와 더불어 모용 선비를 공격했던 것으로 보아 고구려와 사이가 나쁘지 않았던 것 같다. 그런 우문씨가 모용씨의 공격으로 패망하자 고구려는 이들 일부를 동쪽 신라 지역으로 피신시킨 것이 아닌가 한다.

이러한 예는 과거 고구려 땅에 있던 마한이 진한(진조선) 유민들을 한반도 동남쪽으로 보내 살게 한 것과 유사한 경우라 할 수 있다. 고구려는 주변 국가들 중 유독 신라와 오랫동안 친밀하게 지낸다. 광개토왕 비문에는 신라가 과거 고구려의 속국이었다고 기록하고 있다. 신라가 북방 흉노(선비)와 많은 교류를 할 수 있었던 것 역시 고구려가 길을 열어 주어야 가능한 일이었다.

만일 정말로 신라 지배층과 우문선비와 관계가 깊다면 우문씨로부터 당국공으로 임명된 당나라 황실의 선조와 신라의 지도층 사이에는 일종의 '친척' 관계에 해당하기 때문에, 당나라가 신라와 각별히 친하게 교류했던 이유를 설명할 수 있게 된다.

신라에서 356년 나물마립간(내물왕) 이후 흉노계 풍습이 늘어난 이유에 대해 일각에서는 342년 고구려를 대규모로 침입한 모용 선비군 일부가 신라에 유입된 것으로 보는 시각이 있는데, 이는 246년 고구려를 침입한 위나라 관구검(毌丘儉, ?~255)과 관련된 다음 사료를 혼동한 것으로 본다.

"신라는 고구려 동남쪽에 있는데 한나라 시기에 낙랑 지역으로 사라(斯羅)라고도 부른다. 위나라 장수 관구검이 고려(고구려)를 토벌하여 격파할 당시 (고구려가) 옥저로 도망을 갔는데, 그 후 고국으로 돌아갈 때 남아 있던 자들이 신라가 되었다고 한다. 그래서 그 나라에는 화하(중국), 고구려, 백제 사람들이 잡거한다."《수서(隋書)》

3세기 관구검이 고구려를 치던 해(246)와 모용씨가 고구려를 제압하던 4세기 상황은 전혀 관계가 없고, 고구려를 제압했던 모용 선비군이 굳이 고구려를 피해 신라로 남하할 이유가 없기 때문에 모용 선비군의 일부가 신라로 유입된 사실은 근거가 없는 무리한 해석으로 보인다.

이에 비해 344년 모용 선비에 의해 완전히 국가를 잃은 우문선비 사람들이 모용 선비를 피해 고구려에 의탁한 후, 고구려가 자신들을 모용 선비와 멀리 떨어진 신라 지역에 안치시키자 그곳에서 정권을 잡고 세력을 길렀을 가능성이 더 높다고 할 수 있다.

신라는 김씨 왕조가 들어선 4세기 중반을 계기로 비로소 한자를 사용하기 시작하고 처음으로 중국에 사신을 보내어(377년, 382년) 중국과 통교를 시작하는 등 비약적으로 발전하게 된다. 이러한 사실들은 당시 김씨 왕가와 중국 북방의 유목민 왕조인 선비계 왕조들과의 친밀한 관계를 설명하고 있고, 신라가 부여계(동예, 왜, 석씨) 중심에서 선비계(흉노, 낙랑, 김씨) 중심으로 넘어간 이유를 설명하고 있다.

16. '한반도 왜'의 후퇴

신라의 김씨 세력과 백제의 근초고왕 세력이 한반도 왜(예, 동부여) 연맹에서 벗어나긴 하지만 여전히 왜(예)는 한반도 여러 곳에서 세력을 유지하고 있었다. 그러나 당시 국제적 상황은 왜(예)에 불리해져만 갔다. 북부여에서 남하한 근초고왕이 백제(왜 백제, 예 백제)를 장악한 지 23년이 흐른 369년, 중국에서는 서부 유목민 저족이 세운 전진과 모용 선비족 전연 간의 전쟁으로 정세가 불안해진다.

당시 전연(모용 선비)과 밀접한 관계에 있던 북부여는 전연의 전세가 크게 기울자 과거 근초고왕 세력이 남하한 것과 같이 또다시 한반도 남부로 남하한다. 전연 세력하의 북부여가 남하하자 이들보다 먼저 남하하여 백제를 장악했던 근초고왕은 이들을 받아들이고 연합하여 한반도의 남은 왜(동부여, 예)를 정복한다(369). 이렇게 북부여 세력의 남하에 의해 한반도에서 밀려난 '한반도 왜'는 대거 일본으로 이주하게 되며 일본에서 '왜(예)'세력은 더욱 확대되게 된다.

《일본서기》에는 전연에 속한 북부여 세력과 근초고왕에게 왜(동예)가 크게 밀리던 369년 당시 상황을 '일본 왜'가 한반도로 건너와 가야 7국을 점령하여 실질적인 통치를 했다고 기록하고 있다. 그러나 사실은 전연계 북부여인들이 근초고왕과 함께 한반도 '왜(동예, 삼한)'를 정복하고, 북부여인들이 한반도 남부(신라, 가야) 지역을 거쳐 왜(일본)로 넘어가 그곳에 근거지를 두게 되는 과정을 설명한 이야기이다.

이러한 일련의 사건들 속에서 4세기 초 한반도를 주름잡던 '한반도 왜' 세력은 한반도에서 크게 축소되고, 일본열도로 밀려난 왜 역시 그곳까지 침략한 전연계 북부여인들에 의해 정복된다.

일본에서는 이른바 '도래인(건너온 사람)'이라 불리는 '한반도 왜(한, 가야)'인이 4세기 말부터 일본으로 대거 이주한 원인을 고구려의 한반도 공격 때문으로 보고 있다. 물론 고구려가 신라에서 한반도 왜(예)를 391년에 일본으로 대거 몰아냈지만, 사실은 그에 앞서 중국 전란에 쫓겨 남하한 북부여 전사와 백제(근초고왕)의 연합 공격에 의해 한반도 왜(동예, 삼한) 세력이 일본으로 대규모로 밀려난 것이 더 큰 원인이라 할 수 있다.

북부여 세력과 백제(부여 백제)는 한반도 왜(예)를 일본으로 몰아냈을 뿐 아니라 일본에까지 쫓아와 그곳을 장악함으로써 4세기 말 일본 사회에 큰 변화를 일으킨다(존 카터 코벨).

따라서 《일본서기》에 기록된 4세기 이전 일본 역사는 '일본열도 왜'의 역사가 아니라 '한반도 왜', 즉 한반도 중부와 남부의 동부여(동예), 삼한의 이야기로서 4세기 초 한반도 남부 전체를 영향권에 두었던 '한반도 왜 연맹'의 역사를 기록한 것이다.

《일본서기》는 4세기 중엽 이야기를 3세기 초로 기록하고 있는데, 이는 '한반도 왜(부여, 동부여)'가 한반도에서 한참 번성하던 4세기 이야기를 마치 그 이전부터 '일본열도 왜'가 한반도를 지배했던 것처럼 시대와 장소를 바꾸어 기록한 것이다. 이로 인해 현재 일본 역사학계에서는 《일본서기》의 내용 중 5세기 이전의 기록은 일반적으로 인정하지 않고 있다.

4세기 백제의 근초고왕은 마한 지역을 병합하고(369년) 왜(일본 부여)에 칠지도를 하사하는데, 그 내용을 보면 백제왕(근초고왕)이 '일본열도의 왜'를 제후국으로 간주하고 있음을 알 수 있다. 즉 당시 한반도 남부와 일본은 기존의 왜(예, 동부여) 세력을 대신해 북부여 세력에 의해 새롭게 통일되던 시기였다.

《일본서기》가 '한반도 왜' 이야기가 아니라 '일본열도 왜'의 이야기를 쓰는 시기는 5세기에 들어와서 비로소 시작된다. 뒤에 밝히겠지만 5세기 선비계 '모씨(모용씨)' 세력이 한반도를 통일하고 일본으로 진입하여 정권을 장악하는 시기(461년 이후)가 일본에서는 처음으로 일본열도의 역사를 기술하는 시기로 볼 수 있다.

'왜 백제(동예 백제)'가 근초고왕에 의해 무너진 뒤에도 '왜(예)'의 기원지인 '동예'는 한반도 동부에서 여전히 세력을 유지하고 있었다. 그러나 동예는 고구려의 광개토왕(392~412)이 400년 신라에 5만 병력을 보내 대규모로 '왜'를 정벌할 때 결국 멸망하여 고구려와 신라로 편입된다.

이러한 과정을 통해 백제, 신라를 포함한 한반도 남부 한(韓) 지역 전체를 주름잡던 한반도 '왜(예, 동부여)' 세력은 한반도 남부 가야(가라, 한, 가예, 왜)로 축소되어 562년 신라에 병합되기까지 근근이 세력을 유지하게 되며, 왜의 주요 세력은 '일본열도'로 넘어가게 된다.

왜계 '석씨'세력을 몰아낸 친선비계(친부여계)'김씨'의 신라는 북방 유목민 왕조인 전진에 사신을 보내는데(381년), 그때 전진왕 부견이 질문한다.

"경이 말하는 해동(海東)의 일이 옛날과 같지 않다는 것이 무슨 뜻 인가?"

이에 신라 사신 위두는 "중국과 마찬가지로 시대가 변혁되고 이름이 바뀌었으니 지금 어찌 같을 수 있겠습니까?"라고 대답하는데, 이는 4세기 신라를 포함한 해동(한반도, 일본)에 큰 '변혁'이 있었음을 알 수 있는 대목으로서, 당시 중국에서 서쪽 전진이 중원을 점령했듯 한반도에서도 외부 세력(북부여 세력)이 정권을 잡고 커다란 변혁을 일으켰음을 뜻한다고 할 수 있다.

17. 고구려와 왜(부여)의 한반도 전쟁

4세기 말에 한반도 남부와 일본으로 쫓겨난 '한반도 왜(동부여, 예)'는 비록 북부여 후예들에 의해 다스려졌지만, 북부여와 동부여(왜)의 '영원한 숙적'인 고구려에 대한 공격을 멈추지 않는다. 그들은 고구려가 점차 세력을 넓힘에 따라 자신들의 '근거지'인 한반도가 위태로워지자 이를 회복하기 위해 꾸준히 노력한다.

'광개토왕 비문'에는 이 시기 백제와 신라를 회복하기 위한 '왜'의 처절한 노력과 주도권을 빼앗기지 않으려는 고구려의 반격이 자세히 기록돼 있다.

> "백잔(백제)과 신라는 옛날 우리 속민으로 공물을 바쳐왔다. 그러나 왜(倭)가 신묘년(391년) 이래로 바다를 건너 백잔(백제)과 신라를 쳐 신민으로 삼았다. 6년(396년)에 왕이 친히 수군을 이끌고 백잔국(백제)을 토벌했다."〈광개토왕 비문〉

상기 기록에서 고구려가 '백제'를 '백잔(百殘)', 즉 '백 여가의 잔여 세력'이라 부른 것은 '북부여 일파'가 만주에서 선비족에게 멸망하자 그 '남은 무리(근초고왕 일파)'가 남하하여 '왜 백제'를 정복하고 세운 나라가 '부여 백제(남부여)'이기 때문에 그렇게 부르고 있는 것으로 해석할 수 있다.

당시 근초고왕을 비롯한 북부여 세력은 한반도 남부(전라남도, 경상남도)와 동부(강원도), 일본 서부[구주(九州) 중심]에 퍼져 있던 '왜(동부여)' 세력을 아우르고 있었는데, 고구려가 지속적으로 백제(부여 백제)를 공격하고(369~377), 신라 또한 고구려와 가까워지자 일본열도의 '왜'는 한반도 남부에 대한 공격을 시작한다.

중국《자치통감(資治通鑑)》에 "(377년)봄에 고구려, 신라, 서남이(西南夷) 모두가 사신을 파견해 진(秦)에 조공했다."라는 기록이 있다. 당시 전진(前秦, 351~394)에 조공했던 한반도 국가들 중에 고구려, 신라 이외에 백제가 빠졌던 것은 백제가 고구려의 공격으로 국내가 혼란해지고 조공할 여력이 없어서였다.

이렇게 한반도 남부에서 백제의 국력 약화는 한반도 남부에서 일본열도에 걸쳐 있던 '왜' 세력이 대대적으로 한반도를 점령하는 계기가 된다(391). 391년 왜의 고구려에 대한 반격이 있은 뒤 고구려의 광개토왕은 4만의 군사를 동원하여 다시 왜와 연합한 백제를 공격하여 백제 북부 지역을 차지하게 된다(392년).

이에 백제는 고구려에 빼앗긴 북부 지역 땅을 찾기 위해 고구려와 대규모 전투를 벌이는데, 이 과정에서 8,000명의 사망자를 내는 대패를 한다(395년). 이렇게 '고구려'에 의해 위기에 처한 백제는 그동안 자신들이 한 수 아래의 제후국으로 여기던 '왜'에 도움을 청하기 위해 태자를 인질로 보내기에 이른다(397년).

> "영락 9년(399년)년에 백잔이 맹세를 어기고 왜(倭)와 화해하고 소통했다."〈광개토왕비문〉

이 당시 백제가 우호를 맺은 '왜'의 실체에 대해 학자들의 다양한 견해가 있다. 주된 견해는 이 '왜'의 영토가 주로 한반도 남부와 일본 서부[구주(九州)] 지역으로 한정되어 있다고 보고 있다. 당시 '왜'에 대한 학자들의 주장을 정리하면, 왜가 가야라는 입장, 왜가 일본 열도에 있었다는 주장, 왜가 한반도 남부와 한반도와 가까운 구주(九州)에 거주했다는 주장, 구주 북부 지방에 있었다는 주장 등이 있으며, 이 가운데 '구주 북부'에 있던 사람들로 보는 것이 일반적이라고 한다(이기동).

이에 비해 필자 입장은 고구려에 대적할 만한 나라, 즉 백제가 의지하여 고구려를 대항할 정도로 강했던 이 '왜'는 생각보다 넓은 지역을 차지했던 '한(왜) 연맹'으로 보고 있다. 말갈로 불리던 강원도 지역 '왜(동예)', 근초고왕에 의해 한반도 남부로 밀려난 마한, 신라가 점령하지 못한 경상도 인근 국가들(가야), 일본 서부 구주(九州)에서 세력을 키우던 '일본열도 왜' 등을 모두 포함한 국가 연맹체가 '왜'였을 것으로 보는 것이다.

사실 '왜'는 고대 동북아시아에 광범위하게 퍼져 살며 해를 숭배했던 '예족(동이, 부여)'을 기층민으로, BC 7세기 이후 중국 북부 맥족(흉노, 기자조선)의 동진으로 합쳐진 '예맥' 사람들을 말한다. 이들이 집요하게 신라를 공격한 이유는 신라에 유독 자신들의 적이자 중국 한나라 군현이었던 낙랑(흉노, 선비) 세력의 유입이 많았기 때문으로 볼 수 있다.

"왜인(倭人)이라는 말은 현재 산동 · 북경이나 요동 지역, 황해 도서 지역, 한반도 남부 해안 및 도서 지역, 그리고 일본에 이르기까지 광범위하게 흩어져 살아온 사람들로 결국은 말갈이나 물길의 다른 표현으로도 볼 수 있다."(김운회)

한반도 선주민 왜[예, 동부여, 가야, 말갈, 구주(九州)]가 4세기 말 백제와 신라를 침공한 이유는 고구려에 의해 나라가 위태로워진 백제와 신라를 되찾기 위한 노력이었다. 당시 왜가 신라를 장악했던 상황은 광개토왕 비문에 다음과 같이 기록하고 있다.

"신라가 사신을 보내 (고구려)왕에게 말하기를 '왜인이 나라 경내에 가득하여 성과 연못을 파괴하고 있고, 노비들과 외국인을 양민으로 삼고 있으니, 왕께 귀의하여 명을 받고자 합니다.' 태왕(광개토왕)은 인자하여 그 충성심을 칭찬하여 특별히 사신을 돌려보내며 비밀 계획을 고하게 했다."〈광개토왕 비문〉

비문의 내용을 분석하면 당시 신라의 지도층인 낙랑계 김씨 세력이 '왜'에 의해 거의 국가의 경영이 어려운 지경에 이르렀음을 알 수 있다. '왜'가 신라에 쳐들어와 노비나 외국인을 양민으로 삼았던 이유는 '왜'가 신라 지배층 김씨보다는 신라의 기층민인 '예'와 가까운 사람들이었음을 암시한다고 본다.

이렇게 '왜(예)'의 지배를 받는 상황에서 신라 김씨(우문 선비?) 왕조는 고구려에 구원을 요청했고, 고구려는 신라를 장악한 '왜[말갈, 가야, 구주(九州)]'를 치기 위해 대규모 공격을 한다.

"10년(400년) 왕(광개토왕)이 보병과 기병 5만을 동원하여 신라를 구원하러 출발했다. 남거성에서 신라성까지 왜 사람들이 그 땅에 가득했는데, 고구려군이 이르자 왜는 퇴각했으며, 이에 왜의 뒤를 급히 쫓아가 임나가라의 종발성에 이르게 된다. 성은 곧 항복하여 신라인으로 지키게 했다.

신라성과 염성에서 왜 도적(왜구)을 색출하자 왜가 크게 무너졌으며, 성 안의 열에 아홉은 왜를 따르기 거부했으며, 이에 신라인이 다스리게 했다. 남은 왜군은 도망했다."〈광개토왕 비문〉

위의 기록에서 유의할 점은 왜가 퇴각한 한반도 남부 '임나가라 종발성'이 신라가 다스리던 땅이 아닌 '왜'가 다스리던 땅이었다는 사실과, 신라 사람들이 '왜'를 따를 것인지, '신라'를 따를 것인지 선택해야 했다는 사실이다. 이는 '왜'가 한반도 남부에 있었던 사실과 그들이 신라 기층민과 가까웠던 사람들(석씨계 예인)임을 뜻한다.

이렇게 왜(예, 가야)가 장악했던 신라를 고구려가 구원하자, 신라는 이후 고구려의 간섭을 받게 되며, 사실상 고구려의 속국의 위치로 전락하게 된다. 당시(400년) 신라의 이러한 '슬픈 상황'과 관련하여 《삼국사기》와 〈광개토왕비〉에는 다음과 같이 기록하고 있다.

"(400년) 겨울 10월에 왕이 항상 타던 내구마가 무릎을 꿇고 눈물을 흘리며 슬프게 울었다."《삼국사기》

"과거 신라의 매금(마립간, 왕)이 직접 와서 정사를 논한 적이 없었는데, 국강상광개토경호태왕(광개토왕)에 이르러 매금(나물왕)이 …… 청하며 (직접 와서) 조공했다."〈광개토왕비〉

이 당시 신라가 고구려의 속국이 되었던 사실은 남북조시대 송나라 60년(420~478) 간 역사를 기록한 《송서》를 통해서도 확인된다.

"왜국(일본)은 고려(고구려) 동남대해 가운데 있다."

즉, 5세기 초 왜국(일본)은 신라와 접해 있던 것이 아니라 고구려와 접해 있었다는 말로, 고구려가 신라를 지배했음을 뜻한다.

18. 중국에 한반도 지배 승인을 요구한 '왜(일본)'

5세기에 접어들어서도 왜(남부여, 일본)와 고구려의 한반도 주도권 싸움은 지속된다. 특히 왜와 동맹을 맺은 서울 지역 백제는 더 이상 왜의 공격을 받지 않게 되지만, 고구려와 동맹을 맺은 신라는 왜의 주요 공격 대상이 된다. 신라가 고구려의 도움으로 왜로부터 회생한 뒤에, 고구려에 볼모로 가 있던 이찬 대서지의 아들 '실성'이 돌아와(401년) 바로 왕이 된다(402년). 신라에서는 나물왕(내물마립간)이 죽고(402년) 그의 자손이 아닌 고구려에서 갓 돌아온 이찬 대서지의 아들 '실성'이 왕이 된 이유는 그만큼 고구려가 신라의 내정에 깊이 관여하고 있었음을 설명하고 있다.

당시 신라는 고구려의 지원을 입고는 있었지만 일본열도로 밀려난 '왜'로부터도 자유롭지 못했다. 그래서 왕이 된 '실성'은 자신을 고구려로 볼모로 보냈던 나물왕의 셋째아들 미사흔을 왜로 보내며 왜와의 화해를 도모한다. 하지만 신라가 친 고구려 정책을 버리지 않고 왜로부터의 독립을 추구하자 왜는 신라를 장악하기 위해 끊임없이 공격한다.

• 왜의 신라 공격이 있던 해
  405년, 406년, 407년, 415년, 431년, 440년, 444년, 459년, 462년, 476년, 477년, 482년, 486년, 493년, 500년

실성왕은 이렇게 '왜'가 공격해 오자 더욱 친고구려 정책을 쓰며 나물왕의 아들을 고구려에 볼모로 보내지만(412년), 실성의 정책에 불만이 있던 고구려 군사들은 실성을 죽이고 대신 나물왕의 아들 눌지를 신라의 왕으로 세우게 된다(417년). 《삼국유사》

이렇게 신라를 좌지우지하던 고구려는 427년 수도를 남쪽 평양 지

역으로 옮기면서 서울 지역 백제를 더욱 압박하게 되는데, 이에 위기를 느낀 백제는 신라에 사신을 보내 화친을 청하게 된다(433년). 당시 신라의 눌지왕은 고구려의 간섭에 불만이 많았다. 특히 자신의 아우 보해(복호)를 인질로 잡고 왕마저 마음대로 바꾸는 고구려가 언제 자신을 제거할지 모른다는 위기감마저 있었다. 따라서 그동안 사이가 좋지 않았던 백제가 고구려의 남하를 공동으로 대처하기 위해 '화해'를 청했을 때 반대할 이유가 없었다. 이렇게 해서 백제와 신라의 협력 관계가 이루어지는데 이를 '나제동맹'이라 부른다.

그런데 이 시기 고구려에 의해 한반도에서 밀려나 일본 구주(九州) 지방으로 축소된 '왜(예)'는 중국 남조 송(420~479)에 방문하여 약간 은 엉뚱한 요구를 한다.

> "태조 원가 2년(425)에 (왜국) 진이 왕위를 잇게 되고 사신을 보내 공물을 바친다. 그는 스스로를 '사지절, 도독 왜 백제 신라 임나 진한 모한 육국제군사, 안동대장군, 왜국왕'이라 칭하고는 이를 정식 관명으로 지정해 줄 것을 요청했다."《송서》

위 기사는 왜왕이 스스로 '왜, 백제, 신라, 임나(가야), 진한(신라 주변국), 모한(마한 잔여국?)' 전체를 다스리는 왕이므로 이를 중국 왕조에서 인정해 달라고 한 것이다. 물론 중국 왕조에서는 그들의 그러한 '엉뚱한 요구'에 대해 조서를 내려 '안동장군, 왜국왕'으로만 임명하며 한반도에 대한 지배를 인정하지 않고 있다.

당시 중국에서는 백제왕에게는 '대장군'의 존호를 붙이고(416년), 왜왕에게는 '장군'의 작위를 주는데(425년), 이는 중국에서 객관적으로 볼 때 백제가 왜보다 국력이 앞서 있었던 사실을 말한다. 한때 왜의 지원을 요구할 정도로 약했던 백제가 다시 왜보다 국력이 앞설 수 있던 이유는 백제가 북연의 멸망 이후 자신들의 기원지인 옛 북부여 일대(중국 요령성)를 점령했기 때문이었다.

그럼에도 왜국 왕이 당시 중국에 백제를 포함한 한반도 남부 전체에 대한 지배권을 인정해 달라고 한 이유는 왜가 자신들의 기원지이자 과거(4세기) 자신들이 다스렸던 곳이 바로 한반도 남부였고, 일본열도로 이주한 뒤에는 한반도 국가들(백제, 신라)로부터 볼모로 왕세자들을 받는 등 한반도 국가들에 비해 우월한 위치에 있다고 여겼기 때문이다.

이 기사는 좀 엉뚱하긴 해도 5세기 초 한반도 중부 이남에 왜, 백제, 신라, 임나, 진한, 모한(마한?)이라는 나라들이 서로 구분되는 정치체로 있었음을 알려주고 있다. 이 중 백제와 신라는 왜 입장에서 볼 때 강국이었고 그 뒤에 따르는 임나, 진한, 모한은 왜에 순종적이거나 왜의 연방국으로 볼 수 있다.

왜(일본)가 중국에 요구한 무리한 요구는 결국 몇십 년 뒤 중국 남조 송으로부터 승인을 받게 된다. 단 이때 백제는 제외하고 나머지 국가들에 대한 지배권만을 인정받는다.

"20년(443), 왜 나라 제 임금은 사신을 파견하여 공물을 바쳤고, 이에 또다시 '안동장군, 왜국왕'의 직함을 유지시켰다. 28년(451)에 이전에 왜에서 부탁했던 바에 따라 '사지절, 도독 왜 신라 임나 가라 진한 모한 육국제군사, 안동장군'의 관명을 더했다."《송서》

왜 임금이 백제를 제외한 한반도 남쪽 나라(왜, 신라, 임나, 가라, 진한, 모한)를 감독한다는 내용의 직함을 받았다는 것은, 중국남조 송에서 볼 때 백제를 제외한 다른 나라에서 아직 공물을 바치지 않았기 때문에 그 나라들을 대표하여 왜 임금에게 감독을 부탁한다는 의미일 수 있고, 또는 왜 나라가 실제로 그 나라들에 대한 지배적 지위를 가지고 있었기 때문일 수도 있다.

당시 한반도 남부는 왜의 집요한 공격에 시달리고 있었다. 특히 신라는 왜의 공격으로 금성이 포위되고(444년) 왕(눌지왕)이 말을 버리고 산으로 도망가기도 한다.

19. 신라를 장악한 이리떼 선비족

이렇게 고구려와 왜 사이에서 어렵게 정권을 유지하던 신라에 453년 '정권의 변경'을 상징하는 일이 발생한다.

"(453년) 가을 7월에 이리떼가 시림(始林)에 들어갔다."《삼국사기》
〈신라본기〉

시림은 신라 김씨의 시조인 김알지가 태어난 곳인데 이곳에 '이리떼'가 들어간 것은 신라 김씨 지배층에 새로운 외부 세력이 유입된 사실을 암시한다(장창은).

이 시기 신라 지배층에 들어온 '이리떼'는 어느 세력을 말하는 것일까? 당시 신라는 지속적으로 '왜'의 시달림을 받다 보니 고구려에 절대적으로 의지할 수밖에 없었다. 따라서 이 시기 신라 지배층을 범한 세력은 '고구려' 세력으로 볼 수 있다. 고구려는 왜(일본 부여)의 세력 때문에 위태로웠던 신라를 돕기 위해 군사를 자주 파견했는데, 이 고구려 군사들 중 일부 세력이 신라 지배층을 침범한 것으로 추정된다.

그런데 이들 '이리떼'는 고구려와 그다지 친하지 않던 세력이었다. 이는 '이리떼'가 시림을 범한 다음해(454년) 고구려가 자신들의 '보호국'이었던 신라를 침입하는 것으로 알 수 있다. 고구려는 신라를 구원한 우방으로서, 245년 신라를 침범한 이후 200년 이상 신라를 도와가며 침입하지 않는데, 신라 지도층에 '이리떼'가 유입된 이후 신라를 침략하기 시작한 것이다.

신라 역시 이 시기부터 갑자기 반고구려 정책을 명확히 한다. 454년 고구려의 침입을 당한 후에 455년에는 백제를 도와 백제에 침입한 고구려를 물리치기까지 한다. '이리떼'가 신라에 유입된 이후 신라는 급격히 고구려와 적대적 관계가 된 것이다.

당시 여러 가지 상황을 감안할 때, 이 시기 신라를 장악한 '이리떼'는 고구려에 투항한 옛 요서 지역의 선비족 국가인 북연, 즉 황룡국(407~436) 세력으로 볼 수 있다. 북연(황룡국) 세

5호6국시대(304~439) 동북아시아 국가들. 북위, 북연, 남연, 거란과 부여, 고구려, 백제, 신라, 왜는 모두 고대 예맥인(동이)들의 후예가 건국한 나라였다.

력은 북위의 공격에 밀려 고구려에 유입된 이후(436) 왕 풍홍이 고구려 장수왕에 의해 죽임을 당하는 등 고구려의 자신들에 대한 가혹한 처우에 불만을 갖게 된다. (황룡국이 고구려에 복속된 과정은 '고구려의 성립과 발전' 부분에 상술.)

북연이 고구려에 투항할 당시(436년)는 고구려가 신라에 침입한 '왜(예, 부여)'를 치기 위해 신라에 지속적으로 군사를 보내던 시기였는데, 이때 고구려는 자신들에게 불만이 있는 '황룡국(북연)' 출신 군사들을 신라에 대거 보냈을 것이다. 왜냐하면 만일 고구려 주력 부대를 신라에 보낼 경우 고구려에 남아 있는 반고구려 성향의 선비계 세력(북연)이 반란을 일으킬 가능성이 높았기 때문이다.

이렇게 신라에 파견된 선비족 북연 세력은 453년 신라의 지도층을 반고구려, 친선비계 정권으로 바꾸어 놓는다. 이로 인해 4세기 후반 나물왕(내물왕)부터 시작된 신라의 중국 북방 선비(흉노) 문화적 요소는 더욱 직접적이고 활발하게 이루어지게 된다. 특히 5세기 마립간을 왕의 호칭으로 쓰던 당시는 유독 중앙아시아 선비(흉노) 문화의 유입이 두드러진 시기로 유명하다.

이들 '이리떼(선비족)'의 등장은 백제, 신라, 왜 등 과거 왜(예)에 의해 통합됐던 국가들이 선비족에 의해 다시 한 번 연합되는 한국 고대사의 중대한 사건으로 볼 수 있다.

고구려에 투항한 '황룡국' 북연 출신 선비족들은 고구려 땅이 된 신라에서 점점 세력을 얻어 결국 신라를 '황룡국'으로 만드는데, 그 일련의 과정은 《삼국사기》에 여러 비유와 사건으로 기록된다.

20. 황룡의 나라가 된 신라

453년 이리떼가 신라에 등장한 뒤 백제에도 '흑룡'이 한강에 나타나는데 그때 백제 비유왕이 의문 속에 사망한다(455년). 고대 역사서에 흑룡이 나타난 것은 지배층에 불길한 일이 발생했음을 의미하며 그때 비유왕이 죽은 이유도 백제에 침입한 외부 세력에 의한 것으로 해석된다(노중국).

백제와 신라에서 이렇게 '의문의 정권교체'가 이루어지자 고구려는 이 두 나라를 공격한다(신라 454년, 백제 455년). 이는 고구려가 백제와 신라에서 자신들과 적대적인 세력이 정권을 잡은 것에 반발했기 때문이었다.

이 시기 이후 백제 권력은 기존의 '부여씨'에서 '모씨'로 넘어가게 된다. '모씨' 왕들은 백제뿐 아니라 이후 신라에도 등장한다. 그들은 고구려에 투항했던 북연의 지배층 모용씨 세력으로 추정되며, 백제에서 부여씨를 여씨로 줄여 쓰던 것처럼 선비족 모용씨 후예들은 백제와 신라를 장악한 뒤 모용씨에서 모씨로 줄여서 성으로 삼은 것으로 보인다.

당시 백제와 신라를 장악한 '모씨' 왕들이 선비계 모용씨 세력이었음은 여러 자료로 확인할 수 있다. 우선 신라에서 이 모용씨 '황룡국(북연)'이 정권을 장악하는 과정을 《삼국사기》를 토대로 살펴보면 다음과 같다.

금성에 나타난 용

"(461년) 여름 4월에 용이 금성의 우물에 나타났다."《삼국사기》

461년은 455년 백제를 장악한 '모씨(모용씨)' 세력의 중심 인물인 좌현왕 곤지가 왜를 정벌하러 남쪽으로 떠나던 해이다(자세한 설명은 백제의 성립과 발전 부분 참고). 당시 백제 최고 군사권을 가진 좌현왕 곤지가 왜를 정벌하러 떠난 이유는 북쪽의 고구려가 계속 선비계가 장악한 백제를 압박하여 더 많은 후원군이 필요했기 때문이었다.

곤지는 왜를 정벌하기 전 과거 이리떼(선비)에 의해 장악됐던 신라를 다시 점검하여 세력을 공고히 한 것으로 보인다(461년 용의 출현). 당시 곤지가 신라 지역을 먼저 들렸던 이유는 신라 지역이 왜(일본)로 가는 가장 가까운 곳이었기 때문이었다.

백제 최고 관리인 곤지의 관직인 '좌현왕'은 백제에서는 없던 관직이자, 북방 선비(흉노)계 사람들이 사용하던 호칭으로 왕 다음 최고 군사권을 가진 관리였다. 당시 일본으로 파견된 곤지가 이 관직을 가졌다는 사실은 그가 선비계 출신 모씨(모용씨) 세력 일원이었음을 뜻한다.

선비식 수도 구획과 고구려 대비

"12년(469) 봄 정월에 서울의 방·리 이름을 정했다."《삼국사기》

수도의 이름을 이 시기에 중국 북방 민족(선비족, 회족)의 지역 구분 호칭인 방(坊)으로 구분했음은 당시 '선비족'이 신라의 서울(금성)에 진입했음을 뜻한다. 또한 고구려를 대비하기 위해 470년부터 3년 동안이나 충북 보은 지역에 성(삼년산성)을 쌓은 것은 고구려를 장기적으로 방어하기 위해서인데, 이 같은 고구려에 대한 철저한 대비는 그간 신라에서는 없던 일로, 반고구려 정서를 가진 새로운 세력이 유입된 것을 암시한다.

선비계 관리명 등장

"(473년) 봄 정월에 아찬 벌지와 급찬 덕지를 좌·우장군(左右將軍)으로 삼았다."《삼국사기》

신라에서는 그동안 한자를 이용한 중국식 관직명을 사용하지 않다가 이 시기에 선비계(흉노계) 관직명인 좌장군, 우장군 호칭을 사용하기 시작한다. 좌장군은 흉노(서융)계 왕조인 중국 최초의 통일 왕조 진(秦)나라 당시에 사용되던 관직명으로서, 한나라 당시에도 가끔 사용되었으나 주로 흉노계 국가에서 사용된다. 흉노계 한군현인 대방의 영향을 받은 백제에서는 240년 이후 최고 군사권을 가진 '좌장'을 임명하기 시작한다.

흉노(선비) 왕조들 사이에 '좌장', '좌장군', '좌현왕' 등의 '좌(왼쪽)'는 자신들이 정복해야 할 가장 중요한 땅을 뜻한다. 흉노(연나? 환나?)가 살던 북방 평원에서 해를 바라보고 서면 왼쪽이 해가 떠오르는 신령한 곳이자 자신들과 자웅을 겨루며 다투던 문명인들의 땅이었기 때문이다. 흉노(선비) 사회에서 이 '좌'가 들어간 관리는 '왕' 다음의 중요한 지위를 가진 관리였다.

신라에 갑자기 등장한 최고 관직인 좌장군, 우장군 관직은 신라가 당시 북방 선비계(흉노계) 영향을 받았음을 증명한다.

신라의 원수 '왜'의 화해와 '모씨'왕의 등장

5세기 신라를 수없이 침략하던 '왜'는 '선비계 모씨'가 왜의 중심부인 일본열도 중서부[기내(畿內)]를 장악한 480년대부터 눈에 띄게 신라에 대한 공격을 줄이기 시작한다. 당시 선비계 모씨는 먼저 일본 중서부로 넘어가 그곳을 장악한 뒤 서쪽 왜의 본거지인 구주(九州)를 정복하고 동쪽 원주민(毛人)을 복속시키며 한편으로 바다 건너 한반도 남부에 대한 지배를 강화한다(《송서》).

이 시기(5세기 말) 왜(일본)의 중심지는 기존의 서쪽 구주(九州) 지역 왜의 중심지에서 북부여 모씨 세력이 장악한 동쪽 기내(畿內) 지역[경도(京都), 나량(奈良), 대판(大阪)]으로 점차 중심지가 옮겨지게 된다.

왜의 마지막 공격은 지증마립간이 즉위하던 500년에 있었다. 그 뒤로 왜는 신기하리만치 신라를 전혀 침략하지 않는다. 이는 일본 기내(畿內) 지역으로 넘어간 북부여(곤지계 모씨 세력)가 이 시기에 일본 서쪽 구주(九州) 지역의 '왜(서이)'를 완전히 정복했기 때문으로 볼 수 있다. 북부여계 백제 곤지 세력이 일본을 장악한 이후로 '왜'는 수백 년간 신라와 마치 한 나라처럼 갈등 없이 지내게 된다.

그런데 서기 500년 일본을 정복한 북부여 곤지 세력은 신라에 대해서도 압력을 더욱 행사하여 신라의 왕을 교체하며 왜와 하나의 통치 권역으로 만든다. 왜의 마지막 공격이 있던 500년은 용이 금성에 나타난 해로, 용이 나타난 뒤 몇 달 뒤 왕(소지마립간)이 죽고 마지막 마립간(왕)인 지증마립간이 등장한다. 지증마립간은 '여러 신하'의 권유로 왕호인 '마립간'을 중국식 호칭인 '왕'으로 바꾼다. 이러한 상황은 당시 일본 정벌을 마무리한 북부여계(부여 백제) 곤지세력이 신라에 강한 압력을 행사했음을 뜻한다.

이를 반증하듯 지증마립간을 마지막으로 신라는 '마립간' 시대를 마감하고 '김씨'가 아닌 '모씨(모용씨)' 법흥왕(모진)이 정권을 차지하게 된다(514년).

앞서 밝혔듯 '모씨' 즉 모용씨는 3세기 이후로 고구려, 부여를 크게 격파하고 중국 북부를 점령하고 다스리던 선비족 왕족의 성이다. 이 모용씨 세력은 5세기 초까지 북중국을 지배하다가 또 다른 선비족 세력인 북위의 '탁발씨'에게 중원의 자리를 내준다(409, 후연 멸망). 모용씨 세력은 이후 요서에 다시 북연을 세우나 얼마 지나지 않아 역시 탁발씨 북위의 위협으로 나라를 들어 고구려에 투항한다(436).

탁발씨에 망하여 고구려에 투항한 북연(황룡국)은 모용씨에 입양된 고구려인 모용운(고운)이 건국한 나라로, 북연이 고구려에 투항한 뒤에 모용씨 세력은 자신들의 국가를 세우기 위해 백제, 신라, 왜로 유입되어 세력을 기르다가, 결국 신라에서 500년 이후 전면에 등장하며 왕이 된 것이다(514년 법흥왕 모진 즉위).

새로운 시조묘 '신궁' 건립

"487년 봄 2월에 신궁(神宮)을 나을에 설치했다. 나을은 시조께서
처음 태어난 곳이다."《삼국사기》

신라에서는 어떤 이유에서인지 기존의 '시조묘'와 별도로 또 다른
시조를 모신 '신궁'을 설치한다. 이러한 사실은 같은 흉노계(선비계)
김씨라도 과거 낙랑계 김씨 왕과는 다른 '모씨(모용씨)계'로부터 시작
한 새로운 선비계 김씨를 모시기 위한 것으로 해석된다.

5세기 신라에서 최초로 세워진 신궁은 6세기 후반 일본 왕가의 시
조인 천조대신을 제사하는 이세신궁의 성립에 큰 영향을 준 것으로
추정되고 있다.

백제 '모씨 왕'과 사돈관계를 맺는 신라

"(493년) 봄 3월에 백제 왕 모대(牟大, 동성왕)가 사신을 보내 혼인하
기를 청했다. 왕은 이벌찬 비지의 딸을 보냈다."《삼국사기》

백제왕 모대(동성왕)는 기존 백제왕의 성인 '부여'와는 다른 '모씨'
성을 가진 왕으로서, 당시 왜를 장악하고 있던 모씨 세력(곤지 세력)이
백제에 파견한 왕이다. 이 기사를 통해 왜와 백제, 신라가 공고한 관
계를 형성하고 있음을 알 수 있다.

당시 신라에서 백제왕의 이름을 직접적으로 거론한 것은 처음이며,

'모대'를 기존 왕들의 성씨인 '여'씨를 붙여 '여대(부여대)'라고 하지 않고 '모대'라고 기록한 것 역시 모대가 백제의 정통 왕이라기보다는 정변에 의해 등극한 '외래인', 즉 선비계 모씨(모용씨) 세력 사람임을 설명하고 있다. 신라가 이들과 연합했던 이유는 이 '모씨 세력'에게 협조적이기 때문이었다.

노란 안개와 용의 출현 – 황룡국 세력의 정권 장악

"(500년) 여름 4월에 폭풍이 불어 나무가 뽑혔다. 용이 금성의 우물에서 나타났다. 서울(금성)에 황색의 안개가 사방에 가득 끼었다."《삼국사기》

용이 나타나고 누런 안개가 짙게 낀 것은 신라에 커다란 변고가 있음을 뜻한다. 이 '용'과 '누런 안개'는 어떤 세력을 암시할까?

신라에서는 이 해(500년)에 소지마립간이 죽고 지증마립간이 등극한다. 그런데 503년(지증마립간 4년)에 건립된 것으로 추정되는 〈영일 냉수리 신라비〉에는 지증왕이 즉위한 이후에도 정식 왕이 아닌 갈문왕, 즉 '임시 왕'으로 기록되어 있다. 이는 지증왕(지증마립간)이 정통왕이 아니라 귀족들이 왕으로 인정하지 않았던 왕임을 의미하며, 그가 신라에서 정식으로 왕위를 승계할 수 없는 국가적 재난이 있었음을 뜻한다. 즉, 서기 500년 당시 신라는 기존 낙랑계 김씨 세력이 선비계 모씨 세력과 갈등이 있었음을 추정할 수 있다.

신라에서 김씨와 모씨의 갈등이 있던 이 시기에 백제 선비계 모씨 왕인 동성왕은 신라의 침입에 대비해 성을 쌓는다(501). 이는 백제의 선비계 '모씨' 동성왕이 신라가 기존 낙랑계 김씨와 선비계 모씨의 세력 다툼으로 위태하자 만일에 대비하기 위해 성을 쌓으며 신라를 견제한 것으로 해석된다.

그런데 이렇게 백제가 선비계 모씨에 의해 장악되고 신라는 선비계 모씨가 김씨와 세력 다툼을 할 무렵, 두 나라에서는 전혀 예상 밖의 상황이 전개된다. 바로 백제에서 그동안 백제를 강국으로 만든 선비계 모씨가 세력을 잃고 기존 '부여씨' 무령왕이 세력을 잡게 되는 반면, 신라에서는 기존 낙랑계 김씨가 세력을 잃고 선비계 모씨(내물왕)가 성공적으로 정권을 잡게 된 것이다.

이러한 한반도의 혼란한 상황은 선비계 곤지 세력이 구주(九州) 지방의 '왜'를 장악하며 '왜'의 신라 침입을 그치게 한 서기 500년 당시의 상황과 관련이 깊다. 왜의 침입이 그친 서기 500년, 신라와 백제에는 갑작스런 사회 변동과 정권 교체 등 혼란이 이어지는데, 이는 왜를 안정시킨 북부여 세력(일본 부여)이 당시 왜를 넘어 한반도의 정치 상황에도 개입했음을 뜻한다.

당시 백제는 중국을 공격하며 '본토 회복'에 힘쓰던 '모씨' 동성왕이 암살당하고(501) 대신 모씨 이전의 왕이었던 '부여씨' 여융(무령왕)이 집권한다. 이는 백제에서 선비계(모씨) 중심의 시대가 끝나가고 기존 부여계(부여씨)로 왕권이 회복되는 과정에 있었음을 뜻한다.

무령왕은 461년 선비계 좌현왕 곤지에 의해 모태에 임신된 상태로 왜(일본)에 넘어갔던 부여씨 개로왕의 아들이다. 무령왕은 자신이 부여계 혈육임을 잊지 않고 백제를 장악한 뒤 백제에서 선비계 요소를 제거한 것으로 보인다. 이는 그를 이은 성왕(재위 523~554)이 수도를 사비(부여)로 옮기며 국호마저 '남부여'로 정한 사실로 추측할 수 있다.

백제의 이러한 흐름과 반대로 신라에서 '노란 안개'와 '용'이 등장하면서 기존 낙랑계 김씨 세력을 배후에서 조종하던 선비계 김씨 법흥왕 '모진'이 전면으로 등장할 준비를 하고 있었다. 신라는 500년 서울에 용이 나타나고 누런 안개가 낀 뒤로 국호와 왕호가 변경되며(503), 상례 변경(502, 504), 주군현 제도 정비(505), 관료의 이름 변경(505), 선박이용제도 정비(505) 등 일련의 개혁이 일어난다.

이렇게 왜의 침입이 그친 서기 500년 이후 신라에 나타난 '노란(黃) 안개'와 '용(龍)'은 과거 선비계 왕조인 북연의 별칭인 '황룡국(黃龍國)'을 연상시킨다. 이 황룡국 세력(선비계 김씨)은 지증왕이 왕이 되는 과정에서 간섭을 하여 지증왕을 과도기적 임시 왕으로 앉히고, 결국 원래 성이 '모씨'로 추정되는 법흥왕(모진)이 정권을 장악하는 데 결정적인 역할을 하게 되는 것으로 보인다.

정식 왕이 아닌 갈문왕이었던 지증왕에 이어 왕위에 올라선 법흥왕 '모진'은 신라에서 정권을 잡은 뒤(514) 중국식 시호를 제정하고(517), 법을 제정하여 반포하고, 관리들의 복장을 제정했으며(520), 과거 모용씨를 멸망시킨 중국 북조 북위 대신에 남조 양나라와 국교를 맺는다(521). 또한 귀족들의 강한 반대에도 불구하고 불교를 공인했으며(527), 신라 최초로 건원(建元)이라는 연호를 제정하기도 한다.

이러한 그의 일련의 개혁을 보면 그가 중국의 제도와 문물에 친숙했으며, 천신(天神)을 숭배하던 기존 신라 지배층과 달리 중국에서 들어온 불교에 익숙한 사람이었음을 알 수 있다. 참고로 선비족 왕조인 북연(北燕 407년~436년)을 '황룡국'으로 부른 이유는 북연의 수도가 요서 지역 대릉하 주변의 황룡성(黃龍城, 현 조양시)이었기 때문이다.

국호와 왕호의 변경

'신라'라는 국호는 307년 신라에 낙랑계(흉노계) 사람들이 유입된 이후 정식 국명이 되었지만 여전히 고유어인 '사라, 사로' 등이 사용되고 있었다.

그런데 이 시기에 와서 고유어 사로(새의 나라)를 '신라(新羅)'라는 중국식 국호 '신라'로 확정했고(503년), 왕의 호칭도 북방식 고유어 마립간을 버리고 중국식 호칭인 '왕'으로 변경한다. 이는 이 시기에 기존과는 달리 중국에 대한 이해가 높은 세력이 신라를 완전히 장악했음을 의미하며, 그들은 바로 당시 한반도 남부와 일본을 장악했던 북연 세력으로 추정할 수 있다.

중국식 이름 사용

그동안 신라왕들의 이름은 한자와 무관한 고유어(토착어) 이름이었는데 이때부터 중국식 이름으로 바뀐다.

"(514년) 법흥왕이 왕위에 올랐다. 이름은 원종(元宗)이다."《삼국사기》

원종(元宗)이라는 중국식 이름의 뜻은 '처음 조상'으로서, 법흥왕이 이전과는 다른 새로운 왕계를 이었음을 암시한다. 사실 법흥왕은 성이 모(募, 另, 牟)이고, 이름은 진(秦, 卽)이라고 여러 사서들에 비문에 기록되어 있는데(양서, 남사, 책부원귀 등), 모두 법흥왕이 기존의 신라 왕의 성씨인 '김씨'와는 다른 '모씨'성을 가진 왕이었음을 밝히고 있다. 법흥왕(모진)은 대외적으로 자신의 본명인 '모진' 대신 '원종'을 사용했는데, 이는 그의 이름을 대외적으로 드러내고 싶지 않았기 때문일 것이다.

그는 자신의 뿌리가 고구려에서 남하한 '모씨(모용씨)'선비계라는 자신의 출신성분을 숨겨야만 고구려나 북위 등 과거 모용씨와 적대적이던 세력으로부터 '오해'를 사지 않을 수 있었을 것이다. 《삼국유사》에는 이 새로운 '모씨' 왕인 법흥왕으로부터 '중고(中古)'라고 하며 시대를 나누고 있다.

이보다 앞서 백제에도 역시 이 모(牟)씨 성을 가진 왕들이 즉위했는데, 문주왕(재위 475~477)의 이름은 모도(牟都)였고, 일본(왜)에서 와왕이 된 동성왕(재위 479~501)의 이름은 모대(牟大)였다. 이러한 사실은 당시 '모씨' 선비계 세력이 백제와 신라 그리고 백제의 배후세력인 '왜'마저 장악했던 사실을 말한다.

시조묘 대신 신궁에 제사

"(516년) 3년 봄 정월에 (왕이) 몸소 신궁(神宮)에 제사를 지냈다."(삼국사기)

신라왕들의 시조묘 참배는 485년 실질적인 '마지막 마립간'으로 볼 수 있는 소지마립간 이후 사라진다. 소지마립간은 485년 신라 시조 박혁거세를 모시기 위해 사당지기 20가를 추가 설치하는 등 정성을 쏟지만, 무슨 연유인지 2년 뒤 487년 시조가 태어난 '나을' 땅에 시조를 모시는 용도로 사용된 '신궁'을 다시 짓는다.

이후 마립간 대신 왕의 칭호를 사용하기 시작한 지증왕, 법흥왕은 신궁에만 제사를 지낸다. 신궁은 '시조를 섬기던 곳'으로서, 시조묘를 다시 세운 것은 신라에서 기존의 시조와는 다른 시조를 모실 필요가 생겼음을 알 수 있다. 이 '다른 시조'란 당시 백제와 신라를 장악한 '모씨 세력'의 조상, 곧 백제의 문주, 동성왕, 신라의 법흥왕, 왜의 곤지와 그 후손들의 성씨인 '모(慕, 牟)씨' 왕들의 조상을 섬기는 신궁이었을 것으로 추정된다.

'개국(새로운 국가의 시작)' 연호 사용

신라에서는 이 시기에 처음으로 연호(年號)를 사용하는데, 연호란 왕이 즉위하는 해나 특별히 쇄신할 필요를 느낀 해를 정하여 이름 붙이는 것으로서, 신라에서는 처음으로 536년 '건원(建元: 건국 원년)'이라 했다가 551년 다시 '개국(開國: 국가를 열다)'으로 정한다. 이 '건원'이나 '개국'은 그 의미가 모두 '새로운 시작'을 알리고 있어서 신라가 이 시기 과거와는 다른 새로운 세력이 유입되었음을 암시하고 있다.

신라에서 연호를 사용한 것은 법흥왕 당시 고구려와 백제로부터의 독립을 선포하는 의미로도 해석할 수 있다(536). 사실 그동안 신라는 고구려, 왜, 백제의 세력으로부터 자유롭지 못했다. 신라가 실제로 고구려, 백제, 왜로부터 독립을 하는 시기는 고구려와 백제를 공격해 이들 세력으로부터 완전히 벗어난 550년이었다. 따라서 신라는 이 해를 계기로 '개국(나라를 열다)'이라는 연호를 제정하여 새로운 독립국으로 출발하게 된 것이다.

'황룡'의 등장

550년, 551년 고구려와 백제를 크게 물리치고 한강 유역까지 차지한 신라 '모씨' 왕가 세력은 마침내 자신들의 뿌리인 선비족 '황룡국(북연)'을 기념하는 듯 대규모 절을 세운다.

"(553년) 봄 2월에 왕이 담당 관청에 명하여 월성의 동쪽에 새로운 궁궐을 짓게 했는데, 황룡(黃龍)이 그곳에서 나타났다. 왕이 이상하게 여겨서 (계획을) 바꾸어 절로 만들고 이름을 황룡(皇龍)이라고 했다." 《삼국사기》

신라가 흥성할 때 신라에 나타난 노란 용(황룡)은 황룡국(북연) 출신 후손 모씨계 선비 왕족을 의미하는 것으로 해석할 수 있다. 기존 신라 지배층의 반발을 무릅쓰고 불교를 공인한 법흥왕(모진)은 자신과 자신의 세력, 곧 선비계 북연 세력의 성공적 정권장악을 기념하는 절을 세우고 이름을 '황룡(黃龍)'을 따서 '황룡사(皇龍寺)'라고 짓게 된다.

21.중국 선비족 왕조와 긴밀했던 신라

이렇게 선비계 세력에 의해 장악된 신라는 같은 선비계 왕조인 수

(581~618), 당(618~907)과 긴밀한 관계를 맺는다. 수나라, 당나라는 우문 선비족 후손이 세운 북주(557~581)를 이은 북방 왕조로 관리 중 다수가 선비인이던 나라였다.

특히 수나라, 당나라의 모체인 북주(北周)는 공용어를 한어(중국어)가 아닌 선비어를 사용했으며, 성씨도 선비족 성씨를 쓰고, 한인들(중국인)에 대해서도 선비풍의 성씨로 고칠 것을 강요할 정도로 선비족 풍습을 유지하기 위해 노력했던 나라였다. 따라서 이를 이어받은 수나라와 당나라 역시 선비계 성격이 농후할 수밖에 없었다.

신라는 우문계 선비국인 북주(557~581), 수, 당 왕조 이전에는 중국의 선비국과 관계가 좋지 않았다. 특히 '모용씨' 전연을 멸망시킨 선비국인 북위(386~534)와 사이가 좋지 않았다. 신라에서 6세기 들어 처음 중국에 사신을 보낼 때(521년) 그 대상국은 당시 중국의 패권을 쥐고 있던 탁발 선비계 국가인 북위가 아니라 남조 양나라(502~557)였다.

중국 북방을 지배하던 탁발 선비국 북위(北魏)는 우문 선비국 북주, 수나라, 당나라도 같은 선비계 국가였으나, 신라 왕실을 장악한 선비계 '모씨(모용씨)'는 수나라, 당나라와는 특별한 '유대감'을 과시했지만, 유독 같은 선비계 국가인 '북위'에게만은 조공을 하지 않는다.

요하 북부 대흥안령산맥에서 기원한 '탁발씨' 선비족이 세운 북위(386~534)는 비록 당시 중국의 패권을 쥐고 있었지만, 5~6세기 신라, 백제, 왜 왕조를 장악한 선비계 '모씨(모용씨)'에게는 원수의 나라였다. '모용씨 선비의 나라' 황룡국(북연)을 436년 멸망시킨 나라가 바로 탁발씨 선비의 나라 '북위'였기 때문이다.

5세기 말 탁발씨 북위는 모씨(모용씨)가 장악한 백제로부터 대대적으로 공격을 받았고 신라로부터 외면을 받았다. 백제는 고구려와 적대적이었기 때문에 고구려와 국경을 접하고 있는 북위의 도움을 구해야 정상적이었지만, 오히려 북위를 공격하여 크게 물리치는데, 이는 북위에 특별한 원한이 있지 않고서는 쉽지 않은 시도였다.

북위와 다른 선비족 계열인 우문 선비족의 나라인 북주, 그리고 북주를 이은 수나라와 당나라는 신라와 상당히 돈독한 관계를 유지하는데, 이들 우문계 선비 왕조들은 신라가 삼국을 통일하는 데 결정적 역할을 하게 된다.

신라는 수나라와 당나라에게 '낙랑국'으로 각인된 나라였다. 이들 왕조들은 신라왕에게 모두 '낙랑공'이라는 칭호를 주었고, 신라인들은 자신들이 '낙랑'의 계승자임을 자처했다.

낙랑은 원래부터 선비(흉노, 기자조선) 성격을 가진 국가로서, 313년 고구려의 공격으로 망하면서 일부는 선비계 '모용씨' 나라로 망명하고 일부는 신라로 망명했다. 따라서 신라가 '낙랑'의 후예라는 것은 수나라, 당나라와 같은 선비(흉노)계 왕조임을 뜻한다.

이에 비해 백제와 고구려는 시종 자신들이 '부여'의 후예임을 강조하여 선비계 사람들과 구분하고 있다. 백제는 비록 5세기 말 선비계 모씨 왕들에 의해 왕권을 빼앗겼지만, 6세기 초 무령왕(여융)은 모씨 성을 쓰지 않고 부여씨 또는 줄여서 여씨를 성을 썼으며, 그 뒤를 이은 성왕(523~554)은 백제 국호를 '남부여'로 고치는 등 선비계에 장악당하기 전인 5세기 중엽 이전 백제로 돌아가고자 노력한다. 이렇게 백제가 선비계에서 부여계로 다시 넘어가자 한반도에서 친선비계 왕조는 신라만이 남게 된다.

신라는 부여계 국가인 고구려를 치기 위해 중국을 통일한 선비계 나라인 수나라에 군사적 지원을 요청하는 걸사표를 짓게 되는데(608년), 수나라의 양제는 그것을 받아들여(611년) 결국 고구려를 공격한다(612년~614년). 이렇게 신라와 수나라의 관계는 다른 나라에 비해 돈독하여 613년에는 신라에서 수나라 사신을 맞아 '황룡사(皇龍寺)'에서 법회를 열기도 한다.

중국에서 수나라가 망하자 신라는 수나라를 이은 당나라와도 마치 형제처럼 친밀한 관계를 보인다. 당나라 정권이 세워지자 신라는 조공을 끊이지 않고 바치며 고구려와 백제가 자신들을 괴롭히는 것을 중지하도록 탄원한다. 이에 당나라는 신라에 '특별한 애정'을 보이며 후대한다.

648년 당나라의 태종(太宗)은 자신을 찾아온 사신 김춘추(훗날 무열왕)에게 자기가 직접 지은 비문(碑文)과 새로 편찬한 책(진서)을 주기도 하고, 김춘추를 '개인적으로 만나' 금과 비단을 매우 후하게 주며 "경(卿)은 무슨 생각을 마음에 가지고 있는가?"라고 묻는 등, 마치 형제처럼 대우를 한다. 이에 김춘추는 신라의 어려운 형편을 이야기함과 동시에 자신의 아들 일곱 명을 황제(당 태종) 옆에서 숙위(근위대)가 되기를 요청했고 태종은 이를 허락한다.

김춘추가 본국으로 돌아올 때 당태종은 3품 이상 관리들에게 명하여 송별 잔치를 열게 하여 극진히 우대하여 돌려보낸다. 이러한 친분의 배경에는 당과 신라의 공동의 적 '고구려'를 물리치기 위한 우의의 과시 이외에도, 서로 기원이 같은 사람들이었기 때문으로도 풀이할 수 있다.

당나라의 기원을 살펴보면 과거 만주(요동) 지역 선비족이었던 우문씨로부터 시작된다. 우문씨 세력은 중원을 점령하고 북주(北周, 557~581)를 세우는데 당태종의 아버지인 당고조 이연(대야연)의 할아버지 이호(李虎)가 이들로부터 당국공(唐國公)으로 봉해진다. 당나라의 흥성은 이로부터 시작된다.

따라서 당나라 황실은 수나라와 마찬가지로 우문 선비계 북주(北周)를 이었다고 볼 수 있는데, 우문 선비의 기원은 4세기 요하 유역에서 모용 선비와 자웅을 겨루던 사람들이었다. 따라서 같은 선비의 후손인 우문계와 모용계 사람들 사이에는 문화적으로, 언어적으로, 인종적으로 유사성이 많았을 것이다.

더욱이 중국을 장악한 우문씨와 신라를 장악한 모용씨(모씨)는 모두 탁발 선비인 북위(386~534)에 의해 눌려 있다가 다시 일어선 사람들이기 때문에 더욱 동질감을 가질 수 있었을 것이다. 당나라와 친분이 두터웠던 신라는 결국 당나라의 도움으로 삼국을 통일하게 되고, 비록 당나라가 고구려와 백제를 멸망시킨 뒤 신라까지 병합하려는 야욕을 보이긴 했지만 이후 두 나라는 줄곧 우애를 유지해 간다.

II. **고구려**의 성립과 발전

1. 맥계 세력의 부여 정복

고구려 역사는 시조 주몽(동명)이 부여에서 독립하여 졸본 지역(압록강 중류)에 졸본부여를 세우면서 시작이 된다. 고구려의 시조 주몽은 원래 고향이 요동 북부 만주 지역에 있는 '부여(북부여)'였기 때문에 고구려를 이해하기 위해서는 먼저 '부여'를 이해해야 한다.

부여가 있던 만주는 원래 고조선(단군조선) 이후로 예족(예, 왜)이 살던 땅이었다. 그런데 이후 서쪽에서 맥족이 유입되면서 새로운 사회 체제가 정립된다. 이 부여에 유입된 '맥족'은 스스로를 '망명인(亡人)' 이라 부르던 사람들이었다. 그들이 망명했던 부여(예)는 풍습이 중국 북방 민족인 흉노, 그리고 그 이전 고대 중원 문명을 꽃피운 상나라와 유사한 면이 많았던 나라였다.

부여인들은 흉노인과 같이 '형사취수제(兄死娶嫂制: 형이 사망하면 동생이 형수를 아내로 맞음)'가 있었고, 흉노의 조상과 밀접한 관련이 있는 고대 상나라(BC 1600~BC 1046)의 풍습인 '흰색 숭배, 성을 쌓는 풍습, 점치는 풍습, 상나라 달력 사용, 제천의식' 등이 있었다. 맥족이 요동의 예족을 정복한 시기는 BC 3세기경으로 연나라의 공격과 관련이 있으며, 현재 이 사실은 학자들 사이에 이견 없이 받아들여지고 있다.

부여는 맥족이 점령하기 전에는 본래 '예인들의 땅'이었다는 기록이 있고, 부여의 왕을 '예왕'이라고 부른 점, 그리고 사서에 부여를 부여예맥(부여의 예맥인)으로 부른 점, 그 나라가 한 번도 망한 적이 없다고 기록된 점 등을 볼 때, 지배 민족인 맥족이 예족(사실은 예맥족)의 지배층을 형성하며 국가체제가 갖춰졌던 것을 짐작할 수 있다.

예족 부여(단군부여)의 땅에 서쪽에서 맥족이 유입된 사실과 관련하여 《삼국사기》에는 다음과 같이 기록하고 있다.

"마침내 왕(단군)에게 권하여 도읍을 (동쪽으로) 옮기고 나라 이름을 동부여라 했다. 옛 도읍지에는 어떤 사람이 있어 어디서 왔는지 알 수 없으나 스스로 천제(天帝)의 아들 해모수라고 칭하며 와서 도읍했다."
《삼국사기》

상기 기록은 요동의 단군이 '어디에서 왔는지 알 수 없는' 해모수에 밀려 동쪽으로 이주한 사실을 기록하고 있는데, 이렇게 단군부여를 동쪽으로 몰아낸 '출신을 알 수 없는' 해모수 세력은 부여 출신이 아닌 '외부인'임을 암시하고 있다.

2. 고구려현을 정복한 주몽 세력

이렇게 상나라, 흉노와 관련이 깊은 예맥(예족, 맥족)의 땅 부여에서 고구려의 시조 주몽이 남하하여 처음에 압록강 중류 졸본 지역(졸본부여)에 터를 잡게 된다. 주몽 세력은 그곳에서 꾸준히 영역을 넓혀 마침내 주변을 장악하고 한나라 군현이었던 고구려현을 한나라로부터 빼앗으며(AD 14년), 자신들의 모국인 부여마저 무너뜨린다(AD 22년).

한나라의 현이었던 고구려는 고조선이 멸망할 당시(BC 108)에 역사서에 처음 보이는 국호로, 고구려가 있던 요하 유역은 BC 3세기 중국의 공격을 피해 동쪽으로 이주한 많은 외부인(맥, 만이) 사람들이 살던 땅이었다. 이 땅은 조선(위만조선)이 멸망한 뒤 한(漢)나라의 영토로 편입된다.

　　"한나라 무제가 조선을 멸망시킨 뒤, 고구려를 현으로 만들어 현토
　　군 관할 아래 두었다."《후한서》

　　부여에서 내려온 주몽은 한나라 현토군에 속해 있던 고구려현을 점령하면서 국호를 '고구려'로 확정 짓는다. 주몽은 부여 해모수의 아들로, 원래는 '해씨'였는데, 성을 '고씨'로 바꾸면서 고구려의 시조가 된다.

　　주몽이 정복한 고구려(고구려현)는 그 기원이 옛 구이(구려)의 후손들이 넓게 퍼져 살고 있던 발해만 유역(산동반도, 요령성 조양 일대)으로서, 요서에서 밀려나 한반도 북부까지 이주한 맥족 중심의 국가였다. 《후한서》에 "구려(고구려)는 일명 맥(貊)이라고도 불린다."라고 기록하고 있고, 《구당서》에는 고구려가 "부여와 언어나 풍습이 같으며 맥인들의 국가"라고 기록하고 있다.

　　따라서 주몽이 세운 고구려는 단군조선과 상나라 문화를 흡수한 부여 세력과, BC 3세기 이후 요서와 중국 동부에서 대거 동쪽으로 이주한 맥족, 구려(고리, 구이, 만이)의 연합국가로 볼 수 있다.

　　고구려의 건국과 관련하여 한국과 중국의 사서에는 다음과 같이 비유적으로 기록하고 있다.

"고려(고구려)는 그 조상이 부여에서 나왔다. 그들은 자신들의 시조가 하백의 딸이 햇빛을 받아 임신해 태어난 주몽이라고 한다."《주서》

"나(주몽)는 태양의 아들이고 하백의 외손이다."《북사》

"저(주몽 모친)는 하백(河伯)의 딸이고 이름은 유화이다. 여러 동생들과 더불어 나가 노는데 그때에 한 남자가 스스로 말하기를 천제의 아들 해모수라 하고 저를 웅심산 아래로 유인하여 압록강변의 방안에서 사랑을 하고 곧바로 가서는 돌아오지 않았다."《삼국사기》

위의 기록들은 모두 고구려(졸본부여)의 건국자 주몽이 하백의 딸(유화)과 해의 아들(해모수) 사이에서 태어난 사람임을 기록하고 있다. 여기에서 주몽의 어머니로 불리는 압록강 중류의 졸본 지역 유력자 '하백(河伯)'은 풍이(馮夷)라고도 불리던 고대 황하의 신을 말한다. '천제(天帝)의 아들'은 하늘의 해를 숭상하던 '해씨 부족'의 왕, 즉 북부여의 해모수를 뜻한다.

이렇게 상기 우화는 황하 유역 세력(구이)과 만주 세력(부여)을 '주몽'이 통합하면서 고구려가 형성되었음을 설명하는데, 이 설화 중에 특히 압록강 유역의 유력자이자 주몽의 외할아버지인 '하백'의 '백(伯)'자를 유념할 필요가 있다.

당시 압록강 유역에 살던 유명한 사람을 들자면 백제의 시조인 비류와 온조가 있다. 비류와 온조는 압록강 유역에 주몽의 큰아들 유리가 찾아오자 그를 피해 한강 유역으로 남하하여 국가를 세우는데 그 이름이 하백의 백(伯)자를 넣은 '백제(伯濟: 伯이 물을 건너다)'였다. 伯濟(백제)는 이후 百濟(백제)로 한자가 바뀌지만, 처음 '하백(伯濟)의 땅' 압록강 유역에서 남하한 백제가 한자로 '伯濟(백제)'였다는 사실은 백제가 압록강 유역의 하백(河伯) 세력과 모종의 관계있음을 추정하게 한다.

이렇게 백제 지배층이 중국 황하 하류인 산동성 일대의 하백 세력과 관련이 있을 가능성은 중국 양나라 시대(502~557) 사신도인 〈양직공도〉에 백제인을 '옛 래이(萊夷) 사람들'이라고 기록한 사실로 유추해 볼 수 있다.

양나라 관리가 백제의 조상이라고 한 래이는 구이(구려)의 일족으로 진시황이 중국을 통일하던 BC 3세기까지 황하 하류 산동성에서 강한 세력을 이루던 동이 사람들이다. 이 래이에 관해 중국 산동사회과학원역사소의 봉진호(逢振鎬) 선생은 다음과 같이 설명하고 있다.

"래국(萊國)은 래이(萊夷)들이 세운 옛 국가로, 제나라 동부에서 제나라와 접경하고 있었다. 래국은 제나라, 노나라(공자 조국), 여나라에 버금가는 산동 4대 국가의 하나이지만, 주나라 이래로 '존화비이(尊華卑夷: 화족을 높이고 동이족을 천시하다)' 사상의 편견으로 고문헌에 래(萊)

"백제는 옛날 래이다.(百濟舊來夷)"라는 기록이 남아있는 6세기 양(梁)나라 시대에 제작된 사신도 중 백제 사신(오른쪽).

종족과 래국에 대한 기록이 매우 적다."

이러한 사실들을 종합할 때 고구려와 백제의 기원은 요서 지역 맥국(기자조선, 낙랑)뿐 아니라 중국 산동성과 발해만 일대의 동이 세력인 구이(구려)와도 관계가 있음을 알 수 있다.

3. 고구려의 원수 한나라

주몽 세력은 1세기에 부여, 옥저를 정복하고 고구려현과 선비를 제압하면서 국력이 급격히 커지게 된다. 주몽 세력이 고구려를 점령한 이후 고구려는 중국 한나라와 원수처럼 서로 대립하게 된다. 고구려는 건국 시기부터 지속적으로 한나라(漢 BC 202~AD 220)와 전쟁을 벌이는데, 이 전쟁은 한나라가 멸망하기 바로 전인 2세기 말까지 170년 동안이나 지속된다.

고구려가 한나라와 갈등한 이유는 고구려 사람들 중에 중원 제국에 의해 동쪽으로 밀려난 사람들이 많은 것과 관련이 있다. 고구려의 주요 구성민인 맥족의 뿌리는 요서의 조선(기자조선)인데, 이 조선은 중국 연나라에 망하여 한반도로 밀려나게 된다(BC 3세기). 이어서 산동반도에 있던 구이(구려, 만이)의 후손들도 BC 3세기 진시황의 통일전쟁 이후 산동반도 지역에서 요동반도로 이주하게 된다.

따라서 이들이 토착민(예맥인)과 합쳐 세운 고구려 사람들은 자신들을 동쪽으로 몰아내고 한반도에서마저 자신들의 근거지를 차지한 중원 세력에 적대감을 가질 수밖에 없었다. 고구려와 한나라의 170년 전쟁의 역사를 보면 다음과 같다.

- (14년) 고구려가 한의 고구려현 습격.
- (37년) 고구려가 한나라 군현인 낙랑을 습격하여 멸함.
- (44년) 한나라 광무제가 병력을 파견하여 바다를 건너 낙랑을 정벌하고, 그 땅을 빼앗아 군현으로 삼아, 살수 이남을 한에 속하게 함.
- (49년) 고구려가 중국 북경 근처와 산서성 주변을 공격함.
- (55년) 고구려가 요서에 10성을 쌓아 한의 침략에 대비함.
- (105년) 고구려가 한의 요동에 들어가 여섯 현을 약탈함.
- (111년) 고구려가 예맥과 함께 한의 현토를 침략함.
- (118년) 고구려가 예맥과 함께 한의 현토를 습격하여 화려성(함경남도)을 공격함.
- (121년) 한나라에서 병력을 이끌고 공격함. 고구려는 현토와 요동 두 군을 공격하여 성곽을 불태우고 2,000여 인을 죽이고 사로잡음.
- (121년) 고구려가 선비 8,000명과 함께 한나라 요대현을 공격함,
- (121년) 고구려가 마한예맥의 1만여 기병을 거느리고 나아가 한나라 현토성을 공격했으나 부여가 2만 병력으로 한나라를 도와 고구려가 패함,
- (122년) 고구려가 마한예맥과 함께 요동을 침략함,
- (146년) 고구려가 요동 서안평현을 습격하여 한나라 대방의 수령을 죽이고 낙랑 태수의 처자를 사로잡음,
- (168년) 한의 현토 태수가 고구려에 침략해 와서 왕이 항복하여 현

토에 속하기를 청함,
- (172년) 한나라가 많은 병력으로 고구려를 침입했으나 크게 패하여 한 필의 말도 돌아가지 못함,
- (184년) 한의 요동 태수가 군사를 일으켜 고구려를 공격함,

이렇게 한나라와 170년 동안 끈질기게 싸웠던 고구려는 한나라의 멸망과 더불어 잠시 평화를 되찾게 된다. 그러나 그 평화는 얼마 지속되지 못하고 새로 중원에 들어선 제국들과 또다시 대립하게 된다.

4. 새로운 고구려, 위나라와의 대결

중국 한나라와의 170년 전쟁은 결국 한나라가 환관과 지방 토호들의 발호로 멸망하면서 종식된다. 한나라가 멸망할 당시 중국은 극심한 혼란에 빠지게 되며 이러한 혼란을 피해 한나라 백성들 가운데에는 수많은 사람들이 고구려로 망명하게 된다.

"(197년) 중국에서 큰 난리가 일어나 한인(漢人)들이 난리를 피하여 투항해 오는 사람이 매우 많았다."《삼국사기》

"(217년) 한의 평주(북경 근처) 사람 하요가 백성 1,000여 가를 데리고 투항해 오니 왕이 이들을 받아들여 책성에 안치했다."《삼국사기》

한나라 유민의 유입과 더불어 고구려는 사회적으로 많은 변화가 일어나기 시작한다. 기존의 행정제도인 부 명칭이 바뀌고 왕의 승계가 형제에서 부자관계로 바뀌며, 흉노계(맥계) 풍습인 형사취수(형이 죽으면 동생이 형수를 아내로 맞는 풍습)에 대한 비판이 이루어지게 된다. 이는 고구려에 중국계 이주민이 많이 유입되어 사회적으로 새로운 분위기가 형성되었기 때문이라고 볼 수 있다.

이렇게 새로 태어난 고구려는 한나라를 이은 조조의 위나라(220~265)와 처음에 우호적인 관계를 갖게 된다. 그러나 그러한 평화는 위(魏)나라가 옛 한나라의 군현이었던 요동 지역의 실세인 공손씨 세력을 멸망시키면서(238) 종식된다.

한(漢)나라 멸망 이후 요동과 한반도 북부의 한나라 군현들(낙랑, 현도, 대방)은 공손씨 세력에 의해 유지되었다. 그런데 중국 한나라 군현이었던 낙랑, 현도 등 공손씨 세력하의 나라들은 고구려와 원수 사이였기 때문에 위나라가 처음에 공손씨 세력을 공격하려 할 때 고구려는 위나라를 도와 공손가문 세력을 요동에서 축출한다(238).

그런데 공손씨 세력이 궤멸된 요동이 결국 위나라의 지배하에 들어가자 이에 위기의식을 느낀 고구려는 협력관계에 있던 위나라를 공격한다(242). 이에 위나라는 고구려를 반격해 도읍 환도성을 빼앗는 등(246) 고구려를 크게 물리치고, 고구려는 수도마저 옮기는 큰 타격을 받게 된다(247). 그 뒤로도 위나라는 고구려에 대한 공격을 멈추지 않고 계속하지만(259), 결국 위나라가 오래지 않아 망하면서(265) 두 나라 간 전쟁도 중단된다.

중국에서 위나라의 정권을 무너뜨리고 진(晉)을 세운 사마염은 274

년 중국 동북 지역을 관리하기 위해 요령성 요양을 중심으로 평주를 설치한다. 그로 인해 중국 동북 지역은 잠시 안정을 되찾으나 그 평화 역시 오래 지속되지 못한다. 요하 북쪽 선비족이 동북아시아의 새로운 강자로 떠올랐기 때문이다.

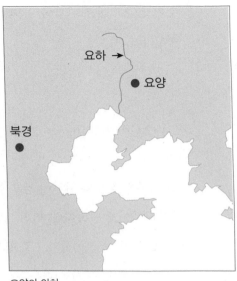

요양의 위치

요동 지역에 선비족 세력을 통합한 모용외(269 ~ 333)가 등장하면서 고구려는 위나라 이후 다시 선비족의 침입에 시달리게 된다.

선비족은 부여 서쪽, 요하 북부에 살던 사람들로, 원래 고구려에 눌려 있었으나 중앙아시아 북흉노가 한나라의 공격으로 멸망하면서 (91) 그 가운데 10만여 명이 선비족에 유입되는데, 그로 인해 선비족은 강성해지게 되어 중국 한나라와 대결하기에 이른다.

강성해진 선비족은 먼저 요동 북부의 부여에 침입하여 부여를 거의 멸망시킨다(285). 만주의 강국 부여를 물리친 선비족은 여세를 몰아 고구려에도 대거 침입하며(293, 296), 이렇게 동쪽을 진압한 선비족은 이후 중국에 진출하여 5호16국시대(304~439)를 주도하게 된다.

특히 북중국을 통일하고 북위(386~534)를 세운 탁발 선비족과, 전연, 후연, 북연으로 이어지는 연(燕, 337~436)의 지도층 모용 선비족

간 갈등은 후대 한반도와 일본열도의 역사까지 커다란 영향을 미치게 된다.

5. 1,000년의 지배자 '선비족'

선비족은 흉노와 관련이 깊은 예맥족으로 고구려, 부여, 삼한과 같은 알타이어계 민족이다. 다만, 고구려, 부여, 삼한 등의 나라는 정착생활을 하며 농업을 생업으로 했지만, 선비족은 유목생활을 하며 살았다. 그들은 만주 서쪽(대흥안령산맥 인근)에서 거주하며 기원전후에 고구려의 지배하에 있다가 1세기 말 흉노족의 유입으로 세력을 길러 2세기에는 한나라를 위협하며 옛 흉노 영토인 중국 북방을 되찾는 등 세력이 커지게 된다.

선비족은 3세기 말부터 중국과 고구려, 부여를 공격하여 동북아시아를 혼란에 빠뜨리기 시작하는데, 그들의 후손들은 결국 북중국을 통일하고(386년 북위 건국), 수나라와 당나라(618~907), 요나라(916~1125)에 이르기까지 중국 지배층을 형성하며 1,000년 가까이 세력을 유지하게 된다.

선비족은 비록 유목민 출신이라는 이유로 '비문명인' 취급을 받으며 중국과 한국에서 '오랑캐(胡)'로 불려왔지만, 사실 이들은 고대 동북아시아 문명을 오랫동안 주도했던 사람들이었다. 선비족 가운데는 노란 머리, 노란 수염, 푸른 눈을 한 백인이 섞여 있었는데, 이는 선비(흉노)의 조상들이 유럽의 스키타이, 돌궐(터키) 민족과 관련이 있음을 뜻한다.

중국 학자들은 중국 북경 인근(산정동)에서 발견된 1만 8,000년 전 유골에 일부 북유럽 백인의 요소가 포함돼 있다고 밝히고 있다. 3,000여 년 전 중원을 지배했던 상나라 사람들 유골 중에도 예맥계(몽골, 에스키모계) 이외에 서양인 체형의 사람 유골이 발견되고 있다. 이렇듯 북유럽 백인과 북방 아시아인 사이에는 다른 인종보다 가까운 면이 많다. 당나라 시인인 장적(張籍)은 서진(西晉, 265~317)이 선비족에게 멸망할 당시의 일을 다음과 같이 묘사하고 있다.

"노란 머리의 선비인들이 낙양에 들어왔네. 오랑캐들이 창을 들고 궁전 명당에 오르니, 진나라 황제가 항복하여 포로가 되고, 공경대부들은 마치 소와 양처럼 흩어지네."

북송시대 유명한 시인인 소식(소동파, 1037~1101)은 당나라 화가인 한간(韓幹)이 그린 그림을 보고 시를 짓는데, 그 시에는 '붉은 구레나룻 수염에 파란 눈을 가진 옛 선비 사람'이라는 구절이 나온다. 중국 최고의 시인이자 시선(詩仙)으로 숭앙받는 이백(李白, 701~762) 역시 외모가 서양인과 비슷했던 것으로 알려져 있는데, 그와 관련해 다음과 같은 이야기가 전해온다.

당나라 현종 시기(712~756)에 고구려를 이은 발해에서 당나라에 국서를 보낸다. 그런데 국서가 발해문자(흉노-선비문자)로 되어 있어서 아무도 그 글을 읽을 수 없었다고 한다. 이에 당 현종은 화를 내며 신하들을 나무랐고, 이에 신하들은 크게 당황하게 된다. 결국 어느 한

신하가 이백의 조상이 선비인이니 그가 해석할 수 있을 것이라며 이백을 추천했는데, 이백은 그 국서를 해석하고 이에 더하여 곧바로 발해문자(선비문자)로 회신을 썼다고 한다(《경세통언(警世通言)》).

발해에서 당시 당나라 현종에게 선비(흉노)문자로 국서를 보낸 것은 당나라 현종의 가계가 요동 선비족과 깊은 관련이 있었기 때문이다. 앞서 밝혔듯 당나라를 세운 태종(이세민)의 조상들은 요동에서 기원한 선비족 우문씨부터 '대야(大野)'씨라는 선비계 성씨를 하사받고 당국공(唐國公)으로 봉해진 사람들이었다.

이렇게 우문 선비와 관련이 깊은 당나라의 걸출한 왕인 당 태종(이세민, 626~649)은 돌궐로도 불리는 한국(汗國, 552~744)의 왕인 힐리칸과 강을 사이에 두고 대화 하는 등(629) 선비(돌궐, 흉노) 풍습에 익숙한 사람이었는데, 학자들은 그가 선비족이었지만 한족들을 다스리기 위해 족보를 조작한 것으로 보기도 한다.

당태종의 신하들과 외가 쪽 사람들 중에는 선비인들이 다수였고, 그가 630년에 동돌궐을 정벌했을 때 선비족으로부터 천가한(天可汗), 즉 '천하의 칸 중의 칸(선비족 왕 중 최고의 왕)'이라는 존호를 받은 사실은 그러한 주장에 설득력을 더한다.

선비계 사람들이 집권하던 당나라의 장묘품인 당삼채나 신라시대에 만들어진 인형을 보면 동양인보다 서양인에 가까운 모습을 한 사람들을 볼 수 있는데, 이는 당시 흉노(선비)인의 모습이 어떠했나를 보여 주는 좋은 예이다.

이렇게 흉노와 밀접한 관계가 있던 선비족들은 후한 말(3세기)부터 중국 북방을 지속적으로 다스리다 6~7세기 수, 당 제국을 건설하여 중국 전체를 장악하며 이어서 선비 일족인 거란족이 요나라 (916~1125)를 세워 중국 북방을 다스리게 된다. 거란족은 선비 유연부족 사람들로서 이들은 대외적으로 당나라를 승계한 국가로 자처했으며, 고려를 쳐들어와 옛 고구려 역시 고구려와 풍습이 같았던 자신들에게 계승권이 있다고 주장하기도 했다(933년 서희 담판).

선비족은 비록 한국과 중국 왕조들로부터 '오랑캐'로 무시당하긴 했지만, 실상은 1,000년 동안 동아시아를 주름잡던 지배자였던 것이다. 선비족과 같은 예맥족에 속하는 한국인의 유전형질이 중국 남방인에 비해 유럽인에 가까운 것은 고대로부터 북방아시아를 통해 유럽과 동북아시아 사이의 교류가 있었던 사실을 설명하고 있다.

6. 고구려와 주변 국가들의 갈등

4세기에 들어와 고구려는 동쪽으로는 신흥 모용씨 선비족 세력에 의해 공격을 받았고, 남쪽으로는 백제와 갈등하게 된다.

당시는 모용 선비에 의해 요동의 부여(북부여)가 함경도 지방으로 밀려나던 시기이다(285, 286). 그로 인해 함경도 지방의 동부여(동예, 왜) 세력은 한강 유역으로 남하하여 백제를 장악하게 된다(304년 비류왕 등극). 백제는 동부여(동예, 왜) 세력이 장악한 뒤 국력이 급격히 성장하여 낙랑국이 있던 평양을 비롯한 한반도 남부 지역을 장악하며, 여세를 몰아 자신들을 몰아낸 북부여를 함경도 지역에서 공격하여 요하 유역까지 쫓아낸다.

이렇게 동부여 백제(동예 백제)에 의해 어쩔 수 없이 서쪽 요하 근처까지 내몰린 북부여 사람들은 그곳에서 또다시 모용 선비의 전연(337~370)에게 공격을 받아 왕과 백성 5만 명이 잡혀가면서 국가의 존립이 어려울 지경에 이르게 된다(341).

이렇게 모용 선비에 크게 타격을 입은 북부여 세력 일부는 다시 새로운 땅을 찾아 한반도로 남하하여 한강 유역에 이른다. 그들은 그곳에서 자신들을 서쪽으로 내몰았던 백제(예, 왜, 말갈)를 점령하고 북부여를 대신한 새로운 부여, 곧 백제(남부여)를 건설한다(346년 근초고왕 등극).

요동의 선비와 부여 세력(북부여, 동부여, 옥저, 동예)은 모두 고구려에 적대적인 세력들이었다. 이들은 한(漢)나라 시기에 한군현에 속해 있다가 한나라 멸망 이후 공손가문과 위(魏) 등의 세력에 놓이게 된다. 그러나 4세기 고구려가 요동과 한반도 북부의 현토군, 요동군, 낙랑군, 대방군 등을 공격하며 점령해 가자 이를 적극적으로 저지하며 고구려에 저항하게 된다.

이렇게 4세기에는 고구려를 둘러싸고 있던 한군현과 부여, 선비, 백제가 서로 밀고 당기는 전쟁을 했는데, 이들은 모두 고구려의 적대 세력이었다. 당시 이들 국가가 어떻게 고구려와 대립했는지 정리하면 다음과 같다.

고구려의 한(漢)군현 세력 축출

고구려는 302년에서 315년 사이에 옛 한(漢) 군현에 속해 있던 현토, 요동, 낙랑, 대방을 대대적으로 공격하여 한반도에서 낙랑과 대방을 몰아내게 된다. 이로 인해 한반도에서 BC 108년에 세워진 한 군현 잔여 세력이 사라지게 되며, 이들 유민 중 다수가 백제와 신라로 유입되어 두 나라가 강성해지게 된다.

고구려에 망한 낙랑과 대방의 일부 세력은 당시 중국 동북 지역의 강국으로 부상한 선비족의 연나라로 망명하여 요서에 새로운 낙랑군, 대방군을 세워 명맥을 이어가게 된다(313, 314).

고구려와 백제(북부여) 세력의 대결

4세기 초부터 동부여(옥저, 왜, 동예, 말갈) 세력과 한 군현 세력, 그리고 북부여 세력(근초고왕)까지 유입된 백제는 급격히 국력이 커지게 된다. 특히 근초고왕 시기(346~375)에 고구려로부터 옛 대방 지역을 빼앗고 마한과 가야를 정복하는 등 정복 활동을 활발히 한다.

근초고왕은 북부여의 시조인 동명을 백제에서 처음 시조로 모시기 시작한 북부여 사람이다(이도학). 따라서 그는 북부여가 고구려를 지속적으로 적대시했듯이 백제를 장악한 뒤에도 고구려와 시종 적대적 정책을 쓴다.

고구려와 백제는 원래 286년 대방 문제로 약간의 갈등이 있었던 것을 빼고는 건국 이후로 한 번도 전쟁을 한 적이 없었는데, 근초고왕이 재위하던 369년부터 394년 사이 25년 동안 무려 14번 전쟁을 한다. 고구려는 당시 백제를 장악한 북부여 세력을 백잔(百殘, 백여 명의 잔당들)으로 비하하여 부르며 적대시했는데, 이렇게 369년 시작된 고구려와 백제의 갈등은 두 나라가 멸망할 때까지 이어진다. 참고로, 369년은 모용 선비의 나라 전연에 복속돼 있던 북부여가 전연의 쇠퇴로 위기감을 느끼고 백제로 유입되던 시기이다.

고구려와 모용 선비의 대결

모용씨가 다스리던 선비족은 285년 부여를 침공해 부여를 거의 명맥이 끊어질 정도로 파괴해 버린다. 부여를 침략하면서 국력을 키운 모용 선비족은 서진(西晉) 말기(307~312)에 흉노가 큰 반란을 일으키자 많은 유민이 유입되었으며, 이로 인해 더욱 국력이 커져 요서지역에 '전연'을 건국하게 된다.

이들 모용 선비의 성장을 견제하던 중국 진(晉)나라와 주변의 선비 부족인 단씨, 우문씨, 고구려 등은 함께 모용 선비를 공격한다(319). 그러나 모용 선비를 공격했던 이들은 결국 모두 모용 선비에 망하거나 큰 타격을 입게 된다.

고구려는 293년 모용씨의 수령인 모용외가 침입하기 시작하여 405년까지 모용 선비와 10여 차례에 걸쳐 지속적으로 전쟁을 한다. 342년에는 모용 선비가 세운 연나라 왕 모용황이 5만 5,000명의 대군으로 고구려를 침입하여 선대로부터 전해진 보물을 약탈하고, 남녀 5만 명을 잡아갔으며 궁실을 불태우고 환도성을 헐어 버리는 등 고구려에 심각한 타격을 입힌다.

이렇게 100년 넘게 전쟁을 하던 고구려와 모용 선비 세력은 407년 모용씨 왕조인 후연(後燕)이 멸망하면서 비로소 전쟁을 그치게 된다.

7. 북연과 동족의 우애를 나눈 고구려

주변국과 갈등하며 성장하던 고구려에 5세기 들어 주변 부족을 점령하며 국력이 커지는데, 이 시기에 고구려에게는 또 다른 기회가 찾아온다. 바로 고구려의 왕족과 같은 '고(高)'씨 성을 가진 고운(모용운)이 고구려의 적이었던 연(燕)의 왕이 된 것이다.

연(북연, 407~436)의 왕이 된 고운은 342년 모용 선비족 전연(前燕)이 고구려에 침입하여 5만 명을 포로로 끌고 갈 때 잡혀간 고구려 귀족의 후예였다. 그는 전연을 이은 후연(384~409)의 왕이었던 모용보의 눈에 띄어 양자가 되면서 세력을 얻기 시작한다. 이후 후연이 망하자 고운(모용운)은 후연 모용씨의 대를 이어 북연의 왕이 된다(407).

고구려와 원수처럼 지내던 모용 선비의 나라에 고구려 출신 왕이 집권을 하자 고구려는 사신을 보내 '동족'임을 강조하며 화친을 타진한다. 고구려에서 북연에 사신을 보냈을 때 북연 왕 고운(모용운)은 자신이 고구려의 후손임을 인정하며 오랫동안 지속된 모용씨 연나라와 고구려와의 적대관계를 청산하게 된다.

그러나 고운(모용운)의 집권은 오래가지 못했다. 그는 집권 2년 후 측근에 의해 살해되고 풍발(재위 : 409~430)이 그의 뒤를 이어 북연의 왕이 된다. 풍발이 집권한 이후로 북연은 중국의 패자로 군림한 탁발 선비족의 나라 북위(386~534)의 공격에 지속적으로 시달리게 된다. 결국 풍발을 이어 왕이 된 풍홍(재위 : 430~435)은 북연의 위기를 어떻게 극복할 것인가에 대해 다음과 같이 이야기한다.

"만일 일이 급하면 동쪽으로 고구려에 의지했다가 나중에 나라를 일으키겠다."

이러한 뜻을 전하기 위해 풍홍은 사신을 고구려에 보내 만일 북위가 공격하여 나라가 위태할 경우 맞아 줄 것을 부탁한다. 그가 고구려에 부탁할 수 있었던 것은 고운(모용운) 시기부터 고구려와 화친했기 때문이었다.

한편, 북연 왕 풍홍의 우려대로 탁발 선비의 나라 북위는 436년 마침내 북연을 침입하게 된다. 그때 북연은 수도 황룡성(조양)을 버리고 왕과 귀족뿐 아니라 평민에 이르기까지 대규모로 고구려에 투항한다.

8. 북연의 투항으로 더욱 강해진 고구려

북연이 고구려에 투항하던 시기는 고구려가 광개토왕의 영토 확장으로 이미 강성했던 때였다. 중국 북부를 장악한 탁발 선비의 나라 북위의 3대 황제인 세조(탁발도)는 고구려왕(장수왕)에게 사신을 보내는데, 그 사신은 당시 고구려의 상황에 대해 다음과 같이 기록하고 있다 (435).

"요하 동남쪽 천여 리에, 동쪽으로 책성에 이르게 되고, 남쪽으로는 작은 바다가 있으며, 북쪽에는 옛 부여에 이른다. 인구는 위(북위) 이전보다 세 배가 많다."《위서》

고구려의 인구가 북위 건국(386년) 이후 50년이라는 짧은 기간 동안 세 배가 늘어났다는 사실은 광개토대왕의 영토 확장의 규모가 그만큼 컸음을 말한다.

이렇게 이미 동북아시아 강국이 된 고구려에 북연 세력의 유입은 고구려를 더욱 강하게 만드는 계기가 된다. 고구려가 북연을 받아들이면서 강성해진 사실은 백제가 북위에 보낸 국서를 통해 알 수 있다.

"(472년) 그 나라(백제) 국왕 여경(개로왕)이 처음 사신을 (위나라에) 보내 다음과 같이 표를 올렸다. '풍홍(북연)이 망한 뒤 남은 자들이 고구려에 투항하여 온 뒤로 추악한 무리들(고구려)이 점차 강성하여졌습니다. 그들은 결국 우리(백제)를 괴롭히기 시작했으며, 둘 사이의 원망과 불화가 30여 년 동안 끊이지 않게 되었습니다.'《위서》

상기 기록대로 북연의 유입은 고구려를 더욱 강하게 만든 직접적인 계기가 된다. 북연이 고구려에 투항한 이유는 고구려와 화친했기 때문이기도 했지만, 북위를 막아줄 만한 힘이 있는 나라가 주변에 고구려밖에 없었기 때문이기도 했다.

전연, 후연, 남북연으로 이어지는 모용씨의 연나라는 비록 선비족이 지배층으로 있었지만 80년 가까이 중국 산동성, 하북성, 하남성, 산서성 등 중국의 핵심 지역을 다스렸던 나라였다. 이렇게 중원의 발달된 문명을 흡수했던 모용씨의 연나라 왕족과 귀족들이 고구려에 투항해 오면서 고구려는 사회적, 문화적으로 많은 성장을 하게 된다.

그렇다면 고구려를 강하게 만든 선비계 북연 사람들이 얼마나 고구려에 유입되었을까? 이를 짐작할 만한 기사가 있다.

"(436년) 5월에 연(북연) 왕이 용성(황룡성)에 당시 거주하던 호구를 이끌고 동쪽(고구려)으로 옮겨오면서 궁전을 불태웠는데 불이 열흘이 되도록 꺼지지 않았다. 부인은 갑옷을 입고 가운데 있게 하고, 양이 등은 정예 병력을 통솔하며 바깥에 서게 하고, 갈로와 맹광은 기병을 거느리고 연 왕의 뒤를 따랐다. 사각으로 벌린 대열을 하고 나아갔는데 앞뒤가 80여 리나 되었다."《삼국사기》

상기 기록에서 용성(황룡성)은 북연이 북위에 의해 중원에서 밀려나면서(397) 요서 조양에 다시 세운 수도이다. 이 북연의 수도 용성은 왕 풍홍이 고구려로 도피하면서 불태울 때 그 불이 열흘 동안이나 탈 정도로 규모가 장대했다.

용성의 규모가 그토록 대단했으므로 그곳에서 고구려로 이주해 온 이주민 역시 매우 많았음을 알 수 있는데, 그들의 피난 행렬이 앞뒤가 80여 리가 될 정도였다는 기록은 이를 잘 설명하고 있다.

80여 리에 걸친 인구는 612년 수나라가 매일 1군씩 40일 동안 고구려로 출병시켜 뻗쳐졌던 군사들의 행군 길이인 80리와 같은 길이로, 당시 수나라에서 고구려로 보낸 군사는 총 113만 3,800명이었다고 하니, 북연에서 고구려에 일시에 유입된 인구 역시 이와 비슷했을 것으로 추정된다. 이는 고구려 멸망 당시 인구가 약 280만 명이었음을 감안할 때 대단한 인구 유입으로 볼 수 있다.

9. 고구려의 선비족(북연) 탄압

북위의 침입에 의해 고구려로 투항한 북연은 고구려에 대해 우월의식이 있었다. 자신들은 비록 선비족이지만 중원을 오랫동안 다스리던 사람들이었기 때문에 변방국인 고구려에 대해 문화적인 자부심이 강했다.

그래서 북연의 왕 풍홍은 요동에 도착했을 때(438) 고구려왕이 자신에 대해 위로의 말을 전하자 이를 불쾌해 하며 꾸짖기까지 한다. 또한 고구려를 가볍게 여겨 고구려에 투항한 뒤에도 자신들 나라에서와 같이 독립적으로 국가를 운영하려고 했다.

이에 고구려의 장수왕은 그의 신하들을 빼앗고 태자를 인질로 삼아버린다. 북연 왕 풍홍은 이를 원망하며 중국 남조 송나라에 사신을 보내 그를 맞아 줄 것을 청하게 된다. 그러자 송나라는 이를 수락하고 그를 호송하는 비용을 고구려가 낼 것을 요구한다.

그러나 장수왕은 송나라의 요구를 거절하고 풍홍과 그의 자손 10여 인을 죽이다. 그런데 이러한 고구려의 선비족(북연) 탄압 정책은 고구려에 투항한 많은 선비족 사람들의 반발을 사게 된다. 그들은 자신들의 왕(풍홍)이 고구려 장수왕에게 죽임을 당하고 그의 자식들마저 죽게 되자 고구려를 믿지 못하고 스스로 살아갈 방법을 찾기 시작한다. 이러한 상황은 백제에서 472년 북위에 보낸 개로왕의 국서를 통해 확인할 수 있다.

"오늘날 련(장수왕)은 나라를 함부로 유린하고, 중신들과 강한 부족

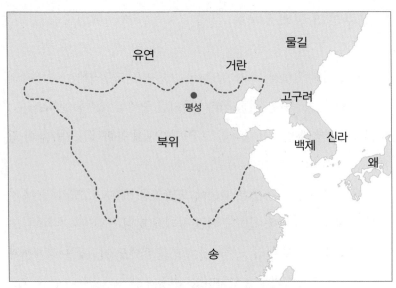

탁발 선비의 나라 북위(386~534)의 최대 영역. 북위 남쪽에는 중국 남조 왕조인 송
(420~479), 제(479~502), 양(502~557) 등의 나라가 들어선다.

사람들을 끊임없이 살해하는 등 그 죄가 가득 쌓임으로 백성들이 흩어
지고 떠나고 있습니다. 지금이 바로 그들이 멸망하는 시기이며, 우리가
손을 쓸 좋은 기회입니다. 게다가 풍문통(풍홍) 일족의 병사와 말들이
고향을 그리워하는 마음이 있으며, 낙랑의 각 군들이 옛날 자신들의
땅을 잊지 못하고 있습니다."《위서》

상기 기록에서 고구려가 살해하고 핍박했던 '강한 부족 사람들',
'풍문통(풍홍) 일족'이란 북연에서 유입된 유민들을 말한다. 고구려에
서는 이들 중 다수를 살해하면서 억압으로 다스렸던 것이다. 뒤에 밝
히겠지만 이 국서를 보낼 당시는 이미 고구려에서 일부 북연 세력이
탈출하여 백제의 군사권을 장악한 시기였다. 백제를 장악한 북연 세

력은 겉으로는 백제 개로왕을 내세워 상기 국서를 북위에 보내 도움을 청해 고구려를 공격해 줄 것을 요청하지만 속으로는 북위와 고구려 사이를 갈라놓아 이들 두 나라를 모두 물리칠 계획을 하고 있었다.

이렇게 고구려에 투항했던 북연 세력은 고구려에서 받은 차별대우를 피해고 자신들의 나라를 다시 세우고자 끊임없이 노력한다. 이러한 그들의 꿈은 북연 마지막 왕 풍홍이 고구려 망명하기 전(435) "고구려에 의지했다가 나중에 나라를 일으키겠다."라고 말한 것에서 보이듯 모든 북연 사람들의 오래된 꿈이기도 했다.

그렇다면 북연 사람들이 '자신들의 나라'를 일으킬 만한 적당한 곳은 어디였을까? 고구려의 감시 속에 있던 그들이 자신들의 꿈을 펼칠 만한 곳을 찾을 때 적당한 곳은 당시 중원의 패자로 있던 북위와 가깝지 않고, 고구려와도 정치상 독립성을 가지고 있으며 인구가 제법 되는 곳이어야 했다.

그러한 지역으로 당시 한반도 남부는 새로운 기반을 닦을 수 있는 가장 적합한 곳이었다. 특히 과거 낙랑이 고구려에 망할 때(313) 유민들이 신라와 연나라에 투항했었기 때문에 신라와 연나라(북연) 사이에는 일정 부분 친밀한 면도 있었다. 새로운 황룡국(북연)을 꿈꾸던 북연 세력의 숙원은 고구려가 신라를 왜(예, 부여)로부터 지키기 위해 선비족 출신 장군들을 신라에 파견하면서 이루어지게 된 것으로 보이다.

신라에 파견된 선비족 모용씨 세력은 그곳의 정권을 장악하고(453년 이리가 시림에 들어감), 이어서 백제에 진입하여 백제의 군권을 장악한다(455년 한강에 흑룡 등장). 북연 귀족인 모용씨 세력이 신라와 백제,

왜(일본)를 장악하는 과정은 한반도 역사에 있어서 중요한 사건이므로 '백제의 성립과 발전' 부분에서 좀 더 상세히 설명하도록 하겠다.

10. 고구려와 선비 연맹(백제, 신라)의 전쟁

신라에서 453년 이리떼(북연 선비족)가 신라 시조를 모신 시림에 진입하자 고구려는 신라를 공격하며 적대감을 표출한다(454). 또한 백제 한강에 검은 용(북연 선비족)이 출현한 뒤(455 9월) 백제왕이 돌연 사망하고 뒤이어 고구려가 백제를 공격한다. 이에 과거 백제를 한 번도 군사적으로 돕지 않았던 신라가 백제를 도와 고구려를 물리친다(455년 10월).

이렇게 신라와 백제의 지배층에 새로운 정변(이리떼, 흑룡 출현)이 있자 고구려는 신라를 200년 만에, 백제를 60년 만에 공격한다. 이는 백제와 신라의 정치적 변동에 고구려가 반발했음을 뜻한다. 고구려의 반발을 제공한 원인은 바로 고구려에서 탈출한 북연 세력이 백제와 신라를 장악한 것으로 추정된다. 이 시기부터 신라와 백제에는 선비계 요소가 갑자기 늘어나기 시작하며 두 나라는 지속적으로 고구려와 전쟁을 한다.

선비족의 유입은 기존 백제와 신라에도 반갑지 않은 일이었다. 왜냐하면 역사서에 백제와 신라에 나타난 '흑룡'이나 '이리떼'라는 표현은 좋지 않은 정변이나 외부 세력의 정권 전복을 의미하기 때문이다.

11. 중원에 진출한 백제와 고구려

북연(모용 선비족) 세력이 백제에 유입된 당시 왕이었던 개로왕은 중국 북위에 사신을 보내 고구려를 칠 것을 요청하지만 북위가 백제(선비 백제)의 계략을 눈치 챘는지 아니면 고구려의 강한 국력을 의식했는지 이를 거절한다(474).

한편 북위에 사신을 보내며 고구려를 자극하던 백제는 결국 475년 고구려의 침입으로 왕이 사망하고 나라가 망한다(《일본서기》). 이로 인해 백제는 수도를 한강 유역에서 금강 유역으로 옮겨 고구려를 대항할 방법을 찾는다.

당시 백제가 남쪽으로 수도를 옮기면서 백제의 왕은 부여씨(개로왕)에서 모씨(문주왕, 동성왕)로 바뀐다. 그동안 부여씨(여씨)를 배후에서 조종하던 모씨(모용씨)가 비로소 백제의 전면으로 등장한 것이다.

이때부터 백제는 고구려 대신 북위에 대한 대대적인 공격을 시작한다. 탁발 선비계 국가인 북위는 원래 모용 선비계 국가인 북연을 멸망시킨 나라로서, 한반도와 일본열도를 장악한 '모용씨(모씨)'에게는 고구려보다 더 큰 원수의 나라였다. 당시 한반도 남부와 일본열도를 장악한 모용 선비인들은 강한 고구려를 정복하는 대신에 차라리 자신들의 고향이자 원수들(북위)이 점령하고 있는 중원을 직접 공격하는 것이 낫다는 계산을 하게 된다.

비록 당시 백제는 고구려에 망해 수도를 남부 웅진(공주)로 옮겼지만(475), 한반도 남부와 일본열도에는 여전히 동원할 만한 군사들이 많았기 때문에 모씨 선비 세력은 중원과 가까운 백제를 근거지로 북위를 대대적으로 침공하기 시작한다.

모씨(모용씨)가 장악하며 다시 일어선 백제가 언제부터 북위를 공격하기 시작했는지에 대한 정확한 기록은 없지만 모씨 왕인 동성왕(모대)이 즉위한 후인 479년 이후였음은 여러 가지 기록으로 확인할 수 있다.

동성왕이 즉위할 당시 왜는 백제의 좌현왕 출신인 곤지가 장악하고 있었는데, 백제가 멸망하자(475) 곤지는 다시 백제로 와서(477) 백제를 재건하려 한다. 그러나 그는 백제에 온 지 세 달 만에 죽는데, 이는 선비계였던 그를 반대한 부여계 해씨 세력(해구)에 의한 것으로 추정된다.

부여계 해씨 세력은 곤지뿐 아니라 선비계 왕인 문주왕(모도)마저 살해하며, 삼근왕이라는 어린 왕을 세운다. 그러나 왜에서 파견된 곤지의 아들 동성왕(모대)은 백제에 도착해서 삼근왕을 제거하고 다시 백제의 왕이 된다(479).

이렇게 한반도 남부 백제에서 모씨 선비계 세력이 정권을 안정적으로 장악한 뒤 백제는 비로소 북위를 공격하기 시작한다. 북위는 이때부터 많은 전란으로 국토가 피폐해지고 점차 주변국을 통제할 힘을 잃게 된다.

특히 고구려는 중국 남쪽에 새로 들어선 제나라와 통교하기 위해 사신을 보내다 북위에 발각되어 위나라 황제에게 책망을 듣지만(480), 고구려는 이를 무시하고 바로 다음해(481) 다시 남제에 조공을 한다. 이렇게 고구려가 북위를 무시했던 사실은 북위의 국력이 당시에 많이 약화되었음을 뜻한다.

백제가 북위를 공격할 당시(5세기 말) 중국 북방의 광대한 땅은 전란이 심해 인구의 유동이 많아지고 농지가 황폐해졌으며 수많은 토지가 주인 없이 방치된다. 북위는 이렇게 줄어든 세입을 늘리고 사회 질서를 바로잡기 위해 균전제를 실시하며(486년) 국가 재건을 위해 노력하기도 한다.

5세기 말 북중국을 이렇게 대혼란으로 몰아넣었던 주인공은 바로 과거 북위에 의해 멸망되었던 선비계 모씨(모용씨)의 후손인 동성왕(모대)일 가능성이 높다. 백제 동성왕은 왜(일본)의 배경을 업고 북위를 공격하여 중국 양자강 이북의 광대한 영토를 장악하고 북위를 압박한 것이다.

북위는 백제에게 빼앗긴 땅을 되찾기 위해 수십만 기병으로 백제를 공격하지만 백제는 이를 물리치고 북중국에서 북위의 세력을 크게 약화시킨다(490, 《남제서(南齊書)》).

백제의 공격으로 약해진 북위는 백제뿐 아니라 고구려로부터도 영토를 빼앗기게 된다. 당시 고구려는 북위에게 위협적인 강국이었다. 북위는 484년 각국의 사신을 초대했을 때 고구려를 중원의 강국 제나라와 대등한 위치에 앉힌다. 그로 인해 제나라 사신은 위(북위)나라에 강하게 항의하기도 한다(《남제서》).

고구려는 492년 위에서 세자를 보내 입조하라고 요구했을 때 이를 거부하기도 하고, 위나라가 수도를 옮기자 위나라의 영토를 잠식한다. 위나라가 백제의 공격으로 위축되어 결국 산서성 대동시에 있던 수도(평성)를 중원 내륙의 낙양으로 옮기자, 고구려는 현재 북경 동쪽의 땅(영주, 평주)을 차지한 것이다(494, 《남제서》).

12. 선비 백제에 의한 타격

백제는 475년 고구려에 의해 멸망한 뒤 웅진(공주)으로 남하한다. 그 뒤 잠시 부여계(해씨)와 선비계(모씨) 간의 세력 다툼이 있다가 모씨 동성왕이 정권을 장악한 뒤 다시 강국이 된다. 이 시기 백제는 중국을 점령함은 물론 한반도에서 고구려의 남쪽 영토를 빼앗으며 다시 강국이 된다. 백제가 이렇게 강성해지자 고구려는 북위에 다음과 같이 호소한다.

"정시 연간(504~508)에 (북위의) 세종은 동쪽 궁실에서 고구려의 사신 예실불을 맞았는데, 예실불이 세종에게 다음과 같이 말했다.

'고려(고구려)는 멀리 하늘 끝에서 정성을 이어 대대로 조정에 충성을 바쳤습니다. 다만, 황금만은 부여에서 나며, 흰 옥은 섭라에서 나는데, 현재 부여는 물길에 의해 쫓겨났고, 섭라는 백제에 의해 합병이 되었습니다. 국왕의 신하 운(문자명왕)은 그들의 끊어진 종사를 다시 잇게 하기 위해 그들을 모두 국경 안으로 이주시켰습니다. 그러나 황금과 옥은 조정에 바칠 수 없게 되었는데, 이는 실로 물길과 백제 두 도적 나라 때문이라 하겠습니다.'"《위서》

상기 기록대로 5세기 부여는 물길(왜 백제, 말갈, 옥저, 왜)에 망하여 고구려에 투항하고(494), 백제(부여 백제)는 고구려가 점령하고 있던 신라(섭라) 북부에서 고구려 세력을 축출하며 신라(섭라)에 대한 지배적 지위를 갖게 된다.

부여를 물리친 물길은 6세기에 처음 역사서에 등장하는데, 중국어로 '우지'로 읽히는 것으로 보아 기원 1세기부터 줄곧 역사서에 등장하는 한반도 동북부의 옥저(중국어로 워쥐)를 의미하는 것으로 보인다. 물길이 옥저일 가능성이 높은 이유는 612년 수나라의 고구려 침공 시 침공 루트 속에 '물길'은 없고 '부여', '옥저' 등만 보이는 것으로도 추정할 수 있다. 수나라 침공 이전 부여는 '물길'에 망했기 때문에 물길이 부여 영토 내에 있어야 하지만 나타나지 않고 대신 '옥저'가 있는 것이다.

이 물길(옥저, 왜)이 6세기에 부여를 누르고 다시 활동하게 된 계기는 백제(선비 백제)가 6세기 초 고구려를 누르고 한반도 중북부 지역을 차지한 것과 관련이 있다.

물길은 4세기 초 백제를 장악했던 동예(왜) 세력이 근초고왕의 북부여 세력에 의해 한반도 동북 지역으로 후퇴하면서 형성된 것으로 보인다. 당시의 한반도 주변 상황을 감안해 물길이 부여를 점령한 상황을 추리해 보면 다음과 같다.

물길(동부여, 왜)이 있던 한반도 동북과 연해주 땅은 사실 백제(왜 백제, 비류 백제)의 기원지이자 과거 선비족에게 쫓겨 자신들 근처로 이주해 온 북부여를 다시 서쪽으로 몰아낸 뒤로 줄곧 백제의 땅이었다. 그런데 서쪽으로 이주한 북부여가 다시 선비족에 밀려 한반도와 만주 북부로 이주하여 그곳을 차지하자, 물길(동부여, 동예)은 북부여 세력에 밀려 다시 한반도 동북으로 축소된 것이다. 그러므로 북부여가 자신들을 몰아내고 점령한 한반도 남부의 백제(근초고왕의 북부여 백제), 그리고 선비족에 눌려 있었지만 선비족의 멸망과 더불어 만주 북부에서 세력을 유지하던 북부여는 물길(동부여, 동예)과는 오래된 적국이었다.

그런 상황에서 6세기 초 선비계 모씨가 한반도의 북부여 백제(근초고왕 백제)를 장악하게 되자 만주의 북부여는 외톨이가 되고, 결국 고구려에 의지하게 된다. 한편 선비족이 차지한 한반도 백제(선비 백제)는 점차 힘을 길러 고구려를 물리치며 고구려를 어려움에 빠뜨리는데, 물길(왜 백제)은 이 기회를 틈타 고구려에 속해 있던 북부여를 공격해 세력을 넓히게 된 것이다.

선비계 모씨 세력의 등장과 함께 강성해진 백제는 5세기 말부터 고구려를 중국과 한반도 남부에서 포위하며 공격한다. 이로 인해 고구려는 자신들의 남쪽 영역을 백제에 빼앗기며, 북위 왕에게 "백제가 신라(섭라)를 차지해 옥을 바칠 수 없다."고 변명하게 된다. 그런데 그렇지 않아도 백제에 의해 크게 피해를 입은 북위의 왕 세종은 고구려 사신을 크게 질책하며 다음과 같이 이야기한다.

"고려(고구려)는 대대로 조정으로부터 고위 장군의 직위를 받아 오직 바다 밖을 안정시키고 여러 교활한 오랑캐들을 모두 정벌했소. 그러나 나라가 쇠하여 부끄러움을 당함은 누구의 잘못이겠소? 과거 공물을 제대로 바치지 않은 것은 군주의 잘못이라 할 수 있소.

경(고구려 사신)은 짐의 뜻을 당신의 군주에게 알리어 때로는 위협하고 때로는 용서하는 등의 온갖 전략을 사용하여 해로운 무리(백제, 물길)를 뿌리 뽑고 동쪽 사람들을 안정시켜 부여와 섭라(신라)의 옛 땅을 회복한 다음 이전과 같이 조정에 제대로 된 토산물을 바치라고 전하시오."

　이렇게 북위의 황제가 화를 낼 정도로 6세기 초 백제의 활발한 정복활동은 고구려뿐 아니라 북중국의 지배자 북위에도 큰 위협이 되었던 것이다. 한편, 위의 기사에서 섭라가 어디인가에 대해 학계에서는 '제주도'로 보기도 하는 등 논란이 있는데, 섭라가 신라임은 여러 가지 근거로 알 수 있다.

　먼저 섭라(涉羅)는 중국어로 '서뤄(sheluo)'로서, 신라의 오래된 국호인 '사라', '서라', '서야', '사로'와 같은 신라 고유국호를 중국식으로 부른 이름이다. 신라 사람들은 '신라'로 국호를 확정하는 6세기 초(503년)까지도 스스로를 '사라(스뤄)', '사로(스루)' 등으로 불렀다(《삼국사기》). 따라서 504년에서 508년 사이 중국에 방문한 고구려 사신 역시 신라를 서뤄(섭라)라 불렀음을 짐작할 수 있다.

　섭라가 신라인 또 다른 증거로는 5세기에 중국(북위)에 특산물로 바칠 정도로 뛰어난 품질을 자랑하는 흰 옥(珂)의 생산지가 신라에 만 있다는 점이다. 그곳은 고구려가 백제에 빼앗긴 '섭라의 옛 땅'으로서, 한때 원래는 신라 땅이었으나 고구려가 점령했던 곳임을 알 수 있는데, 그곳은 바로 2세기 중반부터 신라(동예 신라)에 속했던 충북, 강원도 일대로 볼 수 있다.

　현재 우리나라에서 춘천시 동면 월곡리는 세계 유일의 연옥(백옥) 광산이 있다. 춘천시 일대는 2세기에 말갈(동예)의 땅이었으나 말갈(동예, 신라 석씨세력)이 신라를 장악하면서 신라에 속하게 된다. 그러다 4세기 말 광개토왕이 신라(내물왕 김씨 신라, 우문 선비?)를 왜(동예,

석씨 세력)로부터 구원하면서, 신라(섭라)가 고구려의 간섭하에 놓이게 되자 신라에서 이 지역 특산물인 연옥을 고구려에 바치기 시작한 것으로 보인다.

그러나 6세기 초 다시 백제(선비 백제)가 고구려 남부를 점령하자 당시 고구려 지배권에 있던 신라 북부가 백제의 영향권에 들어오게 되며, 결국 고구려는 북위에 바치던 백옥을 바치지 못하게 된 것이다.

5세기 말 백제가 한반도 중부 춘천, 원주 지역을 차지했던 사실은 495년 고구려가 백제의 치양성(강원도 원주)을 공격했으나 이를 신라와 연합해서 물리친 사실과, 503년 백제가 평양 근처인 황해도 신계 지역까지 고구려를 공격한 사실로 알 수 있다. 또한 고구려가 507년 백제가 이미 되찾은 한성(서울)을 공격하는데, 이러한 사실은 백제가 6세기 초에 과거에 잃었던 한강 유역뿐 아니라 옛 말갈(신라 북부) 지역까지 회복했음을 뜻한다. 그러나 얼마 후 백제는 고구려의 대규모 공격으로 한강 유역을 다시 잃게 된다(529).

13. 선비계 모씨 연합과의 사투

고구려는 선비계 모씨 세력이 한반도와 일본에 걸쳐 있던 왜를 배경으로 백제와 신라를 장악하자 5세기 말부터 다시 백제와 신라를 공격하기 시작한다. 이때 모씨(모용씨)가 장악한 백제와 신라는 고구려를 공동의 적으로 간주하며 함께 고구려의 남진을 막기 위해 노력한다. 특히 고구려는 신라를 침입하면서 강성해진 백제를 견제하고자

노력하고(489년), 백제는 중원(북위)
을 공략해 고구려를 서쪽에서 압박하
게 된다(490년).

선비계 동성왕이 집권한 이후(479)
백제는 중국을 공격하기에 앞서 고구
려를 공격하기 위해 5세기 초 '왜 백
제'의 후손 물길(옥저)마저 끌어들여
고구려를 동쪽에서 압박을 가한 적이
있다(480년대). 고구려와 적대적이던
왜(동예)계 물길은 위나라에 사신을
파견하여 다음과 같이 백제와 자신들의 고구려 협공 계획을 밝힌다.

"(북위) 태화(太和) 초기(480년대 초)에 말 500필을 바치며 (물길의 사
신) 을력지는 스스로 말하길 그들 일찍이 고구려의 10개 읍락을 격파
했으며, 몰래 백제와 함께 수로를 통해 고구려를 치기 위해 대국에 그
거사를 일으켜도 되는지 여부를 묻고자 한다고 했다.《위서》

물길(옥저)은 비록 북부여계 백제(근초고왕)가 한강 유역에 들어서
면서 한반도와의 관계가 끊어지게 되었지만, 이후 들어선 선비계 백
제와는 공동의 목표가 있었다. 바로 자신들과 적대관계에 있던 고구
려를 제거하는 것이었다. 선비계 백제는 이에 물길과 연합하여 고구
려를 침입할 계획을 세웠던 것이다.

백제와 물길의 고구려 침공 계획은 당시 고구려의 국력을 의식한

북위의 소극적인 반응으로 무산되지만, 백제는 이에 더욱 새롭고 과감한 정책을 통해 고구려를 물리치고자 한다. 바로 북위를 직접 공격하는 것이었다.

고구려 남부의 백제(선비 백제)는 480년대 고구려 동부 물길(왜 백제)과 연합으로 고구려를 치려던 작전이 실패한 뒤 북위를 대대적으로 침공해 북위를 크게 약화시키며 급기야 북위로 하여금 수도마저 옮기게 한 것으로 볼 수 있다. 당시 고구려는 중원에서의 열세를 만회하기 위해 백제와 신라를 침입하나 두 나라의 공동 전선으로 실패하게 된다.

고구려에 대항하기 위한 백제와 신라의 연합은 그 뒤로도 계속되지만, 백제는 점점 옛 북부여(부여씨)를 정통으로 따르게 되어 538년 국호를 남부여로 바꾼다. 반면 신라는 모씨 왕인 법흥왕(재위 514~540)에 의해 선비계 모용씨의 황룡국(북연)을 정통으로 따르게 되어 백제와 신라는 점차 사이가 벌어지게 된다.

백제와 신라의 아슬아슬한 동맹은 결국 백제와 신라가 함께 고구려로부터 빼앗았던(551) 한강 유역을 신라가 다시 백제로부터 빼앗으면서(553) 끝이 나게 된다. 백제는 20여 년 만에 고구려로부터 되찾은 자신들의 옛 땅을 신라에게 빼앗기자 신라를 총공격하게 된다(554). 그러나 이 전쟁에서 왕(성왕)이 죽고 백제 최고 관리인 좌평 4명과 군사 2만 9,600명이 사망하는 잊을 수 없는 참패를 당하게 된다.

이렇게 백제가 신라에 의해 약해지자 고구려는 기회를 틈타 백제를 공격하나(554) 실패하게 되고, 이후 백제와 신라에 대한 공격을 멈추게 된다. 고구려로서는 백제와 신라가 이 시기 이후 원수처럼 지내며 서로 전쟁을 했기 때문에 두 나라를 공격하기보다 서로 전쟁으로 약해지기만을 기다리는 것이 상책이라 생각했을 것이다.

한편 신라가 고구려를 물리치고 한강 유역을 차지하려 애쓴 이유는 472년 백제 개로왕이 북위에 보낸 국서를 통해 알 수 있다. 개로왕의 국서에는 고구려에 복속된 낙랑 사람들과 황룡국(북연) 사람들이 고구려로부터 많은 핍박을 받았고, 고구려로부터 독립하고자 염원하고 있던 상황이 기록돼 있다. 따라서 낙랑과 황룡국(북연) 세력이 주도권을 잡고 있던 신라 입장에서는 고구려에 있는 자신들의 형제를 구해내야 하는 절박한 심정이 있었던 것이다.

14. 고구려와 수나라의 전쟁

우문씨 선비국이었던 북주(北周, 557~581)를 이어 들어선 선비계 왕조 수(隋, 581~618)는 중국 내륙 서안(장안)에 수도를 두고 중국을 통일한다(589). 중국의 주인이 된 수나라는 건국 초부터 고구려의 심기를 불편하게 한다.

581년 수나라가 세워지자 고구려에서 조공을 보내는데, 수나라는 고구려왕에게 '고구려왕' 호칭 대신 '요동군공'의 작위를 내리면서 고구려의 지위를 낮춘다. 그러고는 한수 더 떠서 고구려에 사신을 보내 "정성과 예절을 다하지 않는다."며 심하게 질책하기도 하고, 거대한 중원 제국을 정복한 자신들의 업적을 내세우며 고구려를 위협하기도 한다(590).

수나라는 이후 고구려에 새로 등극한 왕인 영양왕(590~618)에게도 '요동군공'의 작위를 내리며 고구려에 대한 무시하는 태도를 버리지 않는다. 이에 고구려는 수나라에 '왕'으로 책봉해 달라고 요청하게 되며 수나라는 마지못해 이를 받아들인다(591년).

선비족은 기원전에 고구려의 지배를 받기도 했던 민족이었기 때문에 고구려로서는 중국을 통일한 선비계 국가인 수나라의 그러한 고압적 태도가 마음에 들지 않았을 것이다. 그래서인지 고구려는 결국 수나라에 대한 저자세를 버리고 598년 요서의 영주를 공격하며 수나라와 대립하기 시작한다.

영주는 고구려가 기원한 곳이자 수나라 이전에 고구려 영역으로 494년 남제의 황제는 고구려왕에게 '영주, 평주 도독'으로 임명하기도 했다. 따라서 고구려가 요서의 '영주'를 공격한 것은 한편으로는 수나라에 대한 도전이자 한편으로는 고구려가 잃었던 땅을 되찾기 위한 노력으로 볼 수 있다.

당나라 시기 영주와 평주. 고구려는 북연을 흡수하면서 (436) 이 지역을 차지하고 있었다. 위 지도의 평주, 영주, 거란 지역은 5세기 고구려의 땅이었다.

수나라는 이를 빌미로 수군과 육군 30만 대군을 동원해 고구려를 공격한다(598). 그러나 결국 10명 중 8~9명이 죽을 정도로 크게 패하여 돌아간다. 고구려는 전쟁에 승리한 뒤에도 중앙아시아의 대제국이던 돌궐(동돌궐)에 사신을 파견하여 여전히 건재한 수나라를 견제하고자 한다(607).

그러나 돌궐을 찾아간 고구려 사신은 뜻밖에도 그곳을 방문한 수나라의 2대 황제인 양제(재위 604~618)를 만나게 된다. 당시 동돌궐(한국, 汗國)은 수나라에 귀부해 있었기 때문에 수나라는 그러한 위세를 고구려 사신에게 보이며 돌궐과 같이 고구려왕이 입조할 것을 요구하게 된다.

그러나 고구려가 이에 답이 없자 612년 양제는 113만 3,800명이라는 대군을 동원해 다시 고구려를 공격한다. 그러나 이 역시 고구려에 대패하여 요하를 넘었던 군사 가운데 겨우 2,700명만이 살아 돌아가게 된다. 수나라가 113만 명 대군을 동원한 기록은 1차 대전을 제외하면 역사상 가장 큰 규모였으며, 당시 인구를 감안할 때 역사상 가장 거대한 전쟁이었다고 할 수 있다.

두 번의 대규모 전쟁에 실패한 수나라는 이듬해(613)에 또다시 공격해 오나 수나라 내부의 반란 소식으로 전쟁을 멈춘다. 수나라는 614년에 다시 공격해 오지만 고구려가 항복하여 회군한다. 그러나 고구려가 항복한 뒤에도 끝내 입조를 거부하자 또다시 고구려를 공격할 계획을 세운다.

수나라는 이렇게 고구려와 네 차례 전쟁을 벌이면서도 한편으로 대규모 토목공사를 벌여 민생을 도탄에 빠트린다. 이로 인해 반란이 전국적으로 일어나게 되고, 이를 진압하지 못한 수나라는 결국 망하게 된다(604).

15. 구이(九夷)의 나라 당(唐)

수나라 양제에 반란을 일으킨 사람 중 하나인 이연은 당나라를 세운 뒤 처음에는 수-고구려 전쟁으로 잡혀 있던 포로를 서로 교환하는 등(622년) 고구려와 사이좋게 지낸다. 그러나 백제와 신라가 고구려의 침략에 대해 당나라에 성토하고, 당나라가 돌궐(한국, 汗國)을 물리치자(630), 당나라 2세 황제 이세민(당 태종)은 조금씩 고구려 정복에 대한 야욕을 드러내기 시작한다.

당태종은 641년 고구려가 자제들을 당나라에 입조시킨 것을 답례한다는 핑계로 사신을 고구려에 보내 고구려의 사정을 정탐한다. 그리고 결국 644년 당태종은 두 가지 이유를 들어 친히 30만 대군을 거느리고 고구려를 공격한다. 하나는 고구려가 있던 요동은 원래 중국 땅이었다는 것과, 다른 하나는 막리지(연개소문)가 그 임금을 죽였다는 이유였다.

당나라가 고구려를 칠 당시 당나라의 고구려에 대한 입장에서 중요한 점이 있다. 우선 당나라는 고구려가 조공은 했으나 독립국으로 간주하여 고구려로부터 과거 '중국 영토'를 다시 빼앗으려 했다는 점이다. 이는 고구려를 중국의 지방정권으로 규정한 현 중국의 입장과 대치되는 사실로, 당시 고구려는 당나라와 독립적 입장에 있었음을 말한다.

또 한 가지 당태종이 고구려를 공격할 당시(644) 당나라 신하 저수량이 한 말을 통해 당나라가 자신들뿐 아니라 고구려를 모두 동이족을 의미하는 '구이(九夷)'로 간주하고 있음을 알 수 있다.

"9월에 막리지가 백금을 당에 바쳤다. 저수량이 말하기를 '막리지 (연개소문)가 그 임금을 죽인 것은 구이(九夷)가 용납하지 않는 바이어서 이제 그를 토벌하려고 하는데 금을 바치니 이는 고정(춘추시대 송나라 재상이 임금을 시해하고 이를 무마하기 위해 다른 나라에 바친 뇌물인 솥)과 같은 뇌물입니다. 신은 받을 수 없다고 생각합니다.'라 했다. 황제가 그 말에 따랐다."《자치통감(資治通鑑)》

상기 기록에서 "그 임금을 죽인 것은 구이가 용납하지 않는 바(九夷所不容)"라고 할 때 '구이(九夷)'는 과거 공자가 '군자가 사는 곳'으로 부르던 동쪽 나라로, 중국에서는 대대로 알타이어계 동이족을 통칭해 왔다. 진시황이 중국을 통일한 BC 3세기 이후로는 한반도와 만주, 몽골, 중앙아시아 등지에 살던 사람들을 일컬었다.

이러한 '구이'에 대한 개념은 당나라 이전 북위 당시에도 가졌던 개념으로, 당나라에서 이 말을 한 것은 당나라가 고구려와 같은 '구이(九夷)'에 뿌리를 둔 나라라는 인식을 가졌다는 사실을 말하고 있다.

당나라가 스스로를 구이에 속하는 나라로 인식한 것은 당나라가 과거(4세기) 고구려와 가까이 있던 우문 선비족에 의해 봉해진 선비족(대야씨)이 주축이 되어 세운 나라이기 때문이라고 볼 수 있다. 당나라는 고구려가 자신들과 같은 '구이'에 속한 나라인데 그 왕을 시해하는 '구이가 용납하지 않는' 행동을 한 것에 대해 분노를 하고 있는 것이다.

당태종은 이렇게 표면상 이유를 걸고 고구려를 공격하지만, 그 이면에는 서, 남, 북으로 '오랑캐'를 복속시켰지만, 유독 동쪽의 고구려만이 당나라의 뜻을 따르지 않은 것에 대한 불쾌함 때문이었다. 더구나 고구려가 차지하고 있던 땅은 자신들(예맥 선비)의 조상들이 살던 땅이었기 때문에 다른 어떤 지역보다 수나라 당나라에게 있어서는 되찾아야 할 중요한 땅이었다.

결국 그는 친히 원정을 떠나 고구려와 전쟁을 벌이게 된다(645). 그러나 고구려의 안시성 싸움에서 화살을 맞고 눈 하나를 잃었다는 전설을 남기며 전쟁에서 참패하게 된다. 당태종은 전쟁 후 4년 만에 태자에게 고구려를 침공하지 말라고 유언을 남기고 죽는다.

그러나 당태종의 아들 이치(고종)는 아버지 이세민의 유언에도 불구하고 꾸준히 신라와 협공하여 8차례의 공격을 통해 668년 결국 고구려를 멸망시킨다. 이로써 700여 년간 중국과 맞서면서 동이 고유의 문화를 유지하던 고구려는 역사에서 사라지게 된다.

7세기 고구려와 백제의 멸망은 단군조선-부여-고구려-백제로 이어지던 예족(부여족, 왜족) 중심의 역사가 한반도에서 종식되고, 상-기자조선-낙랑-신라로 이어지던 맥족(박족) 중심의 역사가 한반도에서 주도권을 잡는 계기로 평가할 수 있다.

Ⅲ. **백제**의 성립과 발전

1. 마한의 소국 백제(伯濟)

문헌에 나타나는 백제는 압록강 유역의 부여(졸본부여)로부터 이주해온 온조(재위 BC 18~AD28) 집단이 한강 유역에 정착하면서부터 시작한다. 그들이 남하할 당시 이 지역은 당시 토착 세력인 마한의 영향력이 행사되고 있었고, 백제(伯濟)는 마한의 통제를 받는 수많은 소국 중 하나에 불과했다.

> "한(韓) 나라는 모두 72개의 나라가 있는데, 백제(伯濟)는 그 중 하나이다."《후한서》(AD25~AD220 기록)

백제가 남하한 뒤 BC 1세기부터 AD 3세기경 당시 한반도 북쪽은 한나라에 속한 예맥인들이 낙랑군, 동예(동부여, 예)를 이루고 있었고, 남쪽에는 고조선의 전통을 이은 한(韓)이 72개나 되는 국가 연맹의 형태로 있었다.

2. 백제가 마한에 의지한 이유

처음 한강 유역(경기 북부)에 정착할 당시(BC 18) 백제는 평양 지역을 차지하고 있던 한군현인 낙랑과 친밀한 관계를 유지한다. 하지만 백제 동북방(강원도)에 있던 말갈(동예, 동부여)과는 대립하는데, 이는 백제가 고구려와 마찬가지로 요서에서 이주한 맥족(동이)의 성격을 많이 가지고 있었기 때문으로 풀이된다.

과거 요동 북부에 있던 부여(해부루 부여, 말갈, 동예)는 동쪽에서 이주해 온 북부여(해모수 부여)에 의해 한반도 동북으로 쫓겨나면서 동예(동부여)라는 국가로 새롭게 탄생하는데, 이로 인해 동예(말갈, 동부여) 사람들은 북부여 세력에 반감이 심했다. 그런데 북부여(졸본부여)에서 백제가 이주해 오자 동예(동부여) 세력으로 추정되는 말갈은 백제에 좋지 않은 감정을 가지고 있었던 것으로 보인다.

한강 유역으로 이주한 백제는 건국 초(BC 16)부터 말갈로 표현되는 강원도 지역 동예 세력에 의해 공격을 당한다. 이후 백제 북부에 있던 낙랑마저 백제와 관계를 단절하자(BC 11), 백제는 남쪽의 마한에 의지하게 된다. 낙랑과 관계가 악화된 후 백제는 마한에 신기한 사슴을 진상하고(BC 10) 수도마저 마한과 가까운 한강 남쪽으로 옮기며(BC 5) 북쪽의 낙랑과 말갈(동부여, 예, 왜)을 견제하게 된다.

한반도 서남부 지역을 장악하고 있던 마한은 BC 3세기 이후로 북방에서 내려오는 진한(부여) 유민들을 마한 동쪽(경상도)으로 이주시키며 자신들의 세력하에 두었다. 마한은 북부여에 밀려 북에서 내려온 백제에게도 역시 한강 유역을 할애하며 자신들의 세력하에 두게 된 것이다. 백제가 이처럼 마한을 의지하여 국가를 유지한 시기는 생각보다 길어서 동예(왜로 추정) 세력이 백제를 장악하는 4세기 이후에 가서야 마한에서 독립하여 거꾸로 마한을 병합하기 시작한다.

3. 백제에 유입된 낙랑인들

이렇게 초기에 주변의 강국들 사이에서 눈치를 보면서 성장하던 백제(온조 백제)는 AD 2세기에 새로운 나라로 거듭난다.

"동명의 후손 중에 구이(仇台)라는 사람이 있었는데, 사람이 어질고 신의가 있었다. 그가 처음으로 대방(경기 북부, 황해도) 옛 땅에 나라를 세웠는데, 한(漢)의 요동태수 공손탁(?~204)이 자기의 딸을 구이에게 시집보냈고, 그들(백제)은 마침내 동이의 강국이 되었다."《북사》,《수서》,《삼국사기》

상기 기록으로 보면 백제는 2세기 말 한나라 군현이었던 낙랑군 아래에 있던 대방군(황해도, 경기 북부)에 세워진 국가로 나온다. 이는 한강 남쪽(위례성)에 있던 백제와는 다른 세력, 즉 한군현 중 하나인 대방 유민이 백제를 장악하고 지도층이 된 사실을 말하고 있다.

이 세력의 대표인 구이라는 사람은 부여의 시조 동명의 후손인 점으로 보아 부여계임을 알 수 있다. 그가 백제를 강국으로 만든 계기는 당시 요동 지역의 실세였던 공손탁이 백제와 사돈관계를 맺으면서 비롯된다.

그렇다면 백제를 강국으로 만든 이 '대방 사람 구이'는 백제의 어느 왕일까? AD 2세기 말 백제에서 왕이 된 사람은 '초고왕(166~214)'이다. 학계에서는 이 초고왕(재위 166~214) 시기부터 백제가 기존과는 다른 북부여계 '부여'씨가 왕이 되어 '새로운 시조(중시조)'가 되었다고 한다(노중국). 이는 대방 사람 '구이'가 초고왕일 가능성을 높여 준다.

초고왕 '구이'가 경기 북부(대방) 지역에서 백제로 유입되는 과정의 배경에는 한반도 북서부에 있던 중국 군현(낙랑, 대방)의 쇠퇴와 관련이 있다.

"중국 한(漢) 나라 영제(재위 168~189) 말년에, 한(삼한) 사람들과 예(동예) 사람들이 강성해져서 중국 군현을 유지할 수 없게 되자, 한나라 군현(낙랑, 대방)에서 많은 백성들이 한(삼한)으로 이주를 했다."《삼국지》

상기 기록은 초고왕이 백제의 새로운 왕이 되는 2세기 후반(166년) 당시 한반도 북부의 한 군현인 낙랑, 대방이 약해지고 대신 주변의 마한(한)과 동예(예, 왜)가 강성해지자 많은 사람들이 한반도 중남부의 마한(한) 지역으로 이주했던 사실을 기록하고 있다.

이렇게 낙랑과 대방으로부터 많은 사람이 마한으로 남하하는데, 당시 마한의 북쪽에는 백제가 있었으므로 이주한 사람들은 대부분 '백제'로 유입되었음을 알 수 있고, 이들의 대표가 '초고왕'이었던 것을 짐작할 수 있다.

4. 백제의 두 번째 기원지 대방군

한반도 북부의 한(漢) 군현이 약화되고 주민들이 떠나자 한(漢, 동한) 나라 요동태수 공손강은 평양 부근 낙랑군 남부인 황해도, 경기도 북부에 대방군을 다시 설치하여 흩어진 유민들을 모으기 시작한다 (204).

"건안 연간(196~220)에 공손강은 둔유현 남쪽의 거친 땅에 대방군을 설치하고, 공손모, 장창을 보내 한(漢) 나라 유민들을 모았으며, 군사를 일으켜 한(삼한) 나라와 예(동예) 나라를 정벌했다. 그러자 도망 갔던 백성들이 다시 돌아왔으며, 이 이후에 왜(倭) 나라와 한(韓) 나라는 대방에 속하게 된다."《삼국지》

요동태수 공손강은 대방군을 설치하여 사람들을 모으고 난 뒤, 이에 그치지 않고 당시 대방군 주변에 있던 강국인 남쪽의 한(韓, 삼한), 동쪽의 예(동예, 동부여)와 전쟁을 벌이게 된다.

《삼국지》에는 대방군이 이들 두 지역(한과 예)과 전쟁을 벌여 두 지역을 모두 점령하여 귀속시켰다고 기록하고 있다. 그러나《삼국사기》의 기록을 볼 때 이 시기에는 '신라'로 묘사되는 '낙랑'과 '말갈'로 묘사되는 '예(왜)'가 지속적으로 마한에 속해있던 백제를 공격하고 있었다. 이는 한군현(대방)이 말갈(예, 왜)은 자신들의 세력하에 두었으나, 마한(백제)은 정복하지는 못했음을 뜻한다. 참고로 마한 북쪽의 백제가 한 군현 세력 대방(공손씨 대방)에 병합되는 시기는 한나라 당시가 아닌 한나라 멸망 이후 대방 출신 고이왕 대에 가서이다(234년).

한편, 상기 기사에서 특이한 점은 '예(동예)'와 '왜'를 같은 나라로 기록한 점이다. 당시 대방(공손씨 대방)은 한(삼한)을 완전히 정복하지 못했기 때문에 '왜'는 '일본열도'를 의미하지 않는다. 만일 상기 기록에서 '왜'가 일본이라면 대방이 한반도 남부까지 진출하여 삼한을 완전히 복속시키고 배를 타고 일본열도로 진격하여 '왜'를 정벌했어야 한다. 그런데 한(韓, 삼한)은 246년 '진한'의 종주권 문제로 위나라가 공손씨로부터 빼앗은 대방(위 대방)을 공격하는 등 여전히 건재해 있었다.

한(삼한)이 위나라 대방을 공격할 당시(246) 한반도 상황을 살펴보면 다음과 같다. 중국에서 한(漢)을 이어 들어선 위나라는 서기 237년경 불시에 바다를 건너 공손씨가 차지하고 있던 한반도 서북부 낙랑과 대방을 빼앗는다. 그 후 위나라는 두 군에 관리를 파견하는데, 위나라 관리 오림은 남쪽 한(韓)나라 왕 신지(臣智)에게 경상도 지역 진한 여덟 나라가 본래 낙랑 땅이니까 자신들이 관리하겠다고 말한다. 이에 신지는 분노하며 대방을 공격하는데(246) 이때 대방태수가 죽고 낙랑태수는 한(韓)을 정벌했다고 한다(삼국지).

이 기록을 보면 공손씨가 대방을 설치하면서(204) '한(韓)', '예', '왜'와 갈등한 것과는 다른 점이 있음을 알 수 있다. 공손씨를 이어 위나라가 낙랑과 대방을 다스리던 당시(246), '예'나 '왜'와 갈등했다는 말이 사라지고, 단지 '한(韓)'과 전쟁을 한 기록만 나오는 것이다.

이는 당시에 이미 '예, 왜'가 위나라의 낙랑과 대방에 속해 있었기 때문으로 풀이된다. 낙랑과 대방에 속하게 된 '예(왜)'의 위치를 추정해 보면 낙랑과 대방(평안도 지역)의 동쪽 옆, 그리고 마한과 소유권을 다투던 진한(경상도 지역) 북쪽으로서, 강원도, 함경도 지방에 해당하는 '동예'임을 알 수 있다.

위나라가 차지한 함경도 지역 동예(예)는 원래 석씨가 다스리던 신라(왜 신라)와 하나의 나라였다. 그러나 고구려가 신라로부터 그 땅을 빼앗고(245) 곧이어 위나라가 고구려로부터 다시 빼앗아 차지하게 된다(245년).

따라서 위나라가 한(韓)과 갈등하던 당시(246) '예(왜)'는 위나라에 이미 정복당한 뒤였다. 그로 인해 기록에 위나라가 예나 왜와 갈등했다는 대한 내용은 빠지고 '한(삼한)'과 전쟁을 한 내용만 남게 된 것이다.

한편, 백제의 기원지 중 하나인 황해도, 경기도 지역 대방군은 중국 역사와 맞물려 성쇠를 반복한다. BC 108년 위만조선을 물리치고 대방군을 설치한 한(漢)나라는 서기 220년 멸망하게 되고, 대신 중국 북방에는 조조의 위나라(220~265)가 세워진다. 이로 인해 요동과 한반도 북부에 있던 한군현(낙랑, 대방)은 한나라(漢)와의 관계가 단절되고 대신 당시 그곳의 지배자로 있던 '공손씨' 세력에 의해 장악된다. 공손씨에 의해 204년 다시 정비된 대방군 역시 공손씨의 영향 아래 들어간다.

요동의 실세인 공손연은 점차 요동뿐 아니라 한반도 중부(낙랑, 대방)와 중국 동부 산동 지역까지 세력을 뻗치며 중원을 차지한 위나라와 전쟁을 벌일 만큼 강성해진다.

그 여파는 한반도까지 미치게 되어 공손씨와 가깝게 지내던 한반도 중부의 백제(대방 백제)가 또다시 새로운 국가로 태어나게 된다. 바로 공손연이 다스리던 대방 출신 고이왕(구이)이 백제에 등장한 것이다(234).

고이왕의 백제는 공손씨 세력에 있던 대방 사람들이 중심이었기 때문에 이후 위나라가 공손씨를 멸하고 점령한 새로운 낙랑, 대방과는 사이가 멀어지게 된다. 따라서 백제(공손씨 대방)는 위나라 대신 독자적인 길을 가며 남쪽 한(韓, 마한)과 협력하게 된다.

5. 한(漢) 문명을 이은 백제(伯濟)

고이왕이 대방에서 내려와 백제의 왕이 된 사실은 고이왕의 아내이자 아들 책계왕(?~298)의 어머니가 대방왕의 딸이었으며, 286년 고구려가 대방을 침입했을 때 책계왕이 자신의 뿌리인 대방을 도와 고구려를 물리치는 사실로 짐작할 수 있다. 백제는 과거 마한에 속하여 한 군현인 대방과 지속적으로 대립관계를 보였는데, 대방계 왕인 초고왕, 고이왕 이후 대방과 서로 협력관계가 된 것이다.

이러한 사실은 중국의 역사서를 통해서도 유추할 수 있다.

"백제는 원래 마한의 속국이었으며, 부여의 한 갈래이다. 구이(仇台)라는 사람이 처음 대방에서 나라를 열었다. 백제 사람들은 1년에 네 차례 구이묘(仇台廟)에 제사를 지낸다."《주서(周書)》(636년 출판)

상기 기록에서 '구이'라는 인물은 2세기 공손탁(? ~204)과 사돈관계에 있던 초고왕(구이)이 아니라 백제의 관등과 공복을 제정하는 등 백제를 사실상 '국가'로 발돋움시키는 3세기 고이왕을 말한다고 볼 수 있다.

고이가 백제에서 왕이 된 지 4년이 지난 238년 공손연이 위나라에 의해 멸망하고 낙랑과 대방이 다시 위나라의 지배 아래 들어가자, 고이왕의 백제(伯濟)는 공손씨의 영향에서 벗어나게 되며, 독자적인 국가로 커간다.

공손씨의 낙랑과 대방이 조조의 위나라에 멸망할 무렵(238) 그 지역 사람들은 대방 출신 왕 구이(고이)가 다스리던 백제(대방 백제)로 대거 피난 올 수밖에 없었다. 이렇게 백제에 유입된 사람들은 중국식 군현제에 익숙했던 사람들로서, 비록 삼한과 같은 예맥 계열 사람들이었지만 정치적으로 삼한보다 중앙집권을 이루는 데 익숙했다.

백제는 고이왕 시기(234~286)에 여러 가지 제도적 정비를 갖추고 관등(6좌평 16관등)과 공복이 제정되는 등(260년), 다른 마한연방 국가들에 비해 두드러지게 중앙집권이 강화된다. 이렇게 마한 북부의 소국 백제가 다른 마한 연맹국들에 비해 국가체제를 빨리 갖출 수 있던 이유는 공손연의 멸망으로 한군현(낙랑, 대방) 지역 사람들이 유입되고, 위나라에 속한 낙랑 대방과 단절된 것이 직접적 원인이라고 할 수 있다.

그러나 고이왕 당시에도 백제는 여전히 마한에 속한 작은 소국에 지나지 않았다. 3세기 후반에 기록된 《삼국지》(220~280 기록)에 백제(伯濟)는 마한의 50여 개 나라 가운데 하나로 표현되고 있을 뿐이다.

"마한에는 다음과 같은 나라가 있다. 원양국, 모수국, 상외국, 소석색국, 대석색국, 우휴모탁국, 신분고국, 백제국(伯濟國), 속로불사국, 일화국, 고탄자국, 고리국, ……"《삼국지》

6. 대방 백제의 시조 구이왕

고이왕과 관련하여《삼국사기》에는 이상한 기록이 있다. 고이왕이 과거 대방에서 남하한 초고왕과 '동복형제(친형제)' 사이였다는 것이다. 초고왕은 166년 왕이 되었고 고이왕은 234년에 왕이 되었기 때문에 둘 사이는 '친형제'가 될 수 없다. 그렇다면《삼국사기》에는 왜 초고왕과 고이왕을 '친형제' 곧 '동복형제(같은 배에서 나온 사람)'라고 기록하고 있을까?

이는 초고왕(구이)과 고이왕(구이)이 모두 같은 대방(황해도, 경기도 북부) 사람이었다는 점에서 첫 번째 원인을 꼽을 수 있다. '동복(同腹: 같은 배)'이라는 표현은 어머니의 배가 아니라 고대 사람들이 만물을 소생시키는 '어머니'로 여겼던 '땅(土)'이 같음을 뜻한다.

신라에서 진한계 왕들은 박씨, 동예계 왕들은 석씨, 낙랑계 왕들은 김씨로 나눈 것 역시 혈통보다는 출신지가 같은 왕들을 '형제'로 여겼기 때문이다.

둘째는 이들 둘의 이름이 같았기 때문이다. 초고왕은 과거 요동태수 공손탁의 딸과 결혼했던 '구이'라는 사람인데, 후대에 또 다른 구이(고이)가 내려와 왕이 되자 사람들이 과거 '구이'왕의 이름 앞에 '작다, 닮다'라는 뜻의 초(肖)를 넣어 '작은 구이, 닮은 구이' 곧 '초고(肖古)'라고 바꾼 것으로 추정된다.

초고왕의 고(古)와 고이왕의 고(古)는 모두 중국어로 '구(gu)'로 읽히고, 고이왕은 구이(久爾)왕으로도 불렸는데 이는 이들 이름이 고유어 '구이'와 관련이 있음을 말한다.

구이(고이)는 부여(왜) 고유어로서 역사서에 다음과 같이 다양한 한
자로 표기(음역)하고 있다.

- 고이(古爾): 고이왕의 이름으로 한자의 뜻은 '옛날의 너'
- 구이(久爾): 고이왕의 또 다른 이름으로 일본 왕가의 계보를
             적은《신찬성씨록(新撰姓氏錄)》에 기록됨.
             한자의 뜻은 '오래된 너'
- 구이(仇台): 초고왕의 이름으로, 한자의 뜻은 '원수 같은 나'

이렇게 의미와 상관없이 다양한 한자로 기록된 것은 '구이'라는 이
름이 한국 고유어(예맥어)임을 뜻한다. 한국 학계에서 仇台(구이)를
'구태'로 읽는데 구이로 읽는 것이 좀 더 옳다. 구이의 정확한 발음은
'구ㅌ이(구치, ㅌ는 사잇소리로 '~의'에 해당)'로 크다는 뜻의 '구(쿠, 일본
에서는 백제를 구다라, 즉 큰 나라라고 부름)'와 사람을 의미하는 '이'가 조
합된 '큰 사람'이라는 뜻으로 풀이된다.

마찬가지로 고구려 관직인 우태(于台)는 우이 또는 우치(웃 사람)로
읽어야 하며, '우치'는 을지문덕의 을지(乙支)와 같은 말로 '높은 사람'
을 뜻한다. 한자 台는 태와 이로 발음되는데, 사람(人)이 붙은 '佁(이)'
라는 글자는 태가 아니라 '이, 치, 시'등으로 발음되므로, 사람을 일컬
을 때 台(태, 이)는 '이' 또는 '치'로 발음해야 옳다.

따라서 고대 한민족(예맥족)에게 '구이', '구치(큰 사람)'라는 이름은
흔한 이름 중 하나였을 것이다. 실제로 서기 120년 중국 후한 시기에
부여(북부여)에서 후한에 왕세자를 사신으로 보내는데, 당시 부여 왕

세자 이름이 '울구이(尉仇台)'로서, 역시 '구이(고이)'라는 이름을 사용하고 있던 것을 볼 수 있다.

이렇게 초고왕(구이왕)과 고이왕은 비록 58년이라는 시간적 차이를 두고 백제의 왕이 되지만, 출신지와 이름이 같아 마치 형제 같은 공통점이 있었기 때문에 《삼국사기》에 고이왕이 초고왕의 "같은 배에서 태어난(동복) 형제"라고 기록하게 된다.

7. 대방과 말갈의 백제 주도권 싸움

3세기에 중국에서는 위나라가 망하고 요동의 선비족이 강성해지게 된다. 당시 요동 북부에 있던 북부여는 인근 선비족 일파인 모용씨의 침입에 의해 국왕 의려가 자살하고, 왕실 사람들은 두만강 유역의 북옥저 방면으로 피난하는 등 커다란 피해를 입게 된다(285).

당시 모용 선비족은 부여를 침공한 뒤, 293년, 296년에 고구려를 침입하면서 큰 타격을 입히는데, 이러한 선비족의 공격은 부여와 고구려로 하여금 한반도 동부와 남부로 세력을 뻗게 하는 주요한 원인이 된다.

당시 위나라에 속해 있던 낙랑과 대방은 위나라 멸망(265)과 더불어 한반도에 고립이 되어 위태로운 상황이 된다. 이에 서쪽에서 선비족의 공격을 받은 고구려는 남쪽 황해도와 경기 북부에 있던 대방을 공격하며(286), 평양 지역 낙랑은 말갈(동예, 동부여)과 함께 남쪽 백제를 공격한다(298).

낙랑과 말갈이 백제를 공격할 당시 백제는 대방과 하나로 통합된 상태였다. 백제가 대방과 하나가 된 계기는 고구려가 대방을 침략할 때 백제가 이를 물리침으로써(286) 이루어지게 된다. 이 두 나라(백제, 대방)가 하나로 된 사실은 백제가 말갈과 연합한 낙랑을 공격하는데 (304) 대방을 넘어 더 북쪽에 있던 낙랑을 직접 공격한 것으로 알 수 있다.

선비족의 왕성한 활동은 선비와 국경을 접하던 고구려, 중국의 지원에서 단절된 한반도 북부의 낙랑국과 대방국, 그리고 선비족에 의해 거의 붕괴된 만주 부여만의 문제는 아니었다. 부여와 국경을 접하던 말갈(동예, 동부여) 역시 선비족의 영향에서 벗어날 수 없었다.

이 시기 말갈은 한반도 동북부에 살던 동부여(동예) 사람들을 일컫다. 그들은 과거 북부여에 밀려 동진한 사람들로서 부여, 고구려와 언어나 풍습이 같았으며 성품이 공손하고 성실했던 문화인들이었다.

"예(동예)의 노인들이 말하길 자신들과 고구려 사람들은 같은 민족이라고 한다. 예 사람들의 성품은 공손하고 성실하며, 마음대로 욕심을 추구하는 사람이 적고, 청렴하고 잘못을 부끄러워할 줄 알며, 구걸하지 않는다. 언어와 풍속이 대체적으로 고구려와 같으나, 의복은 다른 점이 있다."《삼국지》

3세기 초 한나라가 멸망할 즈음부터 예족 중심 국가인 말갈(동예, 동부여)은 한반도의 주도권을 놓고 한(漢)군현계 맥족 중심 국가인 낙랑, 대방, 백제와 대립했다.

백제가 대방 출신 초고왕에 의해 다스려지던 당시, 말갈은 100여 년 만에 백제를 다시 공격한다(210년). 말갈(동예)이 백제를 공격하게 된 배경에는 요동의 실권자 공손강(공손탁의 아들)이 한강 이북에 대방군을 설치하여(204) 과거 한사군 유민들을 모았던 사실과 관계가 있다. 공손강이 대방을 설치하고 주변의 한사군 유민을 모으면서 한편으로 공손강의 '숙부의 나라(초고왕과 공손강 아버지인 공손탁은 사돈관계임)'였던 백제를 흡수하려 하자, 당시 말갈은 한반도 중부에 새로 들어서는 국가(대방)를 원하지 않고 공격하게 된다. 그 주요 대상은 바로 대방과 친연관계에 있던 마한의 '소국' 백제(대방 백제)였다.

그러나 말갈(동예, 왜)의 지속적인 공격에도 백제가 무너지지 않고, 거기에 요동 공손씨의 세력이 중원(위나라)과 맞설 정도로 강력해지자 말갈은 공격을 멈추게 되고, 결국 말갈은 요동 공손씨 세력에 귀속된다(230년대).

말갈(동예, 왜)은 이후 고이왕이 재위할 당시 백제(대방 백제)에 말을 바치며 충성을 했다(258). 그러나 백제(대방 백제)의 배후에 있던 중국 위나라가 멸망하고(265) 북방에서 선비족이 더욱 강성해지면서 북부여를 동쪽으로 몰아내자(285, 286), 말갈(동예)의 활동이 다시 살아나기 시작한다. 당시 말갈(동예)의 활동은 선비에 밀린 북부여 세력이 동진할 때 이들에 의해 밀려나 백제가 있는 한강으로 남하하면서 활발해지기 시작한 것이다.

한강 유역으로 밀려온 말갈(예)은 결국 위나라 멸망 이후 새롭게 독립국이 된 한반도 서북부 '낙랑국'과 연합하여 남쪽에 있는 마한 연맹국 백제(대방 백제)를 공격하기 시작한다(298).

공손씨와 위나라의 기반을 모두 잃은 대방은 당시 백제(대방 백제)와 하나의 나라가 되어 남쪽의 마한에 의지하면서 낙랑국을 직접 공격하면서 반격을 가한다. 하지만 이 공격으로 왕(책계왕)이 죽고(298), 이를 보복하기 위해 304년 낙랑을 다시 공격하지만 또다시 왕(분서왕)이 살해된다(304).

이 시기 낙랑은 사실 자신들과 뿌리가 같은 대방(고이 백제)과 협력 관계에 있어야 정상이지만, 위나라 멸망과 더불어 대방이 백제에 흡수되고, 당시 신라를 복속한 말갈(동예, 왜)이 신라를 복속하면서 강해지자 낙랑 역시 말갈의 세력에 눌려 마한에 속한 백제(대방 백제)와 대립한 것이다.

말갈(동예)은 얼마 지나지 않아 신라에 이어 낙랑마저 흡수해 버리며 강해지는데(300년 낙랑의 신라 항복), 이때 말갈(동예) 세력 하의 신라(왜 신라, 석씨 신라)는 북쪽으로 영토를 크게 확장한다. 이는 신라가 스스로 개척해서 그런 것이 아니라 말갈이 신라를 점령했기 때문에 가능했던 것이다.

8. 왜(말갈, 예)의 한반도 장악

당시 말갈(동예, 왜)이 활발히 정복 활동을 벌인 이유는 두 가지이다. 첫째는 평안도 지역 낙랑과 대방(백제)이 중국으로부터 고립되어 힘이 약해졌기 때문이다. 둘째는 선비족에 의해 동쪽으로 쫓겨난 만주 부여(북부여) 세력이 함경북도 북부(간도) 지역에 새로 거주지를 옮기며 말갈(동부여, 왜)을 압박했기 때문이다(285). 북부여의 동진으로 말갈(동예)이 한강을 타고 백제로 남하하자 백제는 밀려오는 말갈(왜)을 막기 위해 한강 유역에 방위시설을 건설하기도 한다(286).

북부여는 BC 3세기 토착민인 '예(동예, 왜, 말갈)'를 동쪽으로 몰아내고 들어섰던 나라이다. 사실 처음에는 북부여나 예(동부여, 왜)의 국호는 모두 '예(부여)'였지만, 북부여는 '예'라는 호칭 대신에 중국인들이 자신들을 일컫던 '부여'라는 국호를 선호한다. 반면 북부여에 의해 동쪽으로 쫓겨난 예(동부여, 동예)는 중국인들이 임의로 부르던 '부여(휘)'라는 호칭 대신에 '해'를 의미하는 '예' 또는 '왜'라는 고유어를 자신들의 민족 또는 국가의 명칭으로 유지했다.

북부여와 동부여(예)의 갈등은 수백 년 간 이어져 3세기 말 북부여가 선비족에 밀려 두만강 유역으로 이주해 올 때 동부여(예)를 한반도로 밀어낸다. 그런데 한반도로 남하한 동부여, 즉 말갈(동예, 왜) 세력은 위나라 멸망으로 약해진 낙랑과 연합하여 강성해지며, 이에 백제(대방 백제)와 신라의 '두통거리'가 된다. 당시 신라왕(유례왕)은 적국인 백제와 연합하면서까지 이들(왜, 말갈)을 물리치려고 한다(295).

따라서 《삼국사기》에 이 시기(300) 낙랑과 대방(백제 책계왕이 298년 말갈에 빼앗긴 백제 북부 지역)이 '신라'에 '항복'했다고 기록한 사실은 이들 두 나라가 작은 국가인 사로국(신라)에 항복한 것이 아니라, 당시 급격히 세력이 커진 한반도 중부의 말갈(예, 동예, 왜)에 항복한 것으로 보아야 한다.

'왜(말갈)'의 공격으로 크게 고민하던 신라 왕(유례왕)이 298년 어떤 이유인지 사망하자, 신라는 '왜(동예, 말갈)'와 마치 '하나의 나라'처럼 지내고 '신라'의 영토는 함경도까지 확대된다(300). 이는 신라가 왜(말갈, 예)를 물리치든가 아니면 반대로 왜(말갈)가 신라를 복속하지 않고서는 있을 수 없는 일이다. 그런데 당시에는 신라에 비해 말갈(왜)이 강했기 때문에 말갈이 신라를 복속한 것으로 해석하는 것이 옳은 것이다.

한반도 북부에서 낙랑과 함께 자웅을 겨루던 '예(말갈, 동부여, 동예, 왜)'는 과거(164) 자신들이 점령했던 '신라(사로)'를 다시 정복하여(298) 이를 기반으로 낙랑, 대방 지역마저 흡수하게 된 것이다(300).

신라를 장악한 말갈(왜, 동예)이 낙랑과 대방까지 아우르며(300) 세력을 떨치던 때에, 백제 역시 낙랑-말갈(동예) 연합군의 공격에 의해 두 왕을 잃게 된다(298, 304). 그러한 상황 속에서 백제에는 304년 출신이 불분명한 평민왕 비류가 등극하게 된다.

《삼국사기》에는 말갈(동예)이 강성하던 당시 등극한 백제 비류왕을 그보다 90년 앞서 등극했던 구수왕의 '둘째 아들'로 소개하고 있다. 이 말은 터무니없는 기록으로서, '사실'이라기보다는 '비유'로 해석해야 한다. 일반적으로 역사서에 '둘째 아들'이라는 표현은 정변이나 비정상적인 과정으로 왕이 된 경우를 뜻한다. 그렇다면 이렇게 비정상적인 과정을 통해 등극한 '비류왕'은 어떤 사람일까?

먼저, 비류왕(304년 등극)이 구수왕(214년 등극)의 아들이라는 기록을 통해 구수왕과 비류왕 사이에는 공통점이 있었음을 알 수 있다. 그 공통점은 둘 모두 '대방계 세력을 대신해 들어선 사람들'이라는 점이다.

비류왕의 '아버지'로 기록된 구수왕(재위 214~234)은 대방계 '초고왕(작은 구이)'의 장기 집권을 마감하고 왕이 된 사람이다. '구수왕'은 후대 근구수왕(재위 375~384)의 모델이 되는 왕으로서 초고왕과는 계열이 다른 백제의 '중간시조(중시조)'였다.

이와 유사하게 '구수왕의 아들'로 기록된 비류왕(재위 304~344) 역시 고이왕(재위 234~286)부터 다시 시작된 대방계 왕들(책계왕, 분서왕)과 다른 계통의 사람으로서, 그는 분서왕(재위 298~304)이 여러 왕자가 있었음에도 불구하고 평민출신으로서 백성들의 추대로 왕이 된다. 따라서 이들 두 왕(구수왕, 비류왕)의 공통점은 한사군 계열인 '대방'의 '구이(초고, 고이) 백제'로부터 새롭게 정권을 잡은 왕들임을 알 수 있다.

그럼 기존 '대방계'를 몰아내고 새롭게 왕이 된 '비류'는 어디에서 온 사람일까? 그는 대방계 왕들을 몰아낸 '말갈(왜)' 사람일 가능성이 높다.

비류왕이 등극한 304년 이후, 그동안 백제와 원수처럼 전쟁을 하던 낙랑과 말갈(동예, 왜)은 신기하게도 갑자기 공격을 멈춘다. 역사서에 백제가 이들을 정복했다는 기록은 없고, 대신 이들로부터 백제가 두 왕(책계왕, 분서왕)을 잃었다는 기록과 백제에 돌연 왕자들을 대신해 "평민 왕이 등극했다."라는 기록만이 있을 뿐이다. 따라서 백제는 비류로 대표되는 신흥 세력(낙랑, 말갈)에 의해 장악된 것을 알 수 있다.

백제가 '말갈(예, 왜)'의 관리하에 넘어간 사실은 다른 여러 가지 상황으로도 미루어 짐작할 수 있다. 마한 소국이었던 백제는 비류왕이 등극하면서부터 영서 지역 말갈(동예)과 같은 정치권에 들어가는데, 이는 약한 백제가 강한 말갈을 복속한 것이 아닌 말갈이 백제를 복속했기 때문으로 볼 수 있다(이기동, 김기섭, 이도학, 문안식).

또한 마한과 협력관계에 있던 '백제'가 비류왕 당시 금강을 넘어 호남평야 일대까지 마한 지역을 석권하게 되는데(이기동), 이는 한강 유역의 소국이자 마한 연맹의 일원이던 백제로서는 이해하기 어려운 행동이었다. 이러한 사실은 마한 연방이던 백제에 마한과 관련이 없는 새로운 세력이 유입되어 백제를 강하게 만든 뒤 마한과 대립했음을 설명하고 있다.

백제와 마한, 낙랑, 대방, 신라까지 제압한 '말갈(왜, 동예, 동부여)'은 그 근거지를 북부여와 가까운 함경도 지역에서 한반도를 다스리기 편리한 한강 유역 백제로 옮긴 것으로 보인다. 왜냐하면 말갈의 유입으로 강력해진 '백제'가 이 시기 과거 선비족에 밀려 자신들의 영토를 침입했던 만주 동부(간도)의 북부여를 공격하기 때문이다(《자치통감》).

만일 말갈(왜)이 '백제'를 중심으로 하지 않았다면 역사서에 북부여를 침입한 나라를 '백제'라고 기록하지 않고 '동예(동부여)' 또는 '옥저'로 기록했을 것이다. 따라서 백제가 북부여를 공격했다는 이야기는 당시 한반도 대부분을 장악한 말갈(왜, 예) 세력의 중심지가 백제였음을 뜻한다.

이 당시 백제는 한반도뿐 아니라 북부여를 동쪽으로 몰아내고 만주를 차지하며 고구려 북쪽에까지 세력을 뻗친 대제국이었다. 이는 다음 기록으로 확인할 수 있다.

"백제는 원래 고려(고구려)와 함께 요동 동쪽 1,000여 리에 있었다. 그 후 고려(고구려)는 요동지역을 점령하고 백제는 요서 지역을 점령

했다."《송서》(488년 완성)

이렇게 백제를 획기적으로 발전시킨 '말갈인(동예인) 비류'는 '새로운 백제'의 시조로 추앙받을 만했다. 이로 보건대 백제의 건국신화에 나오는 백제 건국의 주역인 '온조'와 '비류' 형제 중 '비류(沸流)'는 비류왕(比流王)을 의미하지 않나 한다.

백제 건국신화의 대략적인 내용은 다음과 같다.

"주몽은 두 아들을 낳았는데 맏아들은 비류라 했고, 둘째 아들은 온조라 했다. 주몽이 북부여에 있을 때 낳은 아들이 와서 태자가 되자, 비류와 온조는 태자에게 용납되지 못할까 두려워 마침내 오간, 마려 등 열 명의 신하와 더불어 남쪽으로 갔는데 백성들이 따르는 자가 많았다."《삼국사기》

상기 백제 건국 신화에 대해 학자들 사이에서 '실제 사건'이라기보다는 백제의 건국 역사를 비유적으로 기록한 '시조 형제 설화'로 보고 있다. 이 설화를 분석해 보면 다음과 같다.

먼저 '주몽'으로 대변되는 해모수계 '북부여'는 외부(요서)에서 유입된 뒤, 두 개의 부여를 요동에서 몰아낸다. 하나는 요동 북부에서 주몽의 아버지 해모수에 의해 동부로 옮겨간 해부루의 동부여(동예)이고, 다른 하나는 압록강 유역의 졸본에서 주몽의 아들 유리왕에게 밀린 졸본부여(백제) 세력이다. 이들 두 부여 세력은 각각 동부여(동예)는 비류로, 졸본부여(백제)는 온조로 비유되어 '형제'로 기록된 것으로 보인다.

이들 형제 중 비류가 형이고 온조가 아우인 이유는 비류가 부여에서 동쪽 함경도 지역 동부여로 먼저 갈라져 나왔고, 그 뒤 온조가 남쪽 한강 유역으로 갈라져 나왔기 때문일 것이다. 이들 두 형제는 모두 부여에서 갈라진 뒤 시간의 차이를 두고 한강 중류 백제로 모여든다.

즉, 부여에서 주몽이 남하하면서(BC 1세기) 압록강 유역 졸본부여를 장악하자, 그 땅의 온조 세력(졸본부여)이 먼저 한강 유역에 남하하여 터를 닦게 되고(BC 1세기), 이보다 앞서 동부로 옮겨간(BC 3세기?) 비류의 선조 세력(동부여)이 함경도 일대에서 수세기에 걸쳐 힘을 기르다 결국 백제(대방 백제)를 장악하여(AD 304) 새로운 백제(동예 백제, 왜 백제)를 세운 것으로 해석할 수 있는 것이다.

다시 태어난 비류백제는 만주의 부여(북부여), 함경도의 말갈(동부여), 경기도의 백제(남부여), 평안도의 낙랑, 경상도의 신라, 충청도, 전라도의 마한까지 아우르는 대(大) '예국(부여, 왜)'을 건설하게 된다. 이렇게 백제를 획기적으로 발전시킨 '비류'는 최초 이주자 온조와 더불어 백제의 시조로 여겨지게 된다.

9. 낙랑과 대방의 백제 유입

말갈(동예, 왜) 출신 비류왕이 백제를 점령하자 백제에는 여러 가지 문제가 발생한다. 말갈이 신라를 복속하고(298) 낙랑, 대방의 항복을 받고(300), 백제마저 결국 말갈(동예, 왜)의 손아귀에 넘어가자(304) 위기감을 느낀 고구려는 이를 견제할 필요가 있었다. 이에 고구려는 먼저 말갈에 항복한 평양 주변 낙랑을 침입하여 멸망시키고(313), 이어서 백제 북부에 있던 대방도 무너뜨린다(314).

고구려의 공격은 갓 백제를 정복한 말갈(동예)로서는 큰 부담이 아닐 수 없었다. 당시 말갈(예) 세력하에 있던 낙랑과 대방의 멸망(313, 314)은 신라에 많은 변화를 가져오기도 하지만 백제 역시 혼란에 빠지게 한다.

"(316년) 4월에 서울에서 우물이 넘치고, 그 속에서 흑룡(黑龍)이 나타났다."《삼국사기》

상기 사실은 313, 314년 고구려가 낙랑, 대방을 멸망시키면서 그 세력(흑룡)이 남하하여 백제에서 큰 영향력을 행사했음을 암시하는 것으로 보인다. 일반적으로 흑룡은 달갑지 않은 정권 교체를 뜻한다. 이 사건 후에 평민왕 비류의 '이복동생'으로 기록된 우복이라는 사람이 백제 최고관직인 '내신좌평'으로 임명되는데, 통상 '이복동생'은 실제 동생이 아니라 정치적으로 왕과 대등한 세력을 유지한 사람으로 해석된다.

이 비류왕과 대등한 권력을 가진 '우복'은 결국 327년 북한성을 거점으로 반란을 일으킨다. 우복이 백제의 북쪽인 북한성에서 반란을 일으킨 점이나 그의 성씨가 북방 성씨인 '우'씨였음은 그가 낙랑, 대방에서 남하한 사람으로서, 백제에 유입된 유민의 대표가 아닌가 추측하게 한다.

학계에서는 비류왕에 반기를 든 이 우복이 비류왕 이전의 백제 왕성인 '우씨' 왕족 출신으로서, 비류왕부터 시작되는 '부여씨'와는 다른 계열인 것으로 추정한다(문안식). 그렇다면 '우복'은 과거 고이(구이)왕 이후 백제를 장악했던 '대방계' 귀족으로 볼 수 있고, 비류왕은 그와 달리 동부여(동예, 말갈) 출신으로 볼 수 있는 것이다.

왕의 '이복동생' 우복이 반란을 일으킨 것은 비류왕과 우복이 서로 갈등관계에 있었음을 말한다. 우복은 낙랑, 대방 지역에서 남하하여 백제를 정복한 사람의 후손이고, 비류왕은 과거 한나라, 위나라 시기 낙랑의 속국이었던 말갈(동예, 동부여) 출신 왕이었기 때문에, 우복은 말갈(동부여)의 비류가 백제를 장악한 것에 불만이 있었을 것이다.

그러나 이 낙랑, 대방계 세력의 대표인 '우복'의 반란은 비류왕에 의해 진압되며(327), 이로써 말갈(예, 동부여)에 의한 한반도 지배는 조금씩 안정을 찾게 된다. 한편 백제와 같이 말갈(예)의 지배하에 들어간 과거 백제의 숙적 신라는 이 시기에 이전의 적대적이던 태도를 바꿔 백제에 사신을 보내 '예방'하며 백제(왜 백제)에 예의를 취한다(337). 이는 당시 백제를 중심으로 한 '예(왜)'가 한반도 남부까지 장악했던 사실을 뜻한다고 할 수 있다.

10. 왜 백제(伯濟)를 정복한 부여 백제(百濟)

백제(예 백제, 왜 백제)는 비류왕이 정권을 잡은 뒤 잠시 번영하나 이후 또다시 외부세력에 의해 왕권이 찬탈된다. 동부여(예, 왜)계 비류왕의 '둘째 아들'로 기록된 근초고왕(재위 346~375)이 등장한 것이다. 근초고왕 대에 이르러 백제는 한반도 남부의 마한을 다시 정복하고 (369) 가야에 영향력을 확대한다.

근초고왕이 백제(왜 백제)에서 세력을 확대할 수 있었던 원인은 만주 부여(북부여)가 요동 지역에서 선비족에게 거의 멸망당한 것과 관련이 있다.

백제와 고구려의 '부모의 나라'인 만주의 북부여는 285년에 중국 북방의 유목민인 선비족 모용씨의 침입에 의해 국왕 의려가 자살하고, 왕실이 두만강 유역의 북옥저 방면으로 피난하는 등 커다란 피해를 입은 적이 있다. 그러나 북옥저 방면으로 쫓겨 간 북부여는 한반도 남부를 장악한 왜 백제(예)의 공격에 의해 다시 선비족이 있는 곳과 가까운 요동 지역으로 이주하게 된다.

그런데 그곳에는 이미 선비족 모용씨 가문이 전연(前燕, 337~370)을 세우고 세력을 공고히 하고 있었기 때문에, 모용씨 전연은 자신들 옆으로 이주해 온 북부여를 다시 침략한다(346년). 이 침략으로 모용황은 부여왕과 부여 사람들 5만여 명을 포로로 잡아가는데, 이로 인해 부여는 거의 와해지경에 이르게 된다.

한편, 북부여가 선비족의 침입으로 결정적 타격을 입게 되는 346년에 한반도 중부에 있던 백제에서는 새로운 왕이 등극하는데, 그가 바로 백제를 고대 강국으로 발돋움시킨 근초고왕이다. 북부여의 와해와 근초고왕의 등극 사이에는 우연으로 보기 어려운 여러 가지 관련성을 찾아볼 수 있다.

백제(왜 백제, 동예 백제)에 의해 4세기 초 함경도 북부에서 서쪽 요하로 쫓겨 간 북부여는 근처에 있던 선비족(전연)의 재침으로 대혼란에 빠지게 되는데(346), 전란을 당한 부여 사람들은 동쪽이나 남쪽으로 피난을 갈 수밖에 없었다.

그런데 동쪽에는 자신들을 선비족의 대대적 공격을 받게 만든 '백제(왜 백제)'가 있었고, 남쪽에는 그들과 적대적이었던 고구려가 있었다. 한 가지 북부여인에게 다행인 것은 고구려가 342년 부여보다 먼저 선비족 모용씨에게 수도까지 빼앗기며 큰 피해를 입었던 것이다. 부여 사람들은 선비를 피해 약해진 고구려를 넘어(또는 서해 해변을 따라) 한반도 중부에 있던 '백제(伯濟)'로 피난하여 그곳을 장악하게 된다.

선비족에 의해 크게 무너진 고구려, 그리고 북부여의 남하로 혼란에 빠진 백제는 당시에 국력이 매우 빈약하여 이 당시를 기록한 중국 역사서 《진서(晉書)》 〈동이전〉 부분에서 빠져 있을 정도였다.

남하한 부여(북부여)의 유민들은 근초고왕을 위시로 한강 유역의 백제(伯濟, 왜 백제)를 점령하고 새로운 백제(百濟)를 건국하게 된다. '백제(伯濟)'가 아닌 '백제(百濟)'라는 국호는 이 시기 근초고왕이 북부여의 잔여 세력 '백여 가'와 함께 남하했기 때문에 국호 첫 글자를 '백(伯, 맏 백)'에서 '백(百, 일백 백)'으로 바꾼 것으로 볼 수 있다. 고구려가 백제를 이후 '백잔(百殘)', 즉 '백여 잔당들'이라고 비하해 부른 이유 역시 선비족에 망한 북부여의 '남은 자'들이 남하하여 세운 나라이기 때문으로 해석된다.

근초고왕이 북부여 출신이라는 사실은 중국 사료를 분석할 때 '백제'에서 '부여'를 왕의 성씨로 분명히 사용한 최초의 왕이 바로 근초고왕이라는 점, 그리고 근초고왕 바로 이전에 재위한 계왕(재위

344~346)이 왕이 된 지 불과 3년 만에 죽었던 점, 백제가 근초고왕 대에 비류왕 대에 이미 점령했던 한반도 남부의 마한을 다시 정복하고 가야에까지 세력을 넓힌 점, 백제(왜 백제)와 관련이 없던 요하 유역(요서)을 근초고왕이 점령한 점, 백제가 부여의 시조묘인 동명묘를 설치한 것이 4세기 중엽의 일인 점 등을 근거로 들 수 있다.

백제를 사실상의 고대국가로 발전시킨 그의 업적에 비해 현재 그에 관한 기록은 극히 부족하며, 《삼국사기》에는 그가 등극한 뒤로(346) 20년간 기록이 존재하지 않는다. 그로 인해 현재 그가 어떻게 임금이 되었는지 조차 밝히기 어려운 면이 있다. 이러한 사실들은 그가 북방 부여에서 이주해 와서 백제를 정복한 이주민 세력의 대표가 아닌가 하는 추측을 낳고 있는 것이다.

《일본서기》에는 일본군(왜군)이 근초고왕 재위 당시인 369년 백제 군과 연합하여 한반도 남부 마한을 정복한 뒤, 그 땅을 백제에 '하사' 했다고 기록하고 있다. 그러나 당시 일본은 백제에 남하한 부여계 사람들에 비해 군사력이 월등히 약했기 때문에, '하사'했다는 내용은 사실로 보기 어렵다. 대신 당시 선비족에 밀린 북방 기마민족(북부여) 사람들이 한반도에 남하하여 백제(왜, 말갈)를 정복하고 마한을 물리치는 것으로 해석해야 한다.

이 당시 만주 지역 북부여 세력이 서울(한성) 부근의 백제를 차지하며 백제의 주인인 말갈(동부여, 예)을 물리친 사실은 무덤 양식이 4세기 후반 갑자기 바뀌는 것으로 증명된다. 백제가 있던 서울(한성) 지역에 바로 이 시기에 과거 보이지 않던 만주 지역 고분 양식(석실적석총)이 나타난다(박순발).

이들 만주 지역 부여(북부여)는 마한을 물리친 이후 일본으로 건너가 왜(일본 부여)를 정벌하게 되는데, 북부여 기마족은 369년 일본의 왜의 대화(大和) 정권을 정벌하고 6세기 초까지 왕권을 장악하며 일본 문화를 꽃피우게 된다(존 카터 코벨).

근초고왕(재위;346~475) 당시 부여 사람들이 일본을 점령한 상황은 여러 측면에서 알 수 있다. 일본에서 4세기 후반 역사가 기록되어 있지 않은데, 이는 4세기 후반에 일본에서 커다란 정변이 있었음을 뜻한다. 문화적 측면에서는 4세기 후반에 이전의 주술적 문화가 사라지고 실용성과 귀족성, 군사적 성격을 강하게 띠는 북아시아 문화가 등장하게 된다. 백제는 이 시기 이후 아직기, 왕인을 비롯한 전문직 사람들을 대거 일본에 파견하게 된다.

《일본서기》에 4세기 근초고왕 당시(369) 일본(왜)이 바다를 건너와 신라 7국을 정복했고 마한 지역을 정복하여 근초고왕에게 하사했다는 기록은 근거가 희박하여 국내외 여러 학자들로부터 진실성을 의심받고 있다. 이러한 기록과 근거를 토대로 다시 《일본서기》 내용을 분석해 보면 다음과 같다.

346년 북부여에서 선비족에 의해 쫓긴 세력이 한반도로 남하하여 백제를 정복하고(근초고왕 등극, 한강 유역 북방계 장묘 등장), 이어서 또 다른 북부여 세력이 전연의 붕괴와 더불어 한반도로 남하하여(369년) 백제 근초고왕과 함께 신라를 정복하며(석씨 몰락, 김씨 나물왕 세력의 등장, 중국과 통교), 전연에서 피난 온 북부여 사람들이 일본(왜)으로 건너가 일본마저 점령하면서 과거 일본에는 없던 북방계 문화가 전파된 것으로 파악할 수 있다.

따라서 《일본서기》에 일본(왜)이 근초고왕에게 '하사'했다는 마한 지역은 사실 346년 먼저 남하한 근초고왕과 369년 남하한 전연계 북부여 사람들이 같이 힘을 합쳐 정복한 지역으로 볼 수 있다.

백제의 근초고왕은 북부여(전연 부여)가 신라를 정복할 당시 장군 목라근자를 보내 새로 남하한 북부여(전연 부여)를 돕는데(《일본서기》에는 '왜'를 도왔다고 기록함), 이는 전연에 쫓긴 북부여 세력과 근초고왕의 백제가 같은 세력(동포)이었음을 뜻한다.

따라서 이 시기부터 백제와 신라, 마한, 진한, 가야, 왜 등의 한반도와 일본열도 국가는 북부여계 이주민 정복자들의 세력하에 들어가게 되며, 과거의 왜(동예, 말갈) 연맹은 와해되어 버린다. 이로 인해 한때 한반도를 호령했던 동예(말갈, 왜) 세력은 다시 함경도, 강원도, 경상남도, 일본 서부 지역으로 축소되고, 그 땅은 백제(북부여 백제)와 고구려의 영향 아래 놓이게 된다. 이 당시 많은 '왜(예)' 사람들이 일본열도로 넘어가게 되는데, 4세기 말 한반도로부터 일본열도로의 이주는 그 규모가 매우 컸었던 사실이 일본 학계에서 밝혀진 상태이다.

북부여의 남하와 더불어 왜(예)의 중심지가 한강 유역 백제에서 일본으로 점차 바뀌게 된다. 당시 일본의 중심은 여전히 한반도와 가까운 구주(九州) 지역이었지만(천관우, 이근우), 일본 중서부 지역 근기(近畿) 지방의 대화(大和) 정부는 3세기 말부터 유입된 이른바 '도래인(바다를 건너온 외래인)'들의 영향을 많이 받게 되며 4세기 초부터 통일국가시대를 열게 된다. 이는 비류왕(재위 304~344) 이전부터 시작한 '한반도 왜(동예)'의 확장 정책과 뒤이어 지속되는 근초고왕의 백제(마한) 점령, 신라를 정복한 부여(전연 부여)의 일본 진출과 관계 있는 것으로 볼 수 있다.

왜(일본 부여)는 4세기 말 전연계 북부여 기마족의 유입과 더불어 국력이 획기적으로 발전하게 된다. 왜(일본 부여)는 그동안 자신들과 세력을 겨루던 백제가 고구려의 침입으로 약해지자 백제를 장악하며 (391) 이에 백제는 태자 전지를 일본(왜)에 인질로 보내고(397), 신라 역시 나물왕의 아들 미사흔을 일본에 인질로 보내게 된다(402).

이후로도 강해진 일본(왜 부여)의 국력은 한반도 남부에 미치게 되어 일본 왕(왜왕)은 425년 중국 남조에 사신을 보내 스스로를 '왜, 백제, 신라, 임나, 진한, 모한(마한?)' 여섯 나라를 다스리는 왕으로 소개한다. 중국 남조(송나라)에서는 처음에는 이를 인정하지 않지만, 이후 451년에는 백제를 제외한 나머지 지역의 왕으로 인정하고 있다.

한편, 중국 송나라에서 5세기 초 백제왕은 '대장군'으로, 왜왕은 '장군'으로 임명한 것에서 알 수 있듯이 당시 백제가 4세기 말 비록 일시적으로 왜(일본 부여)에 눌려 있었으나 고구려에 의해 왜(일본 부여)의 세력이 한반도에서 크게 약해진 뒤 다시 국력이 회복되어 객관적으로 왜(일본 부여)를 앞섰던 것을 알 수 있다.

11. 백제의 본토 회복 노력 - 요서 진출

이러한 맥락에서 보면 한국사의 미스터리인 '백제의 요서 진출' 역시 해석이 된다. 백제는 북부여계 근초고왕이 백제를 점령한 이후 요서 지역에 대한 공격을 가시화한다. 백제의 요서 공략과 관련하여 우리가 특히 눈여겨볼 점은 중국 북부를 점령했던 전연(337~370)과 백제 사이의 관계이다.

모용 선비족 국가인 전연(前燕)은 346년 북부여를 침공해 왕을 포함해 5만 명을 포로로 잡아간 '부여'의 '원수'였다. 따라서 전연은 당시 전란을 피해 한반도에 남하하여 정권을 잡았던 북부여 사람 '근초고왕'의 원수이기도 하다. 즉 백제와 전연과는 전쟁을 불사할 만큼 원한관계에 있었던 것이다.

4세기 초 모용씨의 전연은 서쪽에는 전진, 동쪽에는 고구려와 대립하고 있었다. 그런데 전연은 중원을 정복하기 전에 배후의 위험 세력인 고구려를 대대적으로 침공해 수도를 파괴하고 큰 피해를 입힌다(342). 그리고 이어서 부여를 침공해 부여를 거의 멸망 상태로 만들어 버린다(346년).

이렇게 전연이 부여를 침공해 무너뜨리던 해(346년) 한반도 중부 백제에는 '부여계' 왕인 근초고왕이 정권을 잡게 된다. 근초고왕이 부여에서 내려와 백제(왜 백제)를 어렵게 장악할 무렵, 전연의 붕괴로 혼란에 빠진 북부여(전연 부여)에서 새로운 세력이 한반도로 이주한다.

근초고왕은 이들과 함께 남부 왜 연맹인 마한과 신라를 정복한다(369). 이어서 얼마 후 중국에서는 서쪽의 전진이 동쪽의 전연을 공격하여 결국 멸망시키자(370) 백제(부여 백제)는 기회를 틈타 요서 지역을 점령하게 된다.

요서 지역은 당시 백제로 이주한 부여인들이 자신들의 조상들의 땅인 요동을 고구려로부터 되찾기 위한 전진기지였다. 이로써 근초고왕의 백제(부여 백제)는 한반도에서 왜 연맹을 몰아내고 중국에서 요서를 장악한 대국이 되었으며, 같은 시기 요동을 차지한 고구려를 요서와 한반도에서 압박하게 된다.

이렇게 4세기 한반도와 일본이 혼란에 빠지게 된 원인은 중국 '전연'의 멸망과 관계가 깊다. 당시 중국에서는 남쪽의 동진과 북쪽의 전연(부여를 멸망시킨 모용씨 왕조)이 수차례에 걸쳐 전쟁을 하고 있었다.

중국 남조 왕조인 동진(317~419)은 중국 남부를 안정시킨 뒤 지속적으로 북벌을 감행한다. 그중 '369년' 공격에서 전연 군을 연이어 무찌르며 전연 왕을 크게 당황하게 만든다. 전연 왕은 다급한 나머지 서쪽의 전진에 사자를 보내 구원을 요청하는데, 전진은 병사 2만 5,000명을 전연에 파견하게 되고, 이에 전연은 간신히 기사회생한다.

그런데 전쟁 이후 전연의 귀족 내부에서는 격렬한 다툼이 일어난다. 이 과정에서 전연의 핵심 인물인 모용수 장군이 전진에 투항하고 전진은 이를 계기로 모용수를 앞세워 전연을 공격하여(369) 결국 수도를 함락하고 전연을 멸망시킨다(370).

이렇게 369년 동진과 전진의 전연에 대한 공격은 전연으로 하여금 거의 망하기 직전에 이를 정도로 타격을 준다. 이로 인해 당시 전연의 세력하에 있던 부여와 고구려 역시 위기감이 커지게 되고, 전연의 위기를 피해 다수가 한반도로 남하했던 것이다. 특히 전연으로 잡혀 온 많은 부여 유민과 요하 유역의 부여 사람들은 동진의 공격이 지속되고 전연의 중요한 장군인 모용수마저 전진으로 투항하자 크게 위기감을 느끼게 된다.

따라서 이러한 위기 상황을 피하기 위해 부여 사람들은 이미 한반도 중부를 장악하고 있던 근초고왕에게 의탁하기 위해 한반도로 대거 남하하게 되는데, 백제가 황해도 지역(치양)에서 고구려와 충돌을 빚은 사건(369)은 이러한 이주 과정에서 벌어진 갈등으로 추정된다.

전연의 멸망과 더불어 한반도에 많은 수의 망명인이 유입된 사실은 다음 기록으로 알 수 있다.

> "(370) 진(전진)의 왕맹이 연(전연)을 정벌하여 이를 무너뜨렸다. 연(전연)의 태부 모용평이 (고구려에) 도망해오자 왕이 잡아서 진(전진)으로 보냈다."《삼국사기》

> "385년 겨울 11월에 연(후연)의 모용농이 병력을 거느리고 침략해와서 요동·현도 2군을 다시 차지했다. 처음에 유주와 기주(현 하북성일대)의 유민이 (고구려에) 많이 투항해 오므로 모용농이 범양, 방연으로 요동 태수를 삼아 이들을 불러 어루만지게 했다."《삼국사기》

위 기사들은 전연이 멸망할 당시(370) 중국 동북 지역에서 많은 유민이 고구려와 한반도로 이주해 왔음을 뜻한다.

당시 중국 유주(북경 일대)의 유민이 대거 고구려로 투항한 증거는 현재 북한의 '덕흥리벽화고분'을 통해 확인할 수 있다. 덕흥리 고분 벽화에는 북경을 포함한 하북성 일대의 광활한 땅을 다스리던 '유주자사 진(鎭)'의 초상이 그려져 있는데, 그는 자신이 죽었을 때(408) 과거 유주자사로서의 영화롭던 시기를 무덤 벽화로 남기고 있다.

이렇게 중국의 혼란과 더불어 한반도로 이주한 전연 사람들 가운데 북부여 출신 사람들은 고구려와 적대적이었기 때문에 고구려보

유주자사를 지냈던 진(鎭)이 하북성 일대 유주 태수들로부터 배례(拜禮)를 받고 있는 모습《북한화보집》, 북한 평안남도 덕흥리, 1999.

다는 남쪽 백제(북부여 백제)로 이주한 사람이 많았을 것이다. 따라서 전진과 전연의 전쟁에 말려들지 않으려는 많은 '북부여' 사람들이 대거 한반도로 남하했으며, 같은 부여계 왕인 백제 근초고왕은 자신에게 의탁한 많은 전연계 북부여인에게 영토를 제공해야 할 의무가 생긴다.

이로 인해 근초고왕은 전진에서 이주해 온 북부여 세력과 함께 한반도 남부 소국들을 정복하게 된다(369). 이때 근초고왕은 마한을 차지하게 되고, 신라는 이를 막기 위해 고구려와의 관계를 강화한다. 한편 북부여에서 남하한 세력은 마한과 신라를 뒤로하고, 가급적 중원의 침략으로부터 자유로운 땅인 일본열도로 이주한 뒤 새로운 부여(일본 부여, 왜)를 건설하게 된다.

따라서 백제가 근초고왕 당시 요서를 점령할 수 있었던 이유는 중

국의 혼란과 더불어 요서 지역
의 부여 주민들이 대거 백제로
유입되었고, 북부여 출신 백제
왕들 역시 '본토'인 요하 유역을
회복하기 위해 노력을 했기 때
문에 가능한 일이었다.

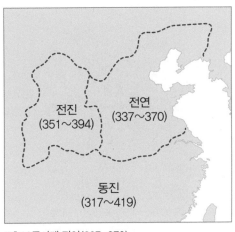

5호16국시대 전연(337~370)

《양서》〈백제전〉에 "진(晉,
265~420)나라 때 백제가 고구
려의 요동 지배에 대응해 요
서·진평 두 군을 점령하고 그
땅에 백제군을 설치했다."라고 기록한 것은 당시 근초고왕 혹은 근구
수왕이 부여의 원수였던 전연을 서쪽의 전진과 함께 요서 지역에서
물리친 사실을 기록하고 있다.

백제가 성공적으로 전연 땅이었던 요서 지역을 차지할 수 있었던 또
다른 원인 중 하나는 346년 당시 전연에 포로로 잡혀갔던 '근초고왕의
동포'인 5만여 명 '부여계' 유민의 도움이 있었기 때문이기도 하다.

실제로 전연에 잡혀간 부여계 유민은 전연을 멸망시키는 데 큰 공
을 세우게 된다. 370년 전진이 전연의 수도 업성(鄴城, 현 하북성 경내)
을 포위했을 때 당시 연나라(전연) 산기시랑 관직을 맡았던 부여 왕자
여울(余蔚)은 인질로 와 있던 부여인, 고구려인 궁정 숙위(호위) 귀족
500여 인을 이끌고 밤에 업성 북문을 열어 전진 병사들이 성안으로
들어올 수 있게 한다(《자치통감》). 이로 인해 수도 업성은 함락되고 연
나라(전연) 왕 모용위는 용성(조양)으로 도망가던 중 전진 병사에게

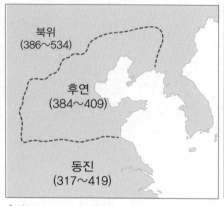

북위
(386~534)

후연
(384~409)

동진
(317~419)

북연
(407~436)

북위

남연
(398~410)

동진

후연(384~409), 북연(407~436)

잡혀 포로가 된다.

이렇게 부여와 고구려 유민의 도움으로 전연이 멸망하자, 부여와 고구려는 기회를 틈타 옛 전연의 땅이었던 요하 유역을 차지하여 고구려는 요동을, 부여(백제)는 요서를 점유했던 것이다. 그런데 백제가 요서 지역을 점령한 기간에 대해서는 의문이 남는다.

전연이 멸망한 370년 이후 백제가 요서를 차지한 뒤 옛 전연 땅은 전연을 이은 후연(384~ 409)이 들어선다. 이때 후연은 요서, 요동에 대한 관리를 강화시킨다.

그렇다면 요서에 있던 백제는 370년대 초부터 385년 사이의 10여 년이라는 짧은 지배를 마치고 요서의 지배권을 후연에게 넘긴 것이 된다. 그런데 중국 역사서에는 백제의 세력이 중국 북방에서 건재한 것으로 기록하고 있다. 425년 중국 남방의 송나라 태조가 백제에 다음과 같이 국서를 보낸다.

"황제는 '사지절, 도독 백제 제군사 진동대장군 백제왕'에게 문안 인사 드립니다. (중략) 멀리 서쪽 융(戎, 흉노) 사람들까지 모아 다스리고, 마침내 조상의 업적을 완수했습니다."《송서》

위 기록에서 '서쪽 융(서융) 사람들'은 중국 북방 흉노계(선비계) 사람들을 말하는데, 당시 백제가 그들을 다스렸다는 점은 백제의 영향력이 고구려 서쪽까지 미쳤다는 의미로 해석할 수 있다. 이는 백제가 단지 '동이' 국가가 아닌 '중국 북방'을 경영했던 국가였음을 말하고 있다.

5세기 초 중국 남조 송나라는 백제를 '대국'으로 여겨 백제왕의 작위를 '대장군'으로 내리고, 한반도 남부와 일본열도를 차지하고 있던 왜국의 왕은 이보다 낮은 '장군'으로 부여하고 있다. 이는 백제가 한반도 남부의 소국이 아닌 중원을 다스리던 당시의 동아시아 주요 국가였음을 뜻한다. 이러한 사실은 백제가 요서에 대해 10여 년이라는 짧은 기간 동안 지배권을 가진 것이 아니라 그 후에도 지속적으로 중국 북방에 영향력을 미쳤음을 뜻한다.

12. 일본 부여(왜)와 고구려의 전쟁

《삼국사기》 기록상의 '왜'가 한반도에서 일본으로 넘어가는 시기는 대체로 부여가 선비족(전연)에게 붕괴되고(346) 한반도와 일본열도로 대거 이주하는 4세기 후반부터로 볼 수 있다.

특히 전연이 전진에 의해 대대적인 공격을 당하던 369년에 부여는 또다시 남하하여 백제 근초고왕과 연합하여 한반도 남부를 부여 세력하에 두고, 결국 일본으로 건너가 왜[大和] 정권을 장악한다. 일본 역사는 이 부여가 왜[大和]를 완전히 정벌한 이후인 5세기부터 제대로 기록되기 시작한다.

5세기 초 일본은 비로소 한자를 사용하여 자신들의 역사를 기록하게 되는데, 이때 일본의 역사는 백제(부여)계 후손들이 주로 담당하여 집필되며, 그들은 자신들(부여 백제)의 선조가 한반도 내에서 펼친 활동을 왜(일본 부여) 중심으로 엮게 되고, 그로 인해 일본 고대 역사에는 많은 왜곡이 있게 된다.

4세기 후반 말을 타고 한반도와 일본열도의 수많은 소국을 점령했던 부여(백제) 전사들은 한반도의 강성한 국가였던 고구려, 신라 등을 어렵게 통과하고 마지막으로 일본열도를 장악한 뒤, 자신들이 거쳐 왔던 한반도에 대한 지배권을 확립하기 위해 일본에서 많은 군사들을 한반도로 동원한다. 이들이 바로 우리가 일반적으로 인식하고 있는 '왜', 곧 일본열도에서 한반도를 공격하는 사람들의 기원이라고 볼 수 있다.

그러므로 대체로 《삼국사기》에 등장하는 '왜'는 근초고왕(4세기) 이전에는 '동부여(동예)'를 중심으로 한 한반도 동부 주민을 말하고, 4세기 후반 이후에는 한반도 남부 및 일본을 점령한 북부여(전연 부여)를 뜻한다고 볼 수 있다.

4세기 후반 백제 사람들은 자신들이 동아시아의 중심국이라는 생각을 갖게 된다. 그들은 과거 선비족의 주도하에 중원에서 활동하던 사람들로 비록 중원은 빼앗겼지만 여전히 중국 북방에 대해 영향력이 있었고, 한반도에서는 동부여(동예)계 국가들인 비류 세력과 신라의 석씨 세력을 몰아냈으며, 일본에서 왜를 장악한 사람들이었다.

백제는 369년 고구려와의 전쟁에서 승리한 뒤 세상의 중심을 의미하는 '황색 깃발'을 사용하기 시작한다. 이는 백제가 고구려뿐 아니라 한반도 남부, 일본, 그리고 중원의 '전연'의 땅이었던 동북 지역(요서)까지 세력을 확장한 동아시아 최강국이 되었음을 천명한 것이었다.

백제가 이렇게 강성해지자 고구려는 백제와 국경 지역인 옛 대방 지역(경기북부, 황해도 지역)의 주도권을 놓고 이후 거의 10년 간 치열한 전쟁을 벌이게 된다.

그런데 백제가 고구려와 전쟁을 벌이는 사이, 과거 한반도를 다스렸던 동부여(동예, 왜)와, 한반도에서 남하한 세력인 '왜(일본 부여)'는 한반도에 대한 지배권을 다시 차지하기 위해 노력한다.

먼저 북부여계에 의해 밀려난 한반도 동북부의 동부여(동예, 말갈)의 영토회복 노력을 살펴보면 다음과 같다.

한강 유역 백제에서 근초고왕이 동부여(동예, 왜)를 몰아내고 점령하자(346) 동부여(동예) 사람들은 자신들의 기원지인 한반도 동북으로 위축된다. 그러나 그들은 다시 꾸준히 실력을 길러 40여 년 만에 백제를 공격하기 시작한다(387). 그들은 백제뿐 아니라 왜(동예)계 석씨에서 낙랑계 김씨로 넘어간 신라 역시 공격하기 시작한다(395).

그러나 동부여(동예, 말갈)의 한반도 영토회복 노력은 고구려의 공격에 의해 멸망하면서(410) 소멸된다. 이후 말갈(동부여)은 비록 한반도 남부 국가를 다시 공격하지만(481년 신라 공격, 482년 백제 공격), 이는 고구려의 영향 아래 진행된 공격이었을 뿐 자주적으로 독립하지 못하게 된다.

4세기 말 동부여(말갈, 동예)가 한반도 영토회복을 위해 노력할 당시에 또 다른 한반도 진출을 꾀하던 세력이 있었는데, 바로 북부여의 공격으로 일본열도 서부로 대거 이주한 '왜(일본 부여)'였다.

한반도에서 일본열도로 이주한 '왜인(예인)'들은 자신들의 고토에 대한 그리움이 컸을 것이다. 그들은 일본열도에서 어느 정도 세력을 확보한 뒤 다시 한반도로 관심을 기울여 4세기 말부터 활발한 정복활동을 시작한다.

당시 이들(일본 부여, 왜)의 한반도 점령 과정과 고구려와의 전쟁 사실은《삼국사기》에 기록돼 있지 않지만 〈광개토왕비〉에는 다음과 같이 기록하고 있다.

- 391년: 왜(일본 부여)가 건너와 백제(백제 부여)를 깨뜨리고, 신라를 신하로 삼았다.
- 396년: 광개토왕이 친히 군을 이끌고 백제를 토벌했다. 이에 백제왕이 포로 1,000명과 좋은 천 1,000필을 바치면서 왕에게 항복했다.
- 399년: 백제가 맹세를 어기고 왜(일본 부여)와 서로 통했다. 신라왕이 신라에 가득 찬 왜인(倭人)을 몰아내 줄 것을 고구려에 부탁했다.
- 400년: 광개토왕이 보병과 기병 도합 5만 명을 보내어 신라를 구원하게 했다. 신라 수도에 이르니 왜군이 가득했는데, 고구려군을 보고 퇴각하여 임나가라에 이르니 항복했다. 신라 내물왕(매금)이 (스스로 와서) 조공했다.

- 404년: 왜(倭)가 법을 어기고 대방 지역(경기 북부)에 침입했다. (왜구를) 참살한 것이 무수히 많았다.
- 407년: 왕의 명령으로 보군과 마군 도합 5만 명을 파견하여 (왜군을) 모조리 살상하여 분쇄했다.
- 410년: 동부여(동예)를 치기 위해 왕이 친히 군대를 끌고 가 토벌했다. 고구려군이 여성(餘城)에 도달하자, 동부여의 온 나라가 놀라 두려워하여 (투항했다).

이렇게 한반도 남부의 주도권을 장악하기 위한 고구려와 왜(일본부여), 말갈(동부여)의 전쟁이 391년 이후 20년 가까이 지속된다. 이들의 전쟁 속에 고구려에 타격받은 백제와, 왜에 타격받은 신라는 사실 고구려와 왜 중 어디에 의지할까 고민할 뿐 자신들의 미래를 스스로 책임질 만한 국력이 없었다.

당시(4세기 말) 한반도를 넘어 고구려와 대항했던 '왜(일본 부여)'가 어디에 있었느냐에 관해 가야설, 일본 서부 북구주(北九州)설, 일본 중서부 기내(畿內)의 대화 정권설 등 다양한 설이 존재하고 있는데, 정확히 알 수는 없지만 한반도 남부에서 일본 서부에 퍼져 있었던 것으로 볼 수 있다.

한 가지 참고할 만한 점은 '왜'의 중심지가 처음부터 경도(京都), 대판(大阪) 등 일본 고대 역사의 중심지인 중서부(기내)에 있었던 것이 아니라 4~5세기에는 한반도와 가까운 구주(九州)에 있다가 6세기 이후에 기내 지역 대화 정권으로 넘어갔다는 점이다(천관우, 이근우). 따라서 당시 한반도를 뒤흔들던 '왜'는 '일본의 역사'로 한정짓기보다는 한반도에서 넘어가 구주를 근거지로 하여 일본과 한반도를 아우르던 해상 연합국으로 보아야 할 것이다.

이 시기 이후 한반도 남부 국가들(백제, 신라)은 고구려의 남진정책과 왜의 북진정책 사이에서 때로는 고구려에 인질을 보내기도 하고 때로는 왜에 인질을 보내기도 하면서 국가를 유지해 가게 된다.

386년~618년까지 역사가 기록된 《북사(北史)》에는 "신라, 백제가 모두 왜를 큰 나라로 여기고 있었다."라는 기록이 있는 것도 5~6세기 백제와 신라의 '왜'에 대한 입장과 무관치 않다.

13. 선비인들의 백제 정권 장악

'부여씨'인 근초고왕이 정권을 잡은 346년 이후 전연의 쇠퇴와 더불어 북부여 유민의 두 번째 이주가 있었다(369). 그 뒤로 백제는 고구려와 왜(일본 부여) 사이에서 세력을 유지하는데, 그러던 중 455년 백제에는 이상한 일이 벌어진다. 그해 백제의 비유왕이 의문의 죽음을 당한 것이다.

그가 사망하기 직전에 한강에 검은 용이 출현하는데, 이는 비유왕이 자연스런 죽음이 아닌 모종의 정변에 의해 죽었음을 뜻한다. 한강을 통해 '불길한 세력'이 한성 백제에 침입하여 정권을 장악한 것이다.

비유왕이 의문에 쌓여 숨진 뒤 그의 큰아들 개로왕(재위 455~475)이 즉위한다. 그런데 그는 왕임에도 불구하고 20여 년이 지나도록 그의 아버지 비유왕의 시신을 맨땅[露地]에 방치한다.

왕이었던 아들이 아버지 묘를 맨땅에 20년 이상 가매장한 사실은 개로왕이 왕이 되는 과정이 순탄치 않았음을 말한다.《삼국사기》에 개로왕이 즉위한 뒤 14년까지 내용이 없는 것으로 보아 개로왕이 그 기간 동안 '검은 용'으로 비유되는 세력과 갈등했음을 알 수 있다. 이러한 사실은 비유왕이 정변에 희생되었고 그와 더불어 백제에 큰 혼란이 있었음을 암시한다.

그렇다면 455년 백제를 혼란에 빠뜨린 '검은 용'은 어떤 세력일까? 그 세력은 당시 중국 북방을 지배하던 '모용 선비계' 사람들, 특히 전연 이후로(337) 북연의 패망까지(436) 100년 간 중원을 다스리던 모용 선비족의 멸망과 관련이 있다. 그들은 중원에서 세력을 잃고 대거 고구려에 망명한 뒤 점차 한반도 남쪽으로 세력을 넓히게 된다. 그러한 과정에 대해 기존 한국 사학계에서는 거론한 적이 없기 때문에 아래의 여러 가지 근거를 제시하여 설명하도록 하겠다.

선비계 왕조 '북연'의 고구려 투항

전연, 후연에 이어 요서 지역에 들어섰던 모용 선비계 국가 북연(407~436)은 북위의 공격에 멸망하고 왕을 포함하여 고구려에 투항하게 된다(436). 이들의 유입으로 고구려는 국력이 이전보다 크게 확대되어 중국 북방의 강국 북위에서는 고구려를 당시 동북아 최강국 중 하나로 여기게 된다《위서》.

이렇게 고구려를 강성하게 만든 북연의 왕 풍홍(馮弘)은 고구려에 투항한 이후 고구려가 자신들을 소홀히 하자 불만이 많았다. 이로 인해 그는 결국 고구려를 배반하고 중국 남조인 송(420~479)나라에 의

탁하려 했지만, 그의 거만한 태도에 불만이 많던 고구려 장수왕은 그를 제거해 버린다(438). 따라서 풍홍을 따라왔던 선비계 북연 사람들의 고구려 내에서의 입지는 더욱 좁아졌고 고구려의 정책에 불만이 많게 증가하게 된다.

북연이 망하기 전에 있던 요서 지역은 원래 4세기 근초고왕(재위 346~375) 당시 백제가 점령했던 땅이었으므로, 5세기 그곳에 도읍한 북연 사람들은 백제와도 관계가 깊은 사람들로 볼 수 있다.

그런데 고구려가 '왜(일본 부여)'의 거듭되는 침략으로 한반도 남부가 전란에 휩싸이고 당시 고구려의 최전방이었던 신라에 자신들을 배치시키자 기회를 틈타 고구려를 배신하게 된다. 그들은 '왜'를 견제하기 위해 신라로 파견되었지만 결국 신라를 전복하고(453년 이리떼의 시림 진입), 이어서 고구려의 침입을 막기 위해 백제 왕실까지 장악하면서(455년 백제 한강에 검은 용 출현) 한반도에서 '모용 선비(북연)'의 세력을 확장해 간다.

이 일련의 과정은 비록 필자의 추정이지만 이어지는 선비계 세력의 신라와 백제에서의 활동을 감안할 때 개연성이 높다고 할 수 있다.

신라는 이 시기 백제에 침입한 고구려를 막기 위해 그간 맹방이었던 고구려를 배신하고 처음으로 백제에 지원군을 보낸다(455년). 이는 신라가 반고구려 세력인 모용 선비 세력에 의해 장악되었기 때문에 같은 반고구려 국가인 백제를 도울 수 있었던 것이다.

'여' 씨에서 '모' 씨로 바뀐 백제왕들

근초고왕 이후로 백제의 왕들은 '(부)여' 씨였다. 그런데 고구려에 선비족이 유입된 이후(455년) '모'씨 성을 가진 왕들이 등장한다. 모씨는 선비계 모용씨를 한국식으로 바꿔 부른 것으로 볼 수 있다.

455년 부친의 의문의 죽음과 함께 등극한 개로왕은 결국 고구려의 공격에 목숨을 잃는다(475). 그런데 그가 대권을 이어 준 사람은 과거 백제왕의 성씨인 '(부)여'씨가 아닌 '모'씨인 '모도(牟都)'라 불리던 문주왕이었다.

문주왕 모도는 개로왕의 아들인지 동생인지 명확하지 않은데, 이는 그가 개로왕과 큰 관련이 없는 외부인임을 암시한다. 그는 집권 4년 만에 부여의 왕족 성인 해씨 성의 해구에게 피살된다. 그런데 문주왕을 이어 해씨가 내세운 삼근왕은 13세에 즉위했다가 15세에 의문의 죽음을 당하고 만다. 이렇게 백제 왕실에 '부여'씨와 '모(용)'씨가 갈등하던 사이, 문주왕(모도)의 조카인 모대(牟大), 즉 동성왕(재위 479~501)이 일본(왜)로부터 파견되어 백제의 왕이 되면서 백제는 모씨 선비족 세력의 영향권 아래 들어가게 된다.

백제 역사상 처음으로 '모'씨로 등장하는 문주왕은 '모도'라고 불리기도 했지만 백제의 전통 왕족 성씨인 '여'를 성으로 하여 '여도(餘都)'로도 불린다. 그의 동생이자 왜(일본 부여)를 장악한 곤지의 아들인 동성왕 역시 '모대' 또는 '여대(餘大)'로 불리기도 했는데, 모두 '모'씨를 '여'씨로 바꾸어 부르고 있는 것을 알 수 있다.

이는 백제의 왕족 성씨가 '(부)여'이므로 '모'씨가 왕이 된 후 '(부)여'로 바꾸어 부른 것을 뜻한다. 이렇게 외부인이 왕이 된 후 자신의 성씨를 기존 왕의 성씨로 바꾸는 경우는 한국 고대사에서 흔히 볼 수 있는 현상이다.

여기에서 중요한 사실은 문주왕의 동생이자 동성왕의 아버지인 '곤지'에 관한 일본 측 기록 내용이다.《일본서기》에는 곤지가 '개로왕의 아들'로 나오는데, 그렇다면 개로왕 역시 '모'씨 성을 가진 왕이었다는 말이 된다. 그러나 개로왕과 후대 일본 왕이 되는 곤지왕(문주왕의 형제이자 동성왕의 아버지)은 혈연관계 사이가 아닌 양아들, 혹은 의형제 관계로 보아야 한다. 이는 개로왕의 친아들은 '여씨(무령왕)'인데 비해 곤지계 왕들(문주왕, 동성왕)은 '모씨'로서 서로 구분되기 때문이다.

곤지는 개로왕을 도와 왕이 될 수 있도록 한 '외부 세력'의 대표로 볼 수 있는데, 그 이유는 그의 성씨가 선비계 '모씨'였다는 점 외에, 그가 받은 관직명이 선비계 호칭인 '좌현왕'이었다는 점, 그가 개로왕에 버금가는 최고 군사권을 가지고 있었다는 점 등을 근거로 들 수 있다.

백제에서 곤지를 이은 선비계 '모'씨 왕은 문주왕(모도), 동성왕(모대) 두 명에 해당한다. 그 뒤로는 개로왕(여경)의 친아들인 무령왕(여융)이 다시 기존 왕의 성씨인 '여'씨를 이어가게 된다.

무령왕은 원래 개로왕(여경)의 아들로 그의 어머니가 그를 임신한 채 곤지와 함께 일본으로 가다 섬에서 낳게 되어 사마(섬)라는 이름을 갖게 된다.

선비계 곤지가 461년 왜(일본)으로 갈 때 개로왕의 아들(무령왕)을 임신한 왕비를 데리고 간 이유는 역사서에는 고구려의 공격으로 백제의 대가 끊어질 것을 우려한 개로왕의 자발적인 행동이었다고 한다.

그러나 무령왕의 어머니는 정황상 곤지에게 인질로 갔을 가능성이 높다. 곤지는 대외적으로는 개로왕을 왕으로 내세웠으나 실질적 군권을 장악하고 있었던 백제의 실세였으므로, 그가 왜로 갈 때 개로왕의 자손을 인질로 데리고 갔을 것이다.

일본에서 성장한 개로왕의 아들 무령왕(여융)은 곤지의 아들 동성왕(모대)이 백제에서 죽자 왜(일본)에서 백제로 와 왕이 되는데, 이로써 백제는 다시 부여계 성씨를 가진 왕이 대를 잇게 된다. 무령왕을 이은 성왕은 국호마저 '남부여'로 바꾸며 '모용 선비(북연)'보다는 부여와의 관계를 강조하게 된다.

한편 당시 왜(일본)에서는 곤지의 후손이 지속적으로 권력을 장악하게 되고 신라 역시 친왜정책을 고수한 '모씨' 왕인 법흥왕(모진)이 왕이 되면서 두 나라는 선비계 정권이 유지된다.

백제가 부여계 '여씨'에서 선비계 '모씨'로 바뀌었다가 다시 부여계 '여씨'로 바뀐 사실은 중국의 사서들을 통해 확인할 수 있다. 중국 남조 송에서는 고조(363~422)가 즉위하자 그는 당시 고구려와 백제왕에게 다음과 같은 관직을 부여한다.

> "'사지절 도독 영주 제군사 정동장군 고구려왕 낙랑공 고련'은 '사지절 독 백제 제군사 진동장군 백제왕 여영(전지왕)'과 함께 바다 밖에서 정의를 실천하고, 멀리서 공물을 바치는 일을 준수했다."

여기에서 '고련'은 고구려 왕 성인 '고'를 성으로 한 장수왕(재위 413~491)의 본명이며, '여영'은 백제왕의 성씨인 '여'를 성으로 한 전지왕(? ~ 420)의 본명이다. 이렇게 왕의 '성과 이름'을 함께 붙이던 남조 왕조는 495년에 백제의 문주왕과 동성왕에게는 백제왕의 성씨

'여'씨가 아닌 '모'씨 성을 가진 '모도, 모대'로 부르고 있다.

"이제 조서를 내려 '도독 백제 제군사 진동대장군 백제왕 모대(동성
왕)'의 임시직을 조부이신 '모도(문주왕)' 임금을 이어 '백제왕'으로 정
식 임명한다." 《남제서》

《양서》를 보면 백제왕들의 호칭이 '여'씨에서 '모'씨로, 다시 '여'씨
로 바뀌고 있음이 더욱 명백히 드러난다.

"의희 연간에 왕 여앙(전지왕), 그리고 송(宋)나라 원가(元嘉) 연간
에 왕 여비(비유왕)가 사신을 보내 제사용 동물을 바쳤다. 여비 임금이
죽자 아들 그의 아들 여경(개로왕)이 왕위를 잇는다. 여경 임금이 죽고
나서 그의 아들 모도(문주왕)가 왕이 되고 모도 임금이 죽고 나서 그
의 아들 모태(동성왕)가 대를 잇는다. 보통(普通) 2년(521)에 백제왕 여
융(무령왕)은 다시 사신을 보내 표를 올리기 시작했다." 《양서》

상기 기록을 볼 때 백제에서 왕의 성씨가 '여'→'모'→'여'로 바뀐
사실을 확인할 수 있다.

백제와 중국 남조 송과의 관계

선비계 모씨 왕조의 백제 등장은 개로왕 이후 중국 남조 중 하나인
송나라와의 관계를 통해서도 추측된다.

개로왕의 '아들'로 기록된 곤지(?~477)는 개로왕에 의해 중국 남조

인 송나라에 보내지게 된다(458). 개로왕은 정권을 잡자마자(455) 중국 남조 송나라에 자신의 '아들'을 보낼 만큼 송나라에 정성을 쏟는데, 이는 472년 처음으로 중국 북조 위나라에 사신을 보낸 것과 대조된다. 백제가 지리적으로 가까운 북위보다 멀리 남송에 친밀했던 이유는 백제에 '반북위' 정서가 있었기 때문으로 해석될 수 있고, 그 중심에 '곤지'로 대변되는 '모씨(모용씨)' 북연 후예들이 있었음을 알 수 있는 것이다.

중국 남쪽에 있던 송나라는 원래 고구려에 투항했던 북연의 왕 '풍홍'이 투항하려 했던 왕조이다. 따라서 풍홍을 왕으로 모시던 모용씨(모씨) 세력 역시 백제를 장악한 후 송나라와 친밀하게 교류하면서 북위를 견제했던 것을 알 수 있다.

백제 선비계 장군의 왜 정권 장악

개로왕 이후 선비족 세력이 정권을 장악한 또 다른 증거는, 개로왕의 아들 곤지가 457년 송나라에 파견되어 받은 작위가 '정로장군 좌현왕'인데, 여기에서 '좌현왕'이란 중국계 관직이 아닌 선비(흉노, 돌궐)계 나라에서 왕 다음의 고위 관직을 일컫던 호칭이라는 사실로 알 수 있다.

'좌현왕'이란 동쪽 지역 정벌을 담당한 업무를 줄 때 쓰는 관직으로, 실제로 백제 '좌현왕' 곤지는 백제의 '동쪽' 왜에 진출해(461) 그곳의 정권을 전복하고 왜의 왕이 된 것으로 많은 학자들이 추정하고 있다.

좌현왕 곤지는 461년 왜국으로 건너가는데, 그가 왜국에 들어간 후 기존 왜국의 지배층이 대거 숙청된다. 당시 왜와 백제는 우호적인 관

계에 있었는데도 불구하고 '모'씨 성의 곤지가 입국한 뒤로 왜의 지배
층이 모두 숙청되는 것은 기존 백제의 지배층(부여씨)과는 다른 부류
의 세력(모씨)이 왜로 건너갔기 때문으로 볼 수 있다.

백제와 부여의 결별

백제와 뿌리가 같은 요하 남부의 북부여는 선비계 연나라가 쇠약해
지면서 한반도 부여, 즉 백제(남부여)와 줄곧 좋은 사이를 유지하며 한
나라처럼 지내왔다. 하지만 한반도에서 개로왕이 백제를 장악한 5세
기 중엽부터 어떻게 된 일인지 고구려와 화해의 신호를 보낸다. 북부
여는 5세기 중엽, 한반도 백제가 '선비계'로 추정되는 '모씨'세력 하에
넘어가던 해에(455) 고구려에게 황금을 바치며 백제보다는 고구려와
긴밀해지게 된다.

또한 부여는 이 시기 탁발 선비족 '위나라(북위)'에도 사신을 보내
며 우호적인 관계를 유지하려 한다(457). 이렇게 개로왕이 즉위한
455년경 부여가 어떤 이유에서인지 갑자기 '위기감'을 느끼며 주변국
과 외교를 강화한 것은 한반도 지역의 정치적 변동, 즉 근초고왕 이후
로 북부여가 의지했던 '동족의 나라' 백제가 북부여계에서 선비계로
정권이 바뀌면서 발생한 것으로 이해할 수 있다.

14. 중국을 정복한 백제

모용씨 선비인들이 백제를 정복한 가장 뚜렷한 증거는 바로 백제가

중국 북위를 공격한 사실이다. 동성왕(모대) 시기 백제는 강대국 북위 (386~534)를 침략하여 중국 동부의 광활한 영역을 차지하게 된다.

"그 해(490)에 위 오랑캐(북위)가 다시 기병 수십 만을 이끌고 백제 를 공격하며 백제의 국경 안에 들어온다. 모대 임금(동성왕)은 장군 사 법명, 찬수류, 해례곤, 목간나를 보내 군사를 이끌고 오랑캐 군(위나라 병사)을 습격하여 이를 크게 물리친다."《남제서》

남제에서 '오랑캐'로 부르던 탁발 선비의 나라 북위는 모용 선비의 나라 북연의 원수였다. 북연은 북위 때문에 자신들의 땅을 버리고 고 구려로 망명할 수밖에 없었다. 동성왕(모대)이 북위와 그토록 치열하 게 전쟁을 벌인 이유는 바로 그가 '북위'에게 멸망한 '북연'의 후손이 었기 때문으로 해석된다.

모용 선비의 나라 북연은 고구려에 투항할 당시(435) 왕 풍홍이 "고 구려에 의지했다가 나중에 나라를 일으키겠다."라고 예언처럼 말했 듯이 자신들의 나라를 되찾겠다는 의욕이 강하던 나라였다.

따라서 자신들을 중원에서 요서로 몰아내고 결국 멸망시켰으며, 고 구려로부터 왕이 참수되는 수모를 당하게 만든 '북위'는 언젠가 다시 복수를 해야 할 철천지원수였다. 또한 북위가 자신들로부터 빼앗은 땅은 자신들이 다시 되찾아야 할 '고향'이기도 했다.

이러한 역사적 배경 아래 백제 동성왕(모대)은 양자강 이북의 넓은 영토를 북위에서 빼앗은 뒤, 490년 중국 남조 제나라(479~502)에 보 란 듯이 국서를 보낸다. 국서에는 자신들이 북위를 치고 정복한 땅들이 나열되어 있으며, 그 땅에 남제 황제의 허락 없이 '왕'과 '제후' 등을 두었음을 은근히 과시하고 있다.

"현재 국가의 전례대로 임시 직무를 맡고 있습니다. 엎드려 은혜를 구하오니, 현재 임시직으로 있는 직분을 정식으로 허락하여 주시기 바랍니다. '행관군장군 도장군 도한왕', '녕삭장군 아착왕', '용양장군 매로왕', '건위장군 불사후', '건위장군 광양태수', '건위장군 조선태수', '용양장군 대방태수', '건위장군 광릉태수', '광무장군 청하태수' 이에 (황제는) 조서를 내려 모든 내용에 동의하고 장군과 태수의 직위를 수여했다."《남제서》

그러나 북위의 반격 또한 만만치 않았다. 490년 백제가 남제에 사신을 보낸 바로 그해에 북위는 빼앗긴 중국 동부 지역을 되찾기 위해 기병 수십만을 동원하여 백제를 공격한다. 그러나 백제는 이번에도 물리치게 되며, 전쟁 이후 남제에 다시 사신을 보내 추가로 관직을 승인해 줄 것을 요청한다(495).

"신하들은 높은 파도의 위험을 건너 그 정성을 다했으니, 실로 자신이 임시로 부여받은 작위를 공식적으로 받기에 합당합니다. 엎드려 원컨대 성스러운 조정에서 특별한 은혜를 내리사 정식으로 임명해 주시기 바랍니다. (이하 백제가 495년 승인을 요구한 관직) '정노장군 매라왕', '안국장군 벽중왕', '무위장군 불중후', '광위장군 면중후', '용양장군 낙랑태수', '건무장군 성양태수' 이에 (남제의 황제는) 조서를 내려

그렇게 하기로 하고, 모두에게 관직을 하사했다."《남제서》

왕과 제후, 태수 등은 넓은 영토를 다스리는 사람에게 황제가 주는 관직이다. 백제가 이러한 관직을 독자적으로 수여했다는 것은 백제가 정복한 영토가 중원 대륙의 광활한 지역이었음을 뜻한다. 실제로 상기 국서에 나오는 광양, 광릉, 청하, 성양 등은 모두 중국 동부의 광활한 지역에 해당한다.

이렇게 중국 동부를 장악한 동성왕 모대는 북위와는 끝까지 적대적이었으나 남제를 포함한 중국 남조와는 전략상 화평한 관계를 유지한다. 백제가 중국 남조와 갈등이 있을 경우 고구려와 북위가 기회를 틈타 공격할 가능성이 높았기 때문이다.

15. 백제가 중국을 공격할 수 있던 배경

고구려에 의해 개로왕이 죽고(475) 한성백제가 멸망한 이후 남쪽 웅진(공주)으로 밀려났던 백제가 어떻게 중국을 공격할 수 있었을까? 이는 바로 동성왕의 배경에 '왜'가 있었기 때문에 가능했다.

이 당시 '왜(예)'는 BC 3세기 이후 꾸준히 일본 서부를 장악한 한반도 '예'인과 일본 동부 원주민(모인), 이들을 정복하고 다스리던 북부 여계 사람들을 통칭한다.

동성왕(모대)은 백제 선비계 장군 곤지의 아들이다. 곤지는 개로왕에 의해 일본열도로 건너가 왜를 정복한다(461). 이는 5세기 중엽 한반도 남부(대가야) 유물이 갑자기 일본열도 전역에서 확인되는 것으로 알 수 있다. 그런데 그 무렵 서울 지역 한성백제가 멸망하고(475) 백제는 웅진(공주)으로 수도를 옮기며 선비계 모씨 왕인 문주왕이 왕이 된다.

그러나 이를 반대한 부여계 '해씨 세력'에 의해 문주왕이 죽게 되자 같은 모씨계인 일본의 곤지는 백제로 와서 난을 평정하려 한다. 그러나 곤지 역시 살해되고 그의 아들 동성왕(모대)이 다시 왜에서 와서 백제를 장악하고 왕이 된다(479).

동성왕의 아버지 곤지에 대해 학계에서는 그가 왜의 천황인 웅략(雄略) 천황(중국에서는 무왕으로 호칭함, 418 ~ 479)으로 보기도 하고, 웅략 천황의 대를 이은 계체(繼體) 천황(450? ~ 531)으로 추측하고 있기도 한다.

왜 왕실을 점령한 곤지왕의 세력은 동성왕이 중국을 점령할 당시에는 이미 왜를 장악하고 있었다. 따라서 왜에서 '500인의 왜인의 호위를 받으며' 웅진(공주)으로 건너와 왕이 된 곤지의 아들 동성왕은 '왜'라는 든든한 후원을 업고 중국에 진출할 수 있었던 것이다.

당시 동성왕이 한반도에서 왜의 지원을 받았던 사실은 현재 한반도 남부에서 발굴되는 6세기 초 '왜계 지배층 무덤(전방후원분)'을 통해 증명이 된다. 한반도 남부에서 발굴되는 '왜계 지배층 무덤'은 6세기 초에 집중적으로 분포하는데, 이 사실은 왜의 고위급 무사들이 한반도에 유입되기 시작한 시기가 5세기 말 동성왕이 재위하던 시기였음을 의미한다. 그들은 동성왕의 백제군과 함께 5세기 말 중국과 한반도에서 정복전쟁을 벌인 뒤 6세기 초에 자연사하면서 자신들이 왜에서 가져온 부장품과 함께 한반도에 묻힌 것으로 해석된다. 따라서 6세기 초 '일시적으로' 나타나는 왜계 무덤은 5세기 말 동성왕을 도왔던 왜계 '용병'의 것으로 해석할 수 있다(6세기 초 왜식 무덤에 대한 왜용병설은 박천수 교수의 주장을 수용함).

당시 왜와 백제의 관계를 보여 주는 내용이 중국 사서에 등장한다.

"(왜 나라) 흥왕이 죽고 아우 무왕이 제위를 이었는데, 자칭 '사지절, 도독 왜 백제 신라 임나 가라 진한 모한 칠국제군사, 안동대장군, 왜국왕'이라 칭했다."《송서》

이 기사는 462년~478년 사이에 있었던 일을 기록하고 있는데, 여기에 등장하는 무 임금(웅략 천황)이 바로 백제 좌현왕으로 왜를 정벌한 곤지왕으로 추정되는 왜왕이다.

그는 중국의 승인 없이 자칭 '백제, 신라, 임나, 가야, 진한, 마한'을 지배하는 왜왕이라 호칭하고 있다. 여기에서 일본의 곤지왕이 '백제'를 자신의 땅이라고 주장하고 있는데, 이는 백제가 고구려에게 수도를 빼앗기고 멸망한 475년 이후 원래 백제의 2인자였던 곤지가 왜에서 당시 막 멸망했던 백제까지 포함하여 다스리겠다는 의지의 표현으로 볼 수 있다. 따라서 상기 기록은 한성(서울)백제가 멸망한 475년 이후 기록된 내용임을 알 수 있다. 그러나 남조 송나라에서는 왜가 요구한 작위가 터무니없다고 여겨 승인하지 않는다.

이후에도 왜왕 무(곤지왕)는 또다시 중국에 사절을 보내 다시 한 번 작위를 간청한다. 그 내용을 분석하면 당시 곤지왕이 왜를 정복하는 과정과 백제, 고구려 사이의 관계를 알 수 있다.

"순제 승명 2년(478년)에 왜왕은 사신을 보내 표를 올리며 다음과 같이 말했다. '임명받은 나라가 구석지고 먼 곳에 있으면서, 선조로부터 바다 밖 땅을 지켜 오기를 갑옷과 투구를 쓰고 산을 넘고 물을 건너 쉴 틈 없이 했습니다. 동쪽으로는 모인(毛人: 털사람) 55개 나라를 정벌하고, 서쪽으로는 수많은 이(西夷) 사람들의 나라 66개를 정복했으며, 바다 건너 북쪽의 95개 나라를 평정함으로써, 왕으로서 융화와 태평을 이루었습니다. 수도를 둘러싼 성이 멀리 1,000리에 이르고, 대대로 황제를 찾아뵙기를 한 해도 거르지 않았습니다. 신은 비록 어리석지만 부끄럽게도 선대의 업을 이어받아 백성을 통치하면서, 하늘 끝에서부터 조정을 받들고자 멀리 백제를 지나 배를 준비하여 나아가려 했습니다.

그러나 고구려는 무도하여 다른 나라를 삼킬 궁리만 하고, 변경 사람을 노예로 잡아가며 살인과 노략을 그치지 않았습니다. 자주 우리로 나아가지 못하게 해서 배가 뜨기에 알맞은 시기와 바람을 놓쳐 중국으로 가지 못하게 했습니다. 비록 우리가 길을 나서기는 하지만 중국으로 가는 길이 열릴 때도 있고 막힐 때도 있었습니다. 저의 선친 왜제 임금께서는 적들이 그렇게 변경의 길을 막는 것에 분노하시어 100만 군사를 일으키시고 의로운 목소리를 높이셨습니다.

그러나 대규모 공격을 앞두고 부친과 형님이 돌아가시게 되어 거의 다 이루어 놓은 공이 수포로 돌아갔습니다. 본인은 상중에 있기 때문에 경거망동하게 군사를 일으킬 수 없어, 숨을 고르며 승리를 취하지 못하고 있었습니다.

　그러나 이제 병사들을 훈련시키고 부친과 형님의 뜻을 다시 펼치기 위해, 의로운 뜻을 품은 용사들과 문관, 무장들이 효과적으로 공을 올릴 준비를 하고 있으며, 흰 칼 앞에서도 조금도 두려워하지 않을 용기가 준비되어 있습니다. 만일 황제께서 은덕을 베푸신다면 이 강한 적을 누르고 이 지역의 어려움을 극복하여 선왕들의 공을 헛되지 않게 할 수 있을 것입니다. 본인은 '개부의동삼사(開府儀同三司)'를 저 대신 보내고 그 나머지 관원들 역시 제 임무를 대신하게 했으니 그들의 충성과 절개에 격려를 부탁드립니다.' 이에 조서를 내려 무 임금을 '사지절, 도독 왜 신라 임나 가라 진한 모한 육국제군사, 안동대장군, 왜왕'으로 임명했다."

　윗글을 보면 478년 사신을 보낸 왜왕(곤지왕)이 일본 본토 사람이 아니라 외부에서 유입된 사람인 사실을 알 수 있다. '왜왕'이 외부인인 이유는 이들이 정복한 땅이 일본열도의 중심부(대화 지역)에서 서쪽(일본 서쪽)은 '이(夷, 오랑캐)의 땅', 일본 동쪽은 '모인(털 사람)의 땅'으로 부르고 있기 때문이다. 이는 '왜왕'이 원래부터 일본열도 사람이 아니라, 당시 일본열도에 살고 있던 두 부류의 주민인 서쪽의 '이(동이, 왜)'와 동쪽의 '모인(아이누?)'을 자신들과 다른 정복 대상으로 했던 사람임을 의미한다.

　그들이 유입된 곳은 일본 중서부 대화 정권이 위치한 고대 일본의 핵심 도시인 경도(京都), 나량(奈良), 대판(大阪) 등지가 있는 기내(畿內) 지역으로서, 이들 지역은 이 시기(5세기 말)부터 일본열도의 중심 세력이 되어, 과거 '왜'의 본거지였던 서쪽 끝 구주(九州)로부터 정치의 중심이 이동하게 된다.

이들 곤지 세력은 왜(예)와 원주민(모인)을 진압한 뒤 바다 건너 북쪽(한반도)도 정복했다고 하는데, 유독 한반도 사람들만은 '이(왜, 오랑캐)'나 '모인(털 사람)'이라 부르지 않고 단지 '바다북쪽 나라[海北國]'라고만 호칭한다. 이는 당시 왜왕(곤지왕)이 한반도 남부 국가들에 대한 동질성을 가지고 있었기 때문으로 풀이된다.

한편 일본과 한반도 남부를 정복한 왜왕은 자신들의 변경 사람들을 노예로 잡아간 고구려를 원망하고 있다. 그렇다면 왜와 고구려가 국경을 접하고 있다는 말인데, 이는 우리가 알고 있는 상식으로는 이해하기 어렵다. 하지만 '곤지왕'이라는 인물을 매개로 한다면 수긍이 간다.

461년 왜로 넘어가 왜를 점령한 곤지왕 입장에서는 자신이 원래 백제에서도 개로왕 다음의 최고 권력을 가지고 있던 자였기 때문에, 백제왕 개로가 죽고 난 뒤(475) 백제를 자신의 땅으로 여기고 있었던 것이다.

상기 기록에서 고구려가 왜(백제)의 변경을 침략한 사실은 475년 장수왕이 백제의 수도 한성을 침략하여 왕(개로왕)을 죽이고 남녀 8,000을 잡아간 사실을 말하고 있다.

곤지왕은 고구려의 대규모 공격을 예상하고 이를 대비하기 위해 미리 일본에 가서 세력을 키우고 있었다(461년). 그런데 예상대로 고구려가 쳐들어와 부친(개로왕)이 죽고, 형님(문주왕)마저 암살당하자(477) '상중에 경황이 없어' 곤지가 고구려를 치기 위해 준비한 '100만 군사'를 활용할 수 없었던 것이다.

그러나 이렇게 고구려를 치고자 만반의 준비를 끝낸 곤지마저 백제에서 살해당하자, 일본에 있던 곤지왕의 아들 동성왕은 백제로 와 본격적으로 곤지왕의 뜻을 이어 주변 국가들을 공격하는데, 그 첫 번째 대상이 과거 '모씨'의 고국을 멸망시킨 북위였다. 동성왕은 곤지가 일본과 한반도에서 이룩한 세력을 바탕으로 중국 대륙 공략에 나설 수 있었던 것이다. 백제를 비롯한 한반도계 사람들이 당시(5세기 중엽)부터 중국 동부 해안에 진출했던 사실은 아래 기사로 추정할 수 있다.

"서해와 잇닿은 중국 장쑤성 항구도시 렌윈강(연운항)에서 1400~1100년 전 한반도 이주민들 무덤으로 추정되는 공동묘지가 무더기로 발견됐다."(한겨레 뉴스 2012.01.10)"

16. 중국 백제의 지속 기간

"제(남제)나라 영명 연간(483~493)에 모태 임금(동성왕)을 '도독백제제군사, 진동대장군, 백제왕'의 작위를 내린다. 천감(天監) 첫 해에 '정동장군'의 칭호를 더한다. 그러나 오래지 않아 고구려(高句驪)의 공격을 받게 되고 이로 인해 국력이 약해져 여러 해 동안 남쪽 한(韓) 지역으로 이주해 거하게 된다. 보통(普通) 2년(521)에 백제왕 여융(무령왕)은 다시 사신을 보내 표를 올리기 시작했는데, 표에는 '여러 차례 구려(句驪)를 공격했으나 지금은 서로 우호관계를 맺고 있다.'라고 적고 있다. 그 뒤에 백제는 다시 강국이 된다. 그 해에 고조가 다음과 같

이 조서를 내린다. '행도독 백제 제군사, 진동대장군 백제왕' 여융(무

령왕)은 바다 밖을 수호하고 또한 멀리에서 공물을 바치는 등 정성이

지극하므로 본인이 매우 기쁘게 생각한다. 따라서 마땅히 전례에 따

라 영광스런 직책을 수여하여야 하므로, '사지절, 도독 백제 제군사,

영동대장군, 백제왕'의 작위를 수여한다.

보통(普通) 5년(524)에 여융 임금이 죽자 고조는 조서를 내려 다시

그의 아들 여명(성왕 523~554)에게 '지절, 독백제제군사, 수동장군, 백

제왕'의 작위를 내린다.《양서》

상기 기록으로 보면 백제는 중국으로부터 '대장군' 칭호를 받던 동

성왕 등극 시기(483)부터 무령왕이 죽고 '장군' 칭호를 받던 성왕이

등극할 때(523)까지 약 40년간 중국 대륙에서 정권을 유지한 것으로

추정된다. 하지만 여러 기록을 분석할 때 백제는 중국에서 더 오랫동

안 활동했던 것을 짐작할 수 있다.

17. '중국 백제'와 관련된 기록들

백제는 비록 5세기 말에서 6세기 초 중국에서 북위와 대등한 세력

을 유지하지만 그 뒤로 고구려의 공격으로 중원에서 세력이 약화된

다. 그러나 백제는 이후 당나라에 멸망하기 전까지 꾸준히 중국 동부

에서 활동한다. 중국과 한국의 사서에 나오는 백제의 중국 경영과 관

련 예를 들자면 다음과 같다.

①《북사》의 기록에 의하면 백제에는 신라인, 고구려인, 왜인, 중국인이 섞여 살았다고 한다. 629년 완성된《수서》에도 "그 나라(백제)는 신라 사람과 고구려 사람, 왜인 등이 섞여 살았고, 중국 사람도 있다. 그 옷은 고구려와 대체로 같다."라고 기록하고 있는데, 이는 백제가 중국, 일본과 정치적으로 긴밀했으며 이로 인해 인적 교류가 많았음을 뜻한다.

② 571년, 선비족 왕조인 북제(北齊, 550 ~ 577)에서는 백제 위덕왕을 '동청주자사'로 임명하는데, 동청주는 청주(靑州) 동쪽 땅, 즉 태산 일대에서 발해만에 이르는 중국 산동 지역을 뜻한다. 자사란 지방 최고 행정, 사법권을 담당한 사람을 말하므로 당시 백제왕이 산동을 실질적으로 지배했음을 알 수 있다.

6세기 남조 왕조인 양(梁, 502 ~ 557)나라에 온 사신을 그린 〈직공도〉에는 "백제는 옛날 래이이다(百濟舊來夷)."라는 기록이 남아 있는데, 래이는 고대로부터 산동 지역에 살던 사람들로서, 백제인이 산동반도 래이의 후손이라고 기록한 점은 백제가 당시에 산동반도를 근거지로 삼고 있었음을 말하고 있다.

③ 598년 백제왕이 수나라에 사신을 보내 표를 올리고 수나라가 고구려를 친다면 군대의 향도(안내자)가 되겠다고 청한다(《삼국사기》). 이는 백제가 고구려의 서쪽, 즉 중국 산동성과 하북성 일대, 즉 발해만 유역의 지리에 대해 자세히 알고 있었음을 뜻한다.

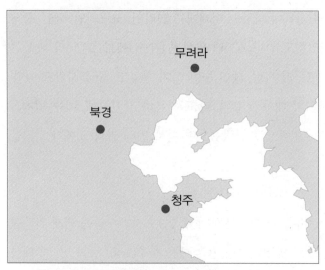

571년 백제 위덕왕이 북제로부터 봉지로 받은 동청주는 산동반도의 청주(靑州) 동쪽 지역을 말한다. 또한 백제가 수나라 공격 당시(612) 차지한 고구려 무려라(武厲邏)는 요령성 북진현의 남쪽에 있다.

④ 백제가 612년 수나라의 고구려 재침 때 수나라를 도와 고구려를 공격하여 영토를 빼앗는데, 그곳은 한반도가 아니라 요하 서쪽 '무려라(武厲邏)'라는 곳이었다(《삼국사기》). 백제가 고구려 서쪽 요서를 정복한 사실은 요서에 이전부터 고구려에 대항할 만한 근거지가 있었기 때문에 가능했을 것이다.

⑤ 644년 당나라 태종이 고구려를 침략할 당시 북경을 둘러싼 하북성 일대에 당나라가 정복하지 못했던 '(난주, 하주) 오랑캐'가 있었다 (《삼국사기》).

⑥ 《신당서》에 "백제는 서쪽으로 월주(양자강 하류 유역)를 경계로 하

고, 남쪽으로 왜, 북쪽으로 고구려(고려)를 경계로 하는데 모두 바다를 건너야 이를 수 있고, 그 동쪽에는 신라가 있다."라고 기록하고 있다.

신채호 선생은 백제 동성왕(모대) 시기의 백제 영토에 대해 다음과 같이 기록하고 있다.

"《문헌비고》에서 '월왕 구천의 고도(양자강 하류 지역)를 둘러싼 수천 리가 다 백제 땅'이라 기록하고 있고, 고구려 국경인 요수(요하) 서쪽, 곧 지금의 봉천 서부가 다 백제 소유였다. 《만주원류고》에 '금주(요령성), 의주(요령성), 애혼(흑룡강성) 등지가 대 백제'라고 한 것은 이를 가리킨다. '왜'는 지금의 일본으로, 《구당서》 구절에 의하면 당시 일본 전국이 백제의 속국이 되었던 것은 의심의 여지가 없다."

신채호 선생은 고대 중국 동부 양자강 유역의 월나라 땅 수천 리와, 요서 지방, 일본에 이르는 땅이 백제의 영토였음을 여러 사서를 통해 증거하고 있다.

《삼국사기》에는 그러한 백제의 강성함에 관하여 최치원(崔致遠, 857~?)이 당나라에 사신으로 파견되어 한 말이 기록되어 있다.

"고구려와 백제의 전성 시에는 강한 군사가 100만이었다. 남으로는 오월(양자강 하류 지역)을 침공했고, 북으로는 유연(하북에서 요령 지역), 제노(산동반도 일대)의 지역을 어지럽혀 중국의 커다란 해가 되었다. 수(隋)나라 황제가 나라를 그르친 것도 요동 정벌에 말미암은 것이었다."

이러한 기록들을 볼 때 백제가 멸망하기 전까지 중국 동부에 세력을 유지하고 있었음을 알 수 있다.

18. 국경을 초월한 해양제국 백제

종합해 보면, 한반도 중부 마한 54개 소국 중 하나였던 백제가 독자적으로 클 수 있었던 이유는 고대 동아시아 문명의 선구자인 고조선(단군조선, 예)과 중원 문명의 주인공인 상나라(기자조선, 맥)의 문화를 흡수했고, 중원의 중앙집권적인 정치 체제에 익숙했던 낙랑, 대방(한나라) 등지의 사람들이 유입되었으며, 그리고 중국을 지배하던 연나라 선비족의 유입으로 문화적, 정치적, 군사적으로 쇄신할 수 있었기 때문이었다.

백제를 이루었던 마한 사람들이나 한사군계 사람들(낙랑, 대방), 부여 사람들, 선비인들은 모두 예맥 계열에 속하는 사람들로서, 풍습에는 약간씩 차이가 있었으나 모두 혈연적, 문화적으로 가까운 '동이계' 사람들이었다. 이들 중 한강 유역의 백제는 이들의 문화를 포용하고 확장시킬 만한 계기를 많이 받았다고 할 수 있다.

백제는 황해를 중심으로 한 동이문명권의 중심부에 있었으므로 중국적 요소와 한반도적 요소, 그리고 일본적 요소까지 모두 갖춘 국제적인 국가로 거듭날 수 있었다.

19. 백제를 '본국'으로 여겼던 일본

백제가 신라와 당나라 연합국에 의해 멸망한 뒤(660), 많은 백제 유민이 일본으로 넘어가 일본의 주요 세력으로 성장한다. 일본은 그들을 통해 문화를 획기적으로 발전시킨다. 그로 인해 백제를 멸망시킨 신라와 백제를 본국처럼 여겼던 일본은 서로 관계가 멀어지게 되며, 일본은 이때부터 한반도 신라보다는 중국(당)과의 직접적인 교류에 더욱 힘을 쏟게 된다.

백제가 멸망한 뒤 일본 사람들이 한 말은 백제와 일본이 얼마나 밀접한 관계를 가진 나라였는가를 보여 준다.

"백제가 결국 우리(왜)에게 돌아왔네. 근본인 나라가 망했으니, 어디에 의지하고 어디에 호소할 것인가."《일본서기》

"주류성(백제 부흥운동 중심지)이 항복했네. 이젠 어찌할 도리가 없네. 백제라는 이름이 오늘 끊겼으니, 조상들의 묘가 있는 곳에 어찌 다시 찾아갈 수 있으리."《일본서기》

고대 동북아시아에서 가장 활발한 해상활동을 하며 중국과 한국, 일본을 연결하던 백제는 이렇게 역사 속으로 사라지게 된다. 백제 멸망 이후 백제 땅은 황무지처럼 되어 거주하는 사람이 적었으며, 점차 신라와 발해말갈(동부여)이 나누어 점거하게 된다.

| 결어 |

역사를 보면 언제나 '의외의 변수'가 등장한다. 강자가 늘 강자가 되는 것도 아니고 약자가 늘 약자가 되는 것이 아님을 역사는 우리에게 말하고 있다. 한반도 역사는 중국 변국의 역사로서 세계 역사 속에서 주목을 받지 못해 왔다. 그러나 한반도의 거주민인 한민족의 역사는 한반도를 넘어 중국과 중앙아시아, 심지어 유럽, 아메리카에까지 관련이 있을 정도로 광대했었다.

필자의 애국심을 넘어 단언컨대 한반도는 이들 광대한 동이 문명의 결집체이다. 한국인의 지능지수가 세계에서 가장 높다는 유럽 국가들의 연구는 한국인이 고대로부터 얼마나 깊은 문화적 소양을 쌓아 왔는지를 설명한다고 본다.

한국인은 '해'를 찾던 사람들로 '밝음'을 사모하던 사람들이다. 이들은 가장 뛰어난 문명적 소양을 갖췄음에도 자신의 인위적 조작을 거부하고 위대한 진리의 뜻, 곧 하늘(天)로 대변되는 신의 뜻을 우직하게 믿고 따르던 사람들이다.

그런데 지금 우리의 모습은 어떠한가. 우리는 지금 무엇을 위해 살고 있고 어떤 사회를 목표로 달리고 있나. 밝음의 근거를 잃고 방황하는 우리가 언제쯤 우리 조상들의 궁극적 염원인 '밝은 나라'를 만들 수 있을 것인가.

교육에서, 법에서, 경제에서, 의학에서, 예술에서, 문학에서 우리는 밝음의 영역을 확장해야 하는 의무가 있다. 그것이 많은 고통 속에 소리 없이 사라져 간 우리 조상들의 태양처럼 붉은 소원이기 때문이다. 우리는 그분들의 소리에 귀를 기울여야 한다.